Kohlhammer
Urban Taschenbücher

Band 700

Grundriss der Pädagogik/ Erziehungswissenschaft

Band 35

Herausgegeben von Werner Helsper, Jochen Kade, Christian Lüders, Frank-Olaf Radtke und Werner Thole

Bereits erschienen:

Band 2
J. Abel/R. Möller/K.P. Treumann
Einführung in die Empirische Pädagogik

Band 3
I. Diehm/F.-O. Radtke
Erziehung und Migration

Band 5
Kade/Helsper/Lüders/Egloff/Radtke/Thole (Hrsg.)
Pädagogisches Wissen

Band 11
J. Kade/D. Nittel/W. Seitter
Einführung in die Erwachsenenbildung/Weiterbildung

Band 12
Edelmann/Schmidt/Tippelt
Einführung in die Bildungsforschung

Band 13
Ulrich Heimlich
Integrative Pädagogik

Band 14
Roland Reichenbach
Philosophie der Bildung und Erziehung

Band 15
Sigrid Nolda
Pädagogik und Medien

Band 16
Georg Peez
Einführung in die Kunstpädagogik

Band 17
Franz Hamburger
Einführung in die Sozialpädagogik

Band 18
Jutta Ecarius
Generation, Erziehung und Bildung

Band 19
Friedrich Schweitzer
Pädagogik und Religion

Band 21
Jörg Zirfas
Pädagogik und Anthropologie

Band 23
Ingo Richter
Recht im Bildungssystem

Band 24
Andreas Wernet
Hermeneutik – Kasuistik – Fallverstehen

Band 25
Klaus Prange
Schlüsselwerke der Pädagogik Band 1: Von Plato bis Hegel

Band 26
Klaus Prange
Schlüsselwerke der Pädagogik Band 2: Von Fröbel bis Luhmann

Band 28
Harm Kuper
Evaluation im Bildungssystem

Band 30
Barbara Rendtorff
Erziehung und Geschlecht

Band 32
K. Prange/G. Strobel-Eisele
Die Formen des pädagogischen Handelns

Band 34
Christel Adick
Vergleichende Erziehungswissenschaft

Anna Brake/Peter Büchner

Bildung und soziale Ungleichheit

Eine Einführung

Verlag W. Kohlhammer

Gesamtherstellung:
W. Kohlhammer Druckerei GmbH + Co. KG, Stuttgart
Printed in Germany

ISBN 978-3-17-20374-7

Grundriss der Pädagogik/ Erziehungswissenschaft

Die einzelnen Bände der Reihe »Grundriss der Pädagogik/ Erziehungswissenschaft« präsentieren jeweils grundlegende, wissenschafts- und berufsorientierte Einführungen in erziehungswissenschaftliche Teilgebiete und Themenfelder. Die Reihe wendet sich insbesondere an Studierende, aber auch an Berufspraktikerinnen in den verschiedenen pädagogischen Handlungsfeldern, an Lehrende in der akademischen Erstausbildung sowie in der Fort- und Weiterbildung. Die Systematik der Reihe ist orientiert an dem gewachsenen Ausdifferenzierungsprozess erziehungswissenschaftlicher Frage- und Problemstellungen. Sie greift die damit verknüpften Herausforderungen auch aus dem Umfeld der pädagogischen Arbeits- und Handlungsfelder systematisch auf und reflektiert die damit korrespondierenden Handlungsprobleme, neuen Unsicherheiten und sich wandelnden Aufgabenstellungen.

Mit den einzelnen Bänden der Reihe »Grundriss der Pädagogik/Erziehungswissenschaft« soll der Blick für neuere Entwicklungen in den pädagogischen Handlungsfeldern, der erziehungswissenschaftlichen Forschung und der Theoriebildung geöffnet werden. Im Mittelpunkt stehen die pädagogischen Handlungsformen und Methoden im Spannungsfeld von Profession und Disziplin sowie das Verhältnis von Erziehung und Bildung zu wissenschaftlichen Diskursen und gesellschaftlichen Entwicklungen.

Die Autorinnen und Autoren der Reihe sind Erziehungswissenschaftler, die die verschiedenen Fachrichtungen repräsentieren. Damit gewährleisten die einzelnen Bände der Reihe

»Grundriss der Pädagogik/Erziehungswissenschaft« einen theoretisch fundierten, berufsfeldorientierten und empirisch abgesicherten Einblick in aktuelle Fragestellungen und Entwicklungen der Erziehungswissenschaft.

Herausgeber
Prof. Dr. Werner Helsper (Universität Halle-Wittenberg)
Prof. Dr. Jochen Kade (Universität Frankfurt am Main)
Dr. Christian Lüders (Deutsches Jugendinstitut München)
Prof. Dr. Frank-Olaf Radtke (Universität Frankfurt am Main)
Prof. Dr. Werner Thole (Universität Kassel)

Inhaltsverzeichnis

Wenn Bildung etwas mit Macht zu tun hat,
wird sie nicht dort zu finden sein, wo alle sind.
Und wenn Bildung dort ist, wo alle sind,
wird sie nichts mehr mit Macht zu tun haben.
(Liessmann 2006, S. 54)

1 Einleitung: Die soziale Selektivität des Bildungsgeschehens als gesellschaftliches Konfliktfeld

1.1 Bildung als Gegenstand von Elterninteressen

»Wenn alle Eltern so lautstark und gewichtig darauf bestehen würden, dass ihre Kinder das Abitur machen, wie es Akademiker auch dann tun, wenn ihre Sprösslinge nur sehr mäßige Schulleistungen aufzuweisen haben, dann wäre der vorzeitige Abgang (aus weiterführenden Schulen) bei allen Gruppen so gering wie bei Kindern aus höheren Schichten.«

An dieser von Ralf Dahrendorf stammenden Beobachtung aus den 1960er Jahren über die spezifische Interessenwahrnehmung durch Akademikereltern im Hinblick auf die Bildung ihrer Kinder hat sich bis heute nur wenig geändert. Auch ein halbes Jahrhundert später unterscheidet sich das Elternverhalten in Abhängigkeit von ihrem jeweiligen Bildungshintergrund deutlich, sobald es um die elterliche Einflussnahme auf das Bildungsgeschehen ihrer Kinder geht. Im Kern haben wir es dabei mit dem grundgesetzlich garantierten individuellen *Elternrecht* (Artikel 6, Absatz 2) und den sozial bedingten (ungleichen) Nutzungsformen dieses Rechts zu tun, das allen Eltern konkurrierend zum staatlichen Gestaltungsrecht von Bildungsprozessen in der Schule (Artikel 7, Absatz 1 Grundgesetz) eingeräumt worden ist.

Neben der individuellen Wahrnehmung von Elternrechten *in* der Schule verbinden besonders Akademikereltern auch kollektive (also gruppenbezogene) Rechtsansprüche *auf* die Schule (und deren Gestaltung). Erst aus dieser Verknüpfung von individueller und kollektiver Wahrnehmung von Elternrechten ergibt sich ein

Problemzusammenhang, der für die Thematik dieses Buches von erheblicher Bedeutung ist: Wie sieht das Verhältnis von *individuellem* und *kollektivem* Elternrecht aus und welche (unterschiedlichen?) Formen der Wahrnehmung bzw. Nutzung dieses Rechts sind dabei erkennbar? Welche Bedeutung hat vor allem das kollektive Elternrecht, wenn man dessen Wahrnehmung weniger als Instrument für eine Abwehr staatlicher Eingriffe in die Privatsphäre der Familie sieht, sondern als willkommenes Instrument, um (kollektive) Elterninteressen öffentlich zu artikulieren und politisch durchzusetzen?

Eltern sind in dieser Hinsicht, das soll mit dieser Fragerichtung angedeutet werden, keine homogene Gruppe mit identischen Interessen in Bildungs-, Erziehungs- und Betreuungsfragen. Vielmehr haben Eltern zumeist konkurrierende Bildungsinteressen und konkurrierende elterliche Bildungsansprüche für ihre Kinder, die im komplexen Geflecht von gesellschaftlichen Interessen- und Lebenslagen sowie institutionellen Regelsystemen verortet sind. Dahrendorf deutet mit seiner oben zitierten Beobachtung an, dass das Elternrecht traditionell vor allem von Akademikereltern als wichtiges und ausgesprochen wirksames Instrument, ja als Waffe benutzt wird, um Bildungsvorteile für die eigenen Kinder zu erreichen. Insofern darf man nicht übersehen, dass z. B. Akademikereltern ihr Elternrecht in teilweise sehr unterschiedlicher Form im Vergleich zu Eltern aus einem nicht-akademischen Milieu sehen und nutzen, selbst wenn es dabei vordergründig bei beiden Elterngruppen zumeist um Belange des allgemeinen Kindeswohls gehen mag und nicht immer erkennbar ist, wem (und welchen Kindern) welche Initiative oder Maßnahme mehr nützt als anderen.

Wenn sich also besonders Akademikereltern dafür stark machen, dass ihre Kinder die durch eine günstige Lernausgangslage bedingten Startvorteile im Rahmen der schulischen Bildung zu ihren Gunsten nützen (können), ist das aus deren »Interessenlage« durchaus nachvollziehbar. Ob es – bezogen auf die schlechteren (leistungsunabhängigen!) Bildungserfolgschancen – für den Rest der Kinder aus einem nicht-akademischen Umfeld auch gerecht ist, steht in der Regel auf einem anderen Blatt. Immerhin besteht aber diesbezüglicher Klärungsbedarf, ob und inwieweit die unterschiedliche Wahrnehmung von Elterninteressen mit realen Bildungsgerechtigkeitsproblemen verbunden ist, denen wir in diesem Buch genauer nachgehen wollen.

1.2 Bildung als Privileg?

Kommen wir noch einmal zurück auf das von Dahrendorf angesprochene Engagement von Akademikereltern, die es schaffen, ihren Kindern zu möglichst exklusiven Bildungslaufbahnen zu verhelfen, selbst wenn diese nur mäßige Bildungsleistungen vorweisen können. Hier geht es – so unsere These – im Kern um die Verteidigung einer traditionellen gesellschaftlichen Vormachtstellung des Bildungsbürgertums, das über den Zugang zu (höherer) Bildung seine ihm überwiegend angestammten (privilegierten) sozialen Positionen einschließlich des damit verbundenen gesellschaftlichen Ansehens absichern möchte. Eng verbunden ist damit der Anspruch, die sog. bildungsbürgerliche Kultur und den bürgerlichen Lebensstil als Vorbild und möglichst verbindlichen Maßstab für soziale Anerkennung und (schulischen) Bildungserfolg durchzusetzen. So werden die traditionellen bildungsbürgerlichen Normen und Werte nicht nur rhetorisch als unverzichtbar beschworen, sondern sie werden zugleich auch als allgemeiner Maßstab für das Erreichen von (privilegierenden) Titeln und (hervorgehobenen) sozialen Positionen verstanden.

Mit traditionellem Bildungsbürgertum sind jene Familien gemeint, deren Kinder noch bis Anfang der 1960er Jahre zu den rund 5 % eines Altersjahrgangs gehörten, die als Kinder des Bildungsbürgertums ihre schulische Allgemeinbildung »traditionell« mit dem Abitur abgeschlossen haben. Die Bildungsexpansion nach 1965 hat dann allerdings dazu geführt, dass das traditionelle Bildungsbürgertum seine über einen längeren historischen Zeitraum verteidigte Exklusivität verloren hat. Ist es doch in der Folge der Bildungsexpansion zu einer deutlichen Vergrößerung der Anzahl von Familien gekommen, deren Kinder die Schule mit dem Abitur abschließen und eine Hochschulzugangsberechtigung erwerben konnten.

Selbst wenn in vielen dieser Familien das Abitur erstmals, also in der ersten Generation erworben werden konnte, veränderten sich dadurch die traditionellen bildungsbezogenen Interessenkonstellationen, die sich entsprechend auch in einer veränderten Wahrnehmung des Elternrechts niederschlugen. Gehörten doch nun (nach der Bildungsexpansion) erheblich mehr Eltern zu jener vergrößerten Gruppe von Familien, deren Nachwuchs sich mit Hilfe von höheren Bildungsabschlüssen als Nutznießer der veränderten Rahmenbedingungen beim Wettbewerb um möglichst exklusive Bildung fühlen konnte. Auch wenn nun für eine größere Anzahl von Personen relativ exklusive Chancen für den sozialen und beruflichen Aufstieg in Aussicht gestellt wurden, blieb es im Grundsatz dabei, dass (höhere) Bildung am wahrscheinlichsten für jene Kinder erreichbar war, deren Eltern (aus einer relativ privilegierten Situation heraus) in der Lage waren, ihre Bildungsinteressen entsprechend zu ihren Gunsten zur Geltung zu bringen (vgl. dazu ausführlicher Achinger u. a. 1980).

Mit der Bildungsexpansion war bei der Frage des privilegierten Zugangs zu mehr (höherer) Bildung eine historisch veränderte Interessenkonstellation entstanden. Die Bildungsaspirationen, die mit Hilfe eines verstärkten meritokratischen Moments beim Zugang zu Bildung im Zuge der Bildungsexpansion durchgesetzt werden konnten[1], galt es nun auch für die nachfolgenden Generationen derjenigen Familien zu verteidigen, denen es gelungen war, für ihre Kinder erstmals Zugang zu höherer Bildung zu erlangen. Auch hier diente im weiteren Verlauf der Schulentwicklung das Elternrecht als Instrument für die Verteidigung entsprechender bildungspolitischer Interessen. Insofern finden wir neben dem traditionellen Bildungsbürgertum nunmehr Eltern, in deren Familien es keine längere Tradition als Akademikerfamilie gibt, die aber in Anbetracht der neuen Gegebenheiten als »neues« Bildungsbürgertum (das häufig auch als aufstiegsorientierte Mittelschicht bezeichnet wird) eigene Bildungsinteressen zu verteidigen haben und die (schulische) Bildung ihrer Kinder zu deren Vorteil in vergleichbarer Art zu beeinflussen suchen.

Bei der Wahrnehmung des Elternrechts durch das »neue« Bildungsbürgertum tauchen nun allerdings zusätzlich auch bil-

1 Zum Begriff »Meritokratie« als System der Belohnung von Leistungsbereitschaft und Leistung sowie den kennzeichnenden Merkmalen des meritokratischen Denkens im Kontext von Bildungsfragen vgl. Kap. 3.1.

dungspolitische Positionen auf, die auf eine Entmachtung der (zuvor dominierenden) traditionellen bildungsbürgerlichen Kultur als alleinigem Vorbild und exklusivem Maßstab für anerkennenswerten (schulischen) Bildungserfolg gerichtet sind (vgl. dazu Genaueres im Kap. 2). Gleichzeitig geht es dieser Elterngruppe aus dem »neuen« Bildungsbürgertum aber auch (in einer »heimlichen« Koalition mit der Elterngruppe des traditionellen Bildungsbürgertums) um die Verteidigung der vergleichsweise besseren Bildungschancen ihrer Kinder gegenüber den nachdrängenden »Massen« von Kindern, die sich bemühen, ebenfalls teilzuhaben an einer erstrebenswerten weiterführenden Bildung, die mit dem Versprechen besserer Berufschancen und höherer sozialer Anerkennung verbunden ist.

Negativ betroffen von diesen bildungspolitischen Entwicklungen sind auf der anderen Seite Elterngruppen, deren Familien als Verlierer der Bildungsexpansion angesehen werden müssen. Zu diesen Verlierern zählen jene inzwischen ca. zwei Drittel aller Familien in Deutschland, deren Kinder auch weiterhin mit Problemen beim Zugang zu höherer Bildung konfrontiert sind. Kinder aus diesen Familien sind beim verschärften Wettbewerb um (höhere) Bildung von Generation zu Generation immer wieder unterlegen und müssen auf die Vorteile verzichten, die sich aus dem Nachweis höherer Bildung ergeben. Zwar hat sich, seit Dahrendorf seine zitierte Beobachtung zu Papier gebracht hat und fast 50 Jahre vergangen sind, beim Wettstreit um mehr und bessere Bildung einiges verändert, aber es handelt sich dabei um *graduelle*, nicht aber *prinzipielle* Veränderungen. Die Bildungsstrategien mancher Eltern aus bestimmten sozialen Statusgruppen (die wir hier als traditionelles und neues Bildungsbürgertum bezeichnet haben) tragen somit auch weiterhin dazu bei, dass Bildung als gesellschaftliches Privileg angesehen werden muss, um das interessenbezogen gekämpft wird.

1.3 Bildungsferne als Stigma?

Auch am Beginn des 21. Jahrhunderts ist es eine inzwischen gut belegte Tatsache, dass es nach wie vor eine herkunftsbedingt ungleiche Bildungsteilhabe gibt. Der für Kinder aus den unteren sozialen Statusgruppen erschwerte Zugang zu Bildung wird mit dem Modewort »Bildungsferne« etikettiert, von der bestimmte Familien offenbar über Generationen hinweg betroffen sind. Die Exklusionsmacht, die mit höherer Bildung verbunden ist, ermöglicht auch weiterhin mehr oder weniger privilegierte bildungsbiographische Weichenstellungen, bei denen die soziale Herkunft und der Bildungshintergrund der jeweiligen Herkunftsfamilie maßgebend sind. Auch von den »Bildungsnahen« (ebenso wie im öffentlichen bildungspolitischen Diskurs) wird die soziale Vererbung von Bildungsnähe und Bildungsferne zwar »irgendwie« als ungerecht empfunden; aber die damit zum Ausdruck gebrachte Besorgnis trägt Züge von Scheinheiligkeit (Preisendörfer 2008). Denn heute wie damals (vor der Bildungsexpansion) spielt in der öffentlichen Debatte weniger das Ungerechtigkeitsempfinden, sondern eher die *ökonomisch* begründete Sorge eine zentrale Rolle, wenn dazu aufgefordert wird, die brachliegenden Bildungsreserven zu mobilisieren, die, so kann man immer wieder hören oder lesen, nicht verschwendet werden dürfen.

Erst in zweiter Linie geht es in der aktuellen Bildungsrhetorik auch um die Frage, wie Bildung für alle erreicht werden kann, die allen (bei entsprechenden Bildungsleistungen) zusteht und wofür die notwendigen Voraussetzungen geschaffen werden müssen. Im Gegensatz zu den 1960er Jahren (also den Jahren vor der Bildungsexpansion) steht heute allerdings weniger das Glück der vielen einzelnen Subjekte und die Realisierung des Grundsatzes »Bildung ist Bürgerrecht« (Dahrendorf 1965) im Vordergrund der bildungspolitischen Debatte. Vielmehr geht es im Bildungsland Deutschland eher um die internationale Reputation eines Landes, das für sich in Anspruch nimmt und sich auf dem Weltkindergipfel 2002 dazu verpflichtet hat, »...eine kindergerechte Welt zu schaffen, in der die Grundsätze der Demokratie, der Gleichberechtigung, der Nichtdiskriminierung, des Friedens und der sozialen Gerechtigkeit (...) die Grundlage für eine nachhaltige menschliche Entwicklung bilden« (BMFSFJ 2005). Die wegen ihrer vermeintlichen Bildungsferne, nicht selten auch noch stigmatisierten Menschen werden vor einem solchen Hintergrund dann leicht zu einem »sozialen Problem«.

Bildungspolitisch wichtiger scheint derzeit vor allem die geringe Anzahl von Hochschulabsolventen als Ausdruck mangelhafter

Eliteförderung zu sein, und die hohe Anzahl der Schulabgänger ohne Abschluss gelten als Belege für das Versagen des deutschen Bildungswesens und als beschämender Hauptgrund dafür, dass Deutschland von der OECD an den Bildungspranger gestellt werden konnte. Die immer wieder zum Ausdruck gebrachte Besorgnis und das Wohlwollen vieler Bildungsnahen gegenüber den Bildungsfernen ist deshalb nicht selten mit Herablassung und elitärer Bildungsdünkelhaftigkeit vergiftet, wodurch die Scham der ins Abseits gestellten Bildungsfernen durch Beschämung eher noch verstärkt wird[2]. Einerseits soll den Bildungsfernen in unserer Gesellschaft also mehr Bildungsnähe ermöglicht werden, aber de facto sorgen viele Bildungsnahe bei konkreten Reformmaßnahmen gleichzeitig dafür, dass entsprechende »Annäherungsversuche« der Bildungsfernen mit dem Ziel von mehr Bildungsnähe nicht in einen »ungesunden Bildungsdrang« ausarten (vgl. dazu Kap. 5).

Insofern sind Zweifel an der Ernsthaftigkeit des proklamierten Strebens nach mehr Bildungsgerechtigkeit nicht ganz unberechtigt. Beim erst 2006 verabschiedeten Gleichbehandlungsgesetz spielt z. B. die soziale Herkunft als Gleichbehandlungskriterium keine Rolle. Das vom Deutschen Bundestag beschlossene Allgemeine Gleichbehandlungsgesetz (AGG) soll Benachteiligungen aus Gründen der Rasse oder wegen der ethnischen Herkunft, des Geschlechts, der Religion oder Weltanschauung, einer Behinderung, des Alters oder der sexuellen Identität verhindern oder beseitigen. Herkunftsbedingte Benachteiligungen bleiben im Gesetzestext hingegen unberücksichtigt, was dazu führt, dass sich auch die Aktivitäten der Antidiskriminierungsstellen des Bundes und der Länder nicht explizit an dieser Form der Benachteiligung ausrichten.

2 Denken wir dabei nur an Schülerinnen und Schüler, denen in der fünften Jahrgangsstufe unmissverständlich mitgeteilt wird, dass sie eigentlich nicht in eine weiterführende Schule gehören und besser anderswo unterrichtet werden sollten. Oder denken wir an Schülererlebnisse aus der vorangegangenen Schulzeit in der Grundschule, wo die Spreu vom Weizen getrennt worden ist und manche Eltern froh waren, wenn einige Mitschülerinnen und Mitschüler ihrer Kinder endlich andere (Schul-)Wege gehen (mussten).

In unserem Einführungsband geht es uns in Anbetracht dieser komplexen Problematik vor allem aus bildungssoziologischer Sicht darum, die *strukturbildenden* und *strukturerhaltenden* Mechanismen der immer noch nachhaltigen sozialen Selektivität im Feld des Bildungsgeschehens genauer zu beleuchten.

1.4 Bildung und gesellschaftliche Teilhabe

So wie von materieller Armut und materiellem Reichtum bzw. Einkommensarmut und Einkommensreichtum die Rede ist, wird seit einiger Zeit in Analogie dazu auch von Bildungsarmut und Bildungsreichtum gesprochen, um auf die hervorgehobene Bedeutung bildungsbedingter sozialer Ungleichheit hinzuweisen. Wie aber zeigen sich bildungsbedingte soziale Ungleichheiten? Hier wird zwischen relativer Zertifikats- und Kompetenzarmut im Vergleich zu entsprechendem Bildungsreichtum unterschieden. Wer z. B. die allgemeinbildende Schule ohne Abschluss verlassen hat, wird im Vergleich zu Absolventen »höherer« Bildungsgänge als bildungsarm bezeichnet, weil hier ein Fall von Zertifikatsarmut vorliegt. Entsprechend liegt bei jener sog. Risikogruppe von Schülerinnen und Schülern, die die unterste Kompetenzstufe in den PISA-Studien (z. B. bei der Lesekompetenz) nicht erreichen und damit als »funktionale Analphabeten« gelten, Kompetenzarmut vor (Allmendinger 1999; Allmendinger/Leibfried 2002), weil diese Schülerinnen und Schüler basale Kulturtechniken nicht beherrschen, die in modernen Gesellschaften als Grundvoraussetzung für eine befriedigende Lebensführung und eine aktive Teilnahme am gesellschaftlichen Leben angesehen werden.

Der Tatbestand einer vorliegenden Bildungsarmut (als Ergebnis von zuvor abgelaufenen Bildungsprozessen) muss allerdings bereits im Vorfeld mit den ungleich verteilten Möglichkeiten des Zugangs zur Ressource Bildung und gleichermaßen mit der Bildungsverlaufsperspektive in Verbindung gebracht werden. Die viel diskutierte These von einer milieuspezifisch ausgeprägten sozialen Schließung des Zugangs zur Ressource Bildung besagt dabei, dass sich eine Gruppe von Personen auf Kosten anderer Vorteile verschafft (hat), so dass es zu Bildungsarmut bzw. Bildungsreichtum kommt, von der Menschen unterschiedlicher sozialer Herkunft unterschiedlich betroffen sind. Dass es neben der sozialen Herkunft auch andere, z.B. geschlechtsspezifische oder migrationsbedingte Einflussfaktoren gibt, die dazu beitragen können, dass es zu Bildungsarmut oder Bildungsreichtum kommt, soll bereits an dieser Stelle nicht unerwähnt bleiben, auch wenn wir erst später darauf zurückkommen werden (vgl. Kap. 6 und 7).

Indem wir die Untersuchung von herkunftsbedingten Disparitäten beim Bildungserwerb zum Gegenstand dieses Buches machen, beschäftigen wir uns mit einem immer wieder nachgewiesenen Hauptdefizit des deutschen Bildungsgeschehens in Verbindung mit dem Anspruch, mehr Bildungsgerechtigkeit unabhängig von den vorhandenen sozialen Ausgangslagen zu ermöglichen, damit Beeinträchtigungen aufgrund von Bildungsarmut minimiert werden können. Kann doch von Bildungsgerechtigkeit erst dann gesprochen werden, wenn es möglich ist, die unterschiedlichen Voraussetzungen beim Bildungsgeschehen so auszugleichen, dass gleiche Chancen zur Teilhabe am gesellschaftlichen Leben auch wirklich gegeben sind.

Bei der wissenschaftlichen Untersuchung von Bildungsungleichheiten finden wir häufig eine getrennte Analyse von schulischen und außerschulischen Bildungszusammenhängen, die freilich – so ist aus unserer Sicht zu betonen – in einem engen Interdependenzverhältnis zueinander stehen. Während die Benachteiligung von Arbeiterkindern und Kindern mit Migrationshintergrund im Schulsystem relativ umfassend untersucht worden ist, gilt dies für die Möglichkeiten des außerschulischen Bildungserwerbs in weitaus geringerem Maße. Besonders die Ausgestaltung der Eltern-Kind-Beziehungen und die kulturelle Alltagspraxis in Familien aus unterschiedlichen Herkunftsmilieus bei der Entstehung bzw. bei der Herstellung von Bildungsungleichheiten sind noch vergleichsweise wenig erforscht. Eine solche Ausgangslage verführt dazu, diesen Forschungsstand zum Thema Bildung und soziale Ungleichheit in der Gliederung eines entsprechenden Einführungsbandes zu replizieren. Das wollen wir jedoch insofern vermeiden, als wir *lebenslaufbezogen* die vielen verschiedenen Stationen berücksichtigen, die beim individuellen Bildungserwerb durchlaufen werden (können und müssen). Pate für eine solche Vorgehensweise steht beispielsweise der Untertitel eines vor kurzem erschienenen Sammelbandes: Bildung und soziale

Ungleichheit vom Kindergarten bis zur Hochschule (Krüger u.a. 2010). Die Frage, warum es in Deutschland noch immer ein erschreckend hohes Niveau an herkunftsbedingter Ungleichheit beim Zugang zu schulischer und außerschulischer Bildung gibt, die sich aus biographischer Sicht aufschichtet und sich auch unter Karriereperspektiven als kumulativer Prozess erweist, stellt sich also mit besonderer Dringlichkeit (Baumert/Schümer 2001).

1.5 Der Abbau von Bildungsungleichheiten zwischen Anspruch und Realität

Die Inhalte der aktuellen bildungspolitischen Kontroversen scheinen die Vermutung zu bestätigen, dass es beim Thema Bildung immer wieder (und nach wie vor) um wichtige soziale und politische Interessengegensätze geht. Wer, wie die schwarz-grüne Regierungskoalition in Hamburg noch kurz vor dem Volksentscheid (im Juli 2010) über die Einführung einer sechsjährigen Primarschule, vom Tauziehen um einen Bildungskompromiss oder von einem endlich notwendigen »Schulfrieden« spricht, der unterstellt gravierende Konflikte bei Bildungsfragen, die z.B. auch in Hessen schon seit den 1970er Jahren traditionell als »Kulturkampf« ausgetragen werden (v. Friedeburg 1992). Und immer wieder wird bei diesen bildungspolitischen Auseinandersetzungen das Elternrecht auf freie Schulwahl für ihre Kinder ins Spiel gebracht. Dabei stehen vor allem die Interessen jener Eltern im Vordergrund, die vom bestehenden selektiven (»gegliederten«) Schulsystem traditionell eigentlich besonders begünstigt werden; gleichwohl spielen hier Motive der Besitzstandwahrung oder sogar die Furcht vor dem Verlust von Privilegien eine wichtige Rolle (vgl. dazu Griesinger 2009).

Dass es bei Fragen der Bildungsgerechtigkeit um zentrale gesellschaftliche Interessenkonflikte geht, wollen wir im nächsten Kapitel – nicht zuletzt auch im Spiegel der vorangegangenen »Kulturkämpfe« um die Verteidigung von Bildungsprivilegien – weiter verdeutlichen, indem wir einen Blick in die deutsche Schulgeschichte werfen. Das ist vor allem deshalb wichtig, weil einiges dafür spricht, dass die Verteidigung der Exklusionsmacht im Bildungsbereich einerseits und das Ringen um die Würde des (von Bildung) ausgeschlossenen Personenkreis andererseits durchaus mit den Klassenkämpfen im 19. Jahrhundert vergleichbar ist (Beck 2010). Solange die Verweigerung der sozial gerechteren Teilhabe an Bildung in Verbindung steht mit der Legitimation des Ausschlusses von Menschen aus der Mehrheitsgesellschaft, wird der Wettstreit um die knappe Ressource »Bildung« auch weiterhin mit ernsten gesellschaftlichen Auseinandersetzungen über die Legitimität von Privilegierung und Deprivilegierung bei der Teilhabe an Bildung verbunden sein. Dies umso mehr, als wir davon ausgehen müssen, dass das Investieren in Bildung »sozusagen die Sozialversicherung (ist), die nach der Sozialversicherung kommt« (ebd., 36).

2 Chancengleichheit im Bildungswesen – Konfliktlinien im historischen Rückblick

2.1 Bildung im Spannungsfeld zwischen Symbol- und Realpolitik

Klagen über herkunftsbedingte Bildungsungleichheiten und eine damit verbundene Diskriminierung von Individuen und ganzen sozialen Gruppen beim Zugang zu (höherer) Bildung aufgrund »geburtsständischer Privilegien« haben in Deutschland eine lange Tradition (vgl. dazu Herrlitz/Hopf/Titze 1993). Viele der damit zusammenhängenden Probleme einer Demokratisierung der Bildungschancen in Abhängigkeit von der sozialen Herkunft sind bis heute weitgehend ungelöst und stehen auch weiterhin auf der bildungspolitischen Agenda. Immer wieder haben wir vom Bildungsbürgertum getragene Elterninitiativen und Elternaktivitäten erlebt, die Gründe dafür ins Feld führen, dass vorgeschlagene, auf mehr Bildungsgerechtigkeit zielende Bildungsreformen mit problematischen Folgen verbunden seien und deshalb unterbleiben müssen. Das führt zu (endlosen?) kontroversen Zieldebatten, die letztlich die Umsetzung von entsprechenden Reformschritten immer wieder behindern oder verhindern, so dass der Abbau der fortbestehenden »sozialen Selektivität« der Teilhabechancen an Bildung nicht wirklich vorankommt.

Spätestens seit dem 19. Jahrhundert ist es dem deutschen Bildungsbürgertum so durch eine entsprechende Interessenpolitik gelungen, dem eigenen Nachwuchs mit Hilfe der Ressource Bildung den Zugang zu exklusiven sozialen und beruflichen Positionen in der Gesellschaft zu sichern. Und bis hinein ins 21. Jahrhundert geht damit zugleich die soziale Schließung des Zugangs zu (höherer) Bildung für große, bis dato bildungsferne soziale Gruppen aus der unteren Mittelschicht und der Arbeiterschaft einher (Herrlitz/Hopf/Titze 1993). Heute sind es darüber hinaus besonders Kinder aus Familien mit Migrationshintergrund, die bei der Gestaltung ihrer Bildungsbiographien mit den Widrigkeiten solcher sozialer Schließungstendenzen fertig werden müssen.

Zwar ist die in der ständisch geprägten Gesellschaft des 19. und frühen 20. Jahrhunderts bestehende »selbstverständliche« Trennung von hohem und niedrigem Bildungswesen nach Standes- und Klassenzugehörigkeit ebenso überwunden wie die grundsätzliche Trennung von Jungen- und Mädchenbildung oder die Trennung nach Konfessionen. Aber in Fragen der gerechten Bildungsbeteiligung hat die deutsche Gesellschaft auch am Beginn des 21. Jahrhunderts noch immer deutlichen demokratischen Nachholbedarf. Und dies umso mehr, je einhelliger programmatisch erklärt wird, dass Bildung eine Bedingung von Demokratie und gesellschaftlicher Teilhabe ist und Bildungsgerechtigkeit vor allem auf Beteiligungsgerechtigkeit abzielt, wobei ein ungleicher Zugang zu Bildung an möglichst allen Bildungsorten ausgeschlossen sein soll.

Das Thema »soziale Selektivität« und die sich ständig wiederholenden Aufforderungen zur Demokratisierung des Bildungswesens im Spannungsfeld der Verteidigung traditioneller Bildungsprivilegien und dem Kampf um Anerkennung »neuer« Bildungsansprüche ziehen sich, wie wir an ausgewählten Beispielen zeigen wollen, wie ein roter Faden durch die Bildungsdebatten vergangener Jahrzehnte und Jahrhunderte. Da gab es z. B. bereits Schulkämpfe zu Beginn der Weimarer Republik, die vor fast einhundert Jahren – reformpädagogisch begründet und von der Arbeiterbewegung getragen – zur Aufhebung der Privatschulen und zur Einrichtung der vierjährigen Grundschule für alle führten. In der Mitte der 1960er Jahre löste die denkwürdige Streitschrift von Ralf Dahrendorf (»Bildung ist Bürgerrecht«) den Startschuss für eine in der alten Bundesrepublik ausgesprochen wichtigen Phase der Bildungsexpansion aus, und nun sind es die Ergebnisse der ersten PISA-Studie (2001), die (erneut) einer Zwischenphase, in der die Ungleichheit in Sachen Bildung mehr oder weniger in Vergessenheit geraten war, ein vorläufiges Ende bereitet haben.

Dabei ist der normative Anspruch der Chancengleichheit bei der Teilhabe an Bildung und Kultur schon weitaus länger auf der Agenda der Bildungsreformdebatte. Machte doch bereits vor fast 200 Jahren der große Gelehrte und pädagogische Klassiker Friedrich Schleiermacher in seinen Vorlesungen aus dem Jahr 1826 auf das Problem der Chancenungleichheit aufmerksam, als er »die Ungunst der äußerlichen Verhältnisse« als Ursache dafür ausmachte, dass es zu einer »Aristokratie des geistigen Vermögens und der geistigen Bildsamkeit« komme (Schleiermacher 1996). Diese Einsicht veranlasste ihn zu der noch heute zentralen Forderung, dass man zwar der Natur freien Lauf lassen müsse, dass man aber der Natur kein Hindernis in den Weg legen dürfe, wenn es darum gehe, tüchtig zu werden für eine angemessene Stellung in Staat und Gesellschaft.

In Anbetracht der »angestammten« (heute würde man sagen: herkunftsbedingten) Ungleichheit der äußerlichen Verhältnisse sei es »frevelhaft«, diese Ungleichheit absichtlich und gewaltsam auf dem Punkt festzuhalten, auf welchem sie stehe. Nach dem demokratischen Prinzip käme es vielmehr darauf an, die durch die äußerlichen Verhältnisse, also die soziokulturellen Voraussetzungen für Bildung und Erziehung Begünstigten nicht noch mehr zu begünstigen. Insofern erklärte schon Schleiermacher das Problem der ungleichen Bildungsteilhabe im Wesentlichen nicht zu einer Frage der Intelligenz oder der Gene, auch wenn diese, wir wissen, keineswegs bedeutungslos sind, wenn es um Bildungsprozesse im Lebensverlauf eines einzelnen Menschen geht.

Ein solches Credo, das von Schleiermacher mit Bezug auf die Ständegesellschaft des 19. Jahrhunderts formuliert worden ist, lässt sich weitgehend auf die aktuelle Debatte über den Abbau von ungleichen Bildungschancen am Beginn des 21. Jahrhunderts übertragen. Insofern ist das Nachdenken über die Voraussetzungen und Folgen der sozialen Selektivität bei der Bildungsteilhabe keineswegs »Schnee von gestern« (Solga/Powell/Berger 2009). Noch immer gehen Kinder aus der Bildungsaristokratie (heute: aus Akademikerfamilien) eher auf das Gymnasium und die Hochschulen als Kinder aus dem Volk (heute: aus Arbeiter- und Migrantenfamilien), obwohl sie vielfach nicht dümmer, sondern nur ärmer an Chancen sind. Insofern muss das individuelle Leistungsprinzip als wohl wichtigste normative Rechtfertigung bzw. als Legitimationsinstrument für die soziale Selektivität des Bildungsgeschehens gelten (vgl. dazu Kap. 3.1).

2.2 Restaurations- und Stagnationsphase nach dem Zweiten Weltkrieg

Ein etwas genauerer Blick in die Nachkriegsentwicklung des deutschen Bildungswesens soll nun verdeutlichen, welche bildungspolitischen Strömungen dazu beigetragen haben, dass die Nachkriegs- und Wiederaufbauphase zu den Ergebnissen geführt haben, die bis heute als prägende Merkmale des deutschen Bildungswesens gelten müssen. Gleich in den ersten Monaten nach Kriegsende steht in den Aufrufen des Zentralausschusses der SPD und den gemeinsamen Aufrufen von SPD und KPD die Forderung ganz oben, durch die Aufhebung aller Bildungsprivilegien (zusammen mit der restlosen Vernichtung aller Spuren des Hitlerregimes auch im Bildungswesen) mehr Bildungsgerechtigkeit zu ermöglichen (Herrlitz/Hopf/Titze 1993, 174). Insbesondere sollten die Tore der höheren Schule und der Hochschule für die Söhne und Töchter des einfachen Volkes nicht länger verschlossen bleiben.

Das Ziel dieser Initiativen war die Brechung des Bildungsmonopols »der herrschenden Klassen«, das allerdings von Anfang an in einem ausdrücklichen Spannungsverhältnis zu jenem traditionellen (abgestuften) Begabungsverständnis stand, das ein Recht auf Bildung abhängig machte von den entsprechenden Anlagen und Fähigkeiten eines Kindes (ebd., 178). Hinzu kam, dass der Anspruch einer antifaschistisch-demokratischen Bildungsreform schon sehr frühzeitig überlagert wurde vom zunehmenden Ost-West-Gegensatz zwischen Sowjetischer Besatzungszone (SBZ) und den Westzonen, der dazu führte, dass sich sowohl die bildungspolitische Programmatik als auch die tatsächliche Entwicklung des Bildungswesens bald in sehr unterschiedliche Richtungen zu bewegen begann. Am ursprünglichen Ziel, den Bildungsbesitz einer Minderheit zum Besitz aller zu machen, wurde später nur noch in der DDR festgehalten und dort mit »Instrumenten der Gegenprivilegierung« (Bonus für Arbeiter- und Bauernkinder, soziale Quotierung beim Zugang zu höherer Bildung, Arbeiter- und Bauernfakultäten) äußerst konsequent umgesetzt (Geissler 1992).

In den Westzonen (und ab 1949 in der entstehenden BRD) knüpften solche Bildungsreformversuche an anderen Traditionen an. Reformmaßnahmen benötigten hier (im Gegensatz zur »Reform von oben« in der SBZ/DDR) nicht nur eine »revolutionäre Legitimität«, sondern es waren parlamentarische Legitimationsverfahren erforderlich, um entsprechende Mehrheiten für bestimmte Reformmaßnahmen zu erreichen. Selbst die westlichen Siegermächte wagten nicht, die Egalisierung und Demokratisierung des Bildungswesens gegen den Willen der bürgerlichen Eliten in den Westzonen durchzusetzen. Der Zusammenbruch des »Dritten Reiches« und die Befreiung von der nationalsozialistischen Herrschaft lösten in den ersten Nachkriegsjahren zwar auch hier viele bildungspolitische Initiativen aus, die eine grundlegende Demokratisierung des traditionellen deutschen Bildungssystems forderten. Ausgangs- und Bezugspunkt für derartige Reformpläne war aber der bis Kriegsende vorgegebene gegliederte Schulaufbau, der in der Weimarer Republik entwickelt worden und auch von der nationalsozialistischen Bildungspolitik weitgehend unangetastet geblieben war, und in dem das fortgeschrieben wurde, was von der »Weimarer Koalition« schulstrukturell ermöglicht worden war: eine obligatorische vierjährige Volksschule (Grundschule) für alle, aber eben auch ein gegliedertes Sekundarschulwesen mit Volksschuloberstufe (Klassen 5–8), Mittelschule und Gymnasium, verbunden mit einer rigiden Übergangsauslese.

Besonderen Stellenwert hatte in dieser Reformphase vor allem die Umerziehungs-(»Re-Education-«)Programmatik, mit der vor allem die anglo-amerikanischen Vertreter der alliierten Besatzungsmächte eine demokratische Neugestaltung des gesamten Schullebens erreichen und eine sich wiederholende ideologische Durchdringung der Schule mit autoritärem Gedankengut verhindern wollten (Bungenstab 1970; Kuhlmann 1970; Pakschies 1979). Gleichzeitig drängten aber nicht nur die Vertreter der alliierten Besatzungsmächte nach Kriegsende auf die Durchsetzung einer demokratischen Bildungsreform, die gleiche Bildungschancen für alle, Unentgeltlichkeit des schulischen Unterrichts und eine starke Betonung staatsbürgerlicher Erziehung vorsah. Auch von deutscher Seite wurde in einer gemeinsamen Erklärung von SPD und KPD anfangs für ein »einheitliches Schulsystem« plädiert. Selbst Fürsprecher innerhalb der neu gegründeten CDU sprachen sich zunächst für ein einheitliches öffentliches Schulsystem mit klarer Trennung von Kirche und Schule aus, das »im Geiste einer kämpferischen Demokratie« verwirklicht werden sollte. In Gesetzesinitiativen bis Ende 1948 spiegelte sich das Bemühen, eine mehr oder weniger einschneidende Umstrukturierung des (west-)deutschen Schulwesens zu erreichen (vgl. dazu Kuhlmann 1970).

Das änderte sich jedoch deutlich im Zuge der Konstituierung der Westzonen als BRD. Spätestens dann verschoben sich die bildungspolitischen Kräfteverhältnisse in den einzelnen Bundesländern, so dass sich solche weitgehenden Reformüberlegungen nicht mehr realisieren ließen. Im späteren Düsseldorfer Abkommen der Kultusminister der westdeutschen Bundesländer (1955), denen das Grundgesetz die Bildungs- und Kulturhoheit garantierte, wurde schließlich das in der Weimarer Zeit entwickelte gegliederte Schulsystem im Kern bestätigt und somit für die BRD die Wiederherstellung des selektiven, dreigliedrigen Schulwesens nach 1945 endgültig besiegelt (Herrlitz/Hopf/Titze 1993, 161 f.). Die Widerspiegelung der sozialen Hierarchie in der Hierarchie der Schulformen blieb bestehen und jeder Versuch, daran etwas zu ändern und dem »ungesunden Bildungsdrang« entgegen der natürlichen Begabung (Bayerische Schule 1956) nachzugeben, wurde heftig befehdet.

Die grundlegenden Reformüberlegungen im Hinblick auf die traditionell selektive Schulstruktur in den Jahren 1946 bis 1948 waren damit gescheitert. Rückblickend wird deshalb auch von einer »Restauration des Schulwesens« nach 1945 gesprochen, die mit einer bildungspolitischen Stagnationsphase bis hinein in die frühen 1960er Jahre verbunden war. Das von Ludwig Erhard propagierte und auf die Wirtschaftspolitik abzielende Schlagwort »Keine Experimente« galt auch für die Bildungspolitik. Trotz Wirtschaftswunder in den Wiederaufbaujahren bewegten sich die Ausgaben für das Bildungswesen auf niedrigem Niveau, auch wenn (unabhängig davon) die Auslesebestimmungen beim Übergang in weiterführende Schulen von einer ursprünglich obligatorischen Aufnahmeprüfung zugunsten eines Probeunterrichts teilweise gelockert und die Verwirklichung der Schulgeldfreiheit auch für weiterführende Schulen eingeführt worden war.

Ein weiterer Unterschied zur Entwicklung in der SBZ/DDR ist erwähnenswert: Die Entlassung der Altlehrer im Zuge der

Entnazifizierung erfolgte in den Westzonen weit weniger gründlich als in der SBZ, wo der Anteil der sog. Neulehrer teilweise bis zu 80 % betrug (Herrlitz/Hopf/Titze 1993, 177). Um den Schulalltag nach 1945 möglichst schnell wiederherzustellen, hatten sich die alliierten Besatzungsmächte in den Westzonen in Kooperation mit den lokalen deutschen Verwaltungskräften bemüht, den geordneten Unterrichtsbetrieb in den teilweise notdürftig reparierten Schulen rasch wieder aufzunehmen. Dabei wurde auf vorhandene Verwaltungsstrukturen und auf vorhandenes Personal zurückgegriffen, soweit dieses nicht erkennbar politisch belastet war, eine »pragmatische« Maßnahme, die sich nicht immer im Sinne der Reformkräfte auswirkte. Hinzu kam, dass zwar in den oberen Etagen der Schulverwaltung die Erneuerung des Personals zunächst relativ wirksam gewesen zu sein scheint, dass aber in den mittleren und unteren Rängen der Anteil der übernommenen, oft konservativ eingestellten Lehrkräfte vergleichsweise hoch war. Auch durften viele Lehrkräfte nach erfolgter Entnazifizierung (teilweise nach kurzen Unterbrechungen) im Schuldienst verbleiben, so dass die neuen oder reaktivierten Reformkräfte vielfach isoliert wurden und bei der Durchsetzung von Reformbestrebungen nicht oder nur in geringem Umfang zum Zuge kamen. Gerade auch unter dem Eindruck des sich verschärfenden Ost-West-Gegensatzes gewannen so diejenigen bildungspolitischen Kräfte an Einfluss, die am herkömmlichen selektiven Aufbau des Schulsystems festhalten wollten und eine Einheitsschule nach DDR-Vorbild (»sozialistische Experimente«) ausdrücklich ablehnten.

Die Umsetzung des nach 1945 erklärten Ziels der strukturellen Erneuerung des Bildungswesens und, in Verbindung damit, die Abschaffung von Bildungsprivilegien gerieten vor diesem Hintergrund in der BRD bis in die Mitte der 1960er Jahre nahezu in Vergessenheit. Erst 1959 sprach sich der Deutsche Ausschuss für das Erziehungs- und Bildungswesen, ein im Jahre 1953 vom Innenministerium und der Kultusministerkonferenz einberufenes ehrenamtliches Beratungsgremium, programmatisch erneut für umfassende Reformen im Bildungswesen und für die Förderung von bildungsexpansiven Tendenzen aus: »Die Pflicht zu sozialer Gerechtigkeit und der vermehrte Bedarf der modernen Gesellschaft an höher gebildetem Nachwuchs machen es nötig, jedem

Kind den Weg zu öffnen, der seiner Bildungsfähigkeit entspricht. Der Schulaufbau muss gestatten, alle kindlichen Begabungen zu wecken und sie nach Art und Grad auch an anspruchsvolleren Aufgaben zu erproben« (Deutscher Ausschuss 1964, 16). Damit wurden Reformgedanken formuliert, wie sie später in der Bildungsexpansionsphase ab Mitte der 1960er Jahre an Bedeutung gewinnen: Die Notwendigkeit der gezielten kindlichen Begabungsförderung und das Arbeitskräftebedarfsargument.

Und schließlich spielte ein dritter Zusammenhang eine nicht unwesentliche Rolle: Vor allem die Diskussion über zwei Prämissen des Deutschen Ausschusses – dass es unerkannte »Begabungsreserven« in beträchtlichem Umfang gäbe und dass die Förderstufe eine zuverlässigere und gerechtere Auslese verbürge als die traditionelle punktuelle Form der Auslese – verdeutlichte den Mangel an empirischen Kenntnissen über das Bildungswesen, zu dem die geisteswissenschaftlich ausgerichtete Pädagogik der 1950er Jahre ebenso beigetragen hatte wie eine Entwicklungspsychologie, die stets die Angeborenheit und Konstanz von »Begabungen« behauptet, aber nie hatte richtig nachweisen können (hierzu näher Kuhlmann 1970, 113f.). Der empirischen Forschung in der Bundesrepublik waren damit Fragen aufgegeben, deren Beantwortung sie sich in der ersten Hälfte der 60er Jahre endlich zuwandte (Herrlitz/Hopf/Titze 1993, 170). Die »realistische Wendung der Erziehungswissenschaft« (Roth 1963) beendete daraufhin die bis dahin weitgehende Empirieabstinenz der Geisteswissenschaftlichen Pädagogik und bereitete der empirischen Bildungsforschung den Weg, um eine gesicherte Datenbasis über die konkrete Bildungspraxis bereitzustellen und um notwendige Bildungsreformmaßnahmen angemessen begründen und in ihrer Wirksamkeit überprüfen zu können. Parallel dazu fällt in diese Zeit das Ende der erklärten Planungsfeindlichkeit der Kultusministerien in den Ländern und die Öffnung der z.B. in Baden-Württemberg erstmals im Jahre 1964 eingerichteten Bildungsplanungsabteilungen der Kultusverwaltungen für Daten, Fakten und Prognosen zur Steuerung der Entwicklung des Bildungswesens.

In der SBZ (und späteren DDR) kam es im Unterschied zur restaurativen Bildungspolitik in den Westzonen zu einer substanziell deutlich anderen Entwicklung, selbst wenn in den 1960er

Jahren auch in der DDR die Umorientierung von einer proportionalen zu einer leistungsorientierten Chancengleichheit erfolgte. Diese »Entideologisierung« der Auslesekriterien vollzog sich interessanterweise parallel zu der Verschärfung der ideologischen und ökonomischen Systemauseinandersetzungen zwischen Ost und West in der Folge des Sputnik-Ereignisses im Jahre 1957. Die Konvergenzen in Fragen der Bildungspolitik und Bildungsplanung in Ost und West sind vor dem Hintergrund der Meisterung der wissenschaftlich-technischen Revolution (DDR) bzw. der zweiten industriellen Revolution (BRD) und den damit verbundenen Qualifikationsanforderungen verblüffend (Herrlitz/Hopf/Titze 1993, 188): Kam es doch zu einer Annäherung an das liberale Konzept von Chancengleichheit (»Aufstieg der Tüchtigen«) und einer »meritokratischen Wirklichkeit«, die einherging mit einer zunehmenden sozialen Schließung des Bildungssystems in der DDR (Anweiler 1990).

2.3 Bildungsexpansionsphase seit Mitte der 1960er Jahre

Der Rahmenplan des Deutschen Ausschusses für das Erziehungs- und Bildungswesen von 1959 gilt als Vorläufer der Neuorientierung der westdeutschen Bildungspolitik und Schulentwicklung in der Nachkriegszeit, der Vorschläge für die Behebung des (im Vergleich zu anderen westlichen Industrienationen) eingetretenen Modernisierungsrückstands enthält. Obwohl bereits in diesem Rahmenplan unüberhörbar von sozialer Gerechtigkeit, von steigendem Bedarf an höher gebildetem Nachwuchs, von der Förderung von bisher unentdeckten Begabungsreserven und neuen Formen der Übergangsauslese die Rede ist (Deutscher Ausschuss 1964), fällt der öffentlichkeitswirksame Startschuss für die Bildungsexpansionsphase im Jahr 1964, als Georg Picht in einer Artikelserie in »Christ und Welt« (Picht 1964) für die Bundesrepublik Deutschland den Bildungsnotstand ausrief. Im internationalen Vergleich stellte er eine auffallend niedrige Abiturientenquote fest, die mit 4,3 % (1950/51) bzw. 6,7 % (1960/61) unzureichend erschien, um den Bedarf an höher qualifizierten Nachwuchskräften abzudecken (vgl. dazu auch Poignant 1966,

64f.). Um die internationale Konkurrenzfähigkeit der Bundesrepublik sei es vor diesem Hintergrund und nicht zuletzt auch unter dem Eindruck des Sputnik-Schocks (1957) schlecht bestellt, zumal es laut Berechnung der Kultusministerkonferenz für die 1970er Jahre bei steigenden Schülerzahlen zu einem erheblichen Lehrerfehlbestand kommen werde. Wenn es nicht gelinge, so Picht, die Starrheit des dreigliedrigen Schulsystems zu überwinden und unentdeckte Begabungsreserven auszuschöpfen, drohe eine Bildungskatastrophe ungeahnten Ausmaßes. Die Bundesrepublik würde den Anschluss an die Erfordernisse einer modernen Wissensgesellschaft verlieren, wenn nicht rasch entsprechende Gegenmaßnahmen ergriffen würden.

Der damit angesprochene Grundgedanke einer *bedarfsorientierten* Bildungsplanung war allerdings Mitte der 1960er Jahre vor allem deshalb heftig umstritten, weil Planung als Zurückdrängung der freien Initiative und als Lenkung und Manipulation des Menschen nach dem Vorbild von totalitären Staaten (und insbesondere in der DDR) verstanden wurde. Erst mit dem Eintritt der planungsfreundlicheren SPD in die Regierungsverantwortung (Große Koalition 1966, Regierung Brandt/Scheel 1969) setzte ein Umdenken ein, so dass der Planungsbedarf allmählich anerkannt und durch eine politikberatende Wissenschaft sachlich untermauert wurde. Neben dem Bedarfsargument (mehr besser qualifizierte Arbeitskräfte) galt zunehmend auch das Demokratiegebot (mehr Chancengleicheit im Bildungswesen) als Legitimationsbasis für entsprechende Planungsschritte im Bildungswesen.

Nachdem Schelsky schon 1957 (18) seine (zunächst weniger beachtete) These von der Schule als der »primäre(n), entscheidende(n) und nahezu einzige(n) soziale(n) Dirigierungsstelle für Rang, Stellung und Lebens-Chancen des einzelnen« in der modernen Gesellschaft formuliert hatte, wurde Bildung in zunehmendem Maße als Vehikel des sozialen Aufstiegs begriffen. Gefordert wurden vor diesem Hintergrund gezielte Reformmaßnahmen, die ein Mehr an Chancengleichheit beim Zugang zu weiterführender Bildung garantieren sollten. Insofern war die öffentliche Reformdebatte zunehmend mit der Erwartung verbunden, dass mit dem Abbau von Bildungsungleichheiten auch der Abbau von sozialen Ungleichheiten betrieben werden könne. Der Traum vom Aufstieg durch Bildung war geboren. Und

Dahrendorf (1965) lieferte mit seinem Buch »Bildung ist Bürgerrecht« ein entsprechendes Plädoyer zugunsten einer Politik der Chancengleichheit.

Wenn Dahrendorfs Plädoyer für mehr Demokratie im Bildungswesen und Pichts dringlicher Aufruf zugunsten einer stärker bedarfsorientierten Bildungsplanung immer wieder als Beginn der Bildungsexpansion proklamiert werden, darf allerdings nicht übersehen werden, dass bereits vor ihrer öffentlichen Ankündigung eine Bildungsexpansion stattgefunden hatte, die wegen der geburtenschwachen Nachkriegsjahrgänge, die damals die Schulen durchwanderten, nur nicht als solche wahrgenommen wurde (von Friedeburg 1978). Fand doch bereits in den 1950er Jahren ein vermehrter Übergang von der Grundschule auf weiterführende Schulen (Realschule, Gymnasium) statt, der mit einem drastischen Rückgang des relativen Hauptschulbesuchs und gleichzeitig mit einer erhöhten Abiturientenquote verbunden war, so dass es (im Rückblick betrachtet) schon vor 1964 einen deutlichen Wandel bei der Bildungsnachfrage gab, ohne dass dieser sich abzeichnende Trend als solcher wahrgenommen worden wäre. Im Gegenteil: Die bildungsökonomisch begründete Bedarfsplanung ging von Prognosewerten und amtlichen Statistiken aus, die sich im Nachhinein als fehlerhaft erwiesen und die zu irreführenden Schlussfolgerungen führten.

Die Befürworter einer Politik der Chancengleichheit im Bildungswesen konnten sich seit den 1960er Jahren zunehmend auf Forschungsergebnisse stützen, die auf nationaler ebenso wie auf internationaler Ebene vorgelegt wurden und die teilweise extrem ungleichen Voraussetzungen beim Zugang zu Bildung mit empirischen Forschungsdaten belegten. So zeigte Dahrendorf (1968, 51) am Beispiel der sozialen Herkunft der Studierenden im Wintersemester 1962/63, dass nur rund 5 % der Kinder aus Arbeiterfamilien, aber jeweils ein Drittel aller Kinder aus Beamten- und Akademikerfamilien an (west-)deutschen wissenschaftlichen Hochschulen immatrikuliert waren. Die Kunstfigur des »katholischen Arbeitermädchens vom Lande« sollte dabei veranschaulichen, welche Personengruppen aufgrund der punktuellen Übergangsauslese am Ende des vierten Grundschuljahres besonders geringe Bildungschancen hatten: Mädchen, Arbeiterkinder, Landkinder und Kinder aus katholischen Elternhäusern schafften in deutlich geringerem Umfang, diese Selektionshürde zu überwinden. Und auch im Hinblick auf die »Schulversager« ließen sich deutliche Zusammenhänge von sozialer Herkunft und Schulerfolg nachweisen, so dass die herkunftsbedingte Benachteiligung durch das vorgegebene Schulsystem zu einem viel diskutierten Thema jener Jahre wurde (Rolff 1997; Mangold 1978).

Über eine besonders wirkungsmächtige herkunftsbedingte Benachteiligung durch das bestehende Schulsystem wurde in der zweiten Hälfte der 1960er Jahre mit großem Nachdruck diskutiert: Die Existenz von schichtspezifisch bedingten Sprachbarrieren, die sich in Anbetracht des milieubezogen unterschiedlichen kindlichen Spracherwerbs ergeben und die zu einem je unterschiedlichen alltäglichen Sprachgebrauch beitragen. Vor allem die soziolinguistischen Arbeiten von Bernstein (1959, 1972) wurden dabei herangezogen, um zu belegen, dass der – so die Annahme – »restriktive« Sprachgebrauch (restringierter Sprachcode) in Unterschichtfamilien kindliche Entwicklungsmöglichkeiten einschränke und zu Schwierigkeiten mit der schulischen Unterrichtsrealität führe, wo eher der differenzierte Sprachgebrauch (der elaborierte Sprachcode mit komplexen Satzkonstruktionen und vielen Fremdwörtern) belohnt würde, wie er in Mittelschichtfamilien üblich sei. Die Überwindung von derartigen Sprachbarrieren sollte in doppelter Hinsicht angestrebt werden: Die Schule als »Mittelklasseninstitution« sollte im Zuge einer entsprechenden Curriculumreform mehr Chancengleichheit ermöglichen, und außerdem sollten entsprechende Sprachförderprogramme (»kompensatorische Erziehung«) dazu beitragen, dass es erst gar nicht zur Entstehung von Sprachbarrieren kommen kann. Allerdings waren die soziolinguistisch begründeten Annahmen schon bald sehr umstritten (z. B. Klann 1979) und das Scheitern der kompensatorischen Erziehung zeigte schließlich, dass bestehende Chancenungleichheiten im Schulsystem nicht allein auf milieubezogene Sprachbarrieren, sondern auf komplexere Ursachen zurückzuführen waren. Immerhin aber lässt sich heute im Rückblick sagen, dass beispielsweise die spätere Oberstufenreform implizit dazu beigetragen hat, dass der zuvor hohe Stellenwert von (fremd-)sprachlichen Kompetenzen beim Abitur durch die Möglichkeit einer Abwahl von entsprechenden Prüfungsfächern (zugunsten von mathematisch-naturwissenschaftlichen Fächern) relativiert worden ist.

Bemerkenswert an dieser sog. Bildungsexpansionsphase ist der Umgang mit dem Schlagwort »Ausschöpfung der Begabungsreserven«. Nur das ökonomisch begründete Bedarfsargument (»Wir brauchen mehr höher qualifizierte Arbeitskräfte, um im internationalen Wettbewerb zu bestehen«) war überzeugend genug, um eine Lockerung der Übergangsauslese nach dem vierten Grundschuljahr und damit die Erhöhung der Abiturientenquote durchzusetzen. Der Zynismus, der in diesem Argumentationszusammenhang steckt, besteht darin, dass der Anspruch auf bestmögliche Teilhabe nur bei »Bedarf« zu gelten scheint. Ist ein solcher Bedarf ökonomisch nicht begründbar, kann man auf vorhandene Begabungsreserven verzichten und das Recht auf Teilhabe zumindest partiell außer Kraft setzen.

Das Jahr 1973 signalisierte mit der eingetretenen Ölkrise ein solches Umschwenken, indem nun die Forderung »Bildung ist Bürgerrecht« nachhaltig in den Hintergrund gedrängt und der Öffentlichkeit das Gespenst des Bildungsproletariats präsentiert wurde. Die zunehmende Jugendarbeitslosigkeit diente dabei als Beleg für die drohende »Überproduktion« von höher qualifizierten Arbeitskräften. Dass höhere Allgemeinbildung freilich etwas mit persönlichen Entwicklungschancen zu tun hat und dem Fördergedanken verpflichtet sein muss, sich also nicht auf den Anspruch einer bedarfsorientierten Beschäftigungspolitik reduzieren lassen sollte, geriet dabei immer wieder in Vergessenheit.

Die Verlaufslinien der Bildungsexpansion seit Mitte der 1960er Jahre (mit der bereits erwähnten »heimlichen« Vorlaufphase in den 1950er Jahren) lassen sich anhand der Entwicklung der relativen Schulformbesuchsquoten skizzieren: Von den 13-Jährigen gingen 1960 15 % aufs Gymnasium, 11,3 % zu Realschule. 70,1 % der 13-Jährigen blieben auf der Volksschule. 1977 waren bereits 24,4 % aller Schüler in diesem Alter im Gymnasium, 23,2 % in der Realschule und nur noch 43,5 % in der Hauptschule (BMBW 1979, 32 f.). Dieser Trend schlug sich auch in den Schulabgängerzahlen nieder, indem mehr Schüler ihre Schulzeit mit höheren Bildungsabschlüssen beendeten. Dieser vergleichsweise nachhaltige Trend zu höheren Bildungsabschlüssen, wie er mit der Bildungsexpansionsphase eingeleitet worden ist, hat sich auch in den Folgejahrzehnten fortgesetzt, wobei vor allem die Mädchen im Vergleich zu den Jungen zu den Gewinnerinnen der Bildungsexpansionsphase zählen. Oder anders formuliert: Die bis dahin nicht abgerufenen Begabungsreserven in der Gruppe der Mädchen wurden nun auf einmal ausgeschöpft, was nicht zuletzt auch mit einem deutlichen Wandel des Frauenbildes und den Vorstellungen über die gesellschaftliche Rolle von Frauen verbunden war, die zu einem veränderten Bildungsverhalten von Mädchen führte. Aber auch hier gilt: Frauen wurden auf dem Arbeitsmarkt als qualifizierte Arbeitskräfte in Bereichen gebraucht, die bis dahin als Männerdomänen gegolten hatten.

2.4 Von der ersten zur zweiten Bildungskatastrophe in Deutschland

Etwa ab Mitte der 1970er Jahre geriet das Thema »Chancengleichheit« eher in Vergessenheit, bis der sog. PISA-Schock 2001 nach Veröffentlichung der ersten, für Deutschland ungünstigen Ergebnisse der PISA-Studie erneut zu einer Krisenstimmung führte. Man sprach von einer zweiten deutschen Bildungskatastrophe, wobei hier weniger der Befund eine Rolle spielte, dass sich im internationalen Vergleich in Deutschland ein besonders starker Zusammenhang zwischen sozialer Herkunft und Bildungsbeteiligungschancen zeigte (und zwar unabhängig von den erreichten Kompetenzwerten). Stärker im Fokus stand das unerwartet schlechte Abschneiden der deutschen 15-jährigen Schüler und Schülerinnen, die sich lediglich im mittleren Leistungsspektrum bewegten. Wenige Jahre zuvor hatte bereits eine andere international vergleichende Schulleistungsuntersuchung, die Third International Mathematics and Science Study (TIMSS) ebenfalls gezeigt, dass die Testleistungen deutscher Schüler und Schülerinnen in der Gruppe vergleichbarer Länder eher im unteren Bereich angesiedelt waren. Da Deutschland sich an den vorhergehenden international vergleichenden Schulleistungsstudien nicht beteiligt hatte, war das Entsetzen groß, dass das Land der Dichter und Denker mit seinem bis dahin für leistungsfähig gehaltenen Bildungssystem offenbar nur mittelmäßige Schüler und Schülerinnen hervorbringt. Daran konnte auch das vergleichsweise gute Abschneiden in einer nachfolgenden weiteren Schulleistungsstudie zur Lesekompetenz von Grundschulkindern, die Internationale Grundschul-Lese-Untersuchung (IGLU), nur wenig ändern.

Für den vorliegenden Band spielt die internationale Vergleichsebene keine Rolle. Demgegenüber liefern die erwähnten Studien differenzierte und sehr aktuelle empirische Ergebnisse, die ermöglichen, den Zusammenhang von Bildung und sozialer Ungleichheit genauer auszuleuchten. Welche Chancen auf schulischen Kompetenzerwerb haben deutsche Schüler und Schülerinnen in Abhängigkeit von ihrer sozialen Herkunft, ihrem Geschlecht oder ihrem Migrationshintergrund? Welche Unterschiede zeigen sich hier zwischen den Schülern und Schülerinnen, eine Gymnasialempfehlung zu bekommen? Welche sozialen Disparitäten ergeben sich im Hinblick auf das Risiko, unterhalb einer Kompetenzstufe zu bleiben, die als Mindestmaß für eine verständige gesellschaftliche Teilhabe gelten muss? Entscheiden tatsächlich die erworbenen Kompetenzen darüber, welche Schule ein Kind nach der Grundschule besuchen wird? All dies sind Fragen, die aus einer Ungleichheitsperspektive hochrelevant sind und auf welche die internationalen (TIMSS, PISA, IGLU) und mittlerweile auch etliche nationale Schulleistungsstudien[3] Antworten geben. Daher werden sie im vorliegenden Buch – vor allem in den Kap. 5, 6 und 7 – eine wichtige Rolle spielen.

3 Wichtige Untersuchungen sind hier u. a.: »Aspekte der Lernausgangslage und der Lernentwicklung« (LAU), »Kompetenzen und Einstellungen von Schülerinnen und Schülern« (KESS) oder »Mathematik-Gesamterhebung Rheinland-Pfalz: Kompetenzen, Unterrichtsmerkmale, Schulkontext« (MARKUS).

3 Bildung und soziale Ungleichheit: Begriffliche Klärungen und theoretische Perspektiven

Obwohl in den beiden vorangegangenen Kapiteln schon mehrfach von Bildung und sozialer Ungleichheit die Rede war und sich daraus bereits ein gewisses Grundverständnis dieses Zusammenhangs ergeben hat, wollen wir nun versuchen, unser diesbezügliches Begriffsverständnis noch etwas weiter zu präzisieren. Wenn etwa von sozial bedingten und damit herkunftsabhängigen Bildungsungleichheiten die Rede ist, stellt sich sofort die Frage: Ist jeder Bildungsunterschied, also jede Differenz im Hinblick auf den Bildungsstand eines Menschen schon als Folge einer ungleichen Bildungsteilhabe zu verstehen, die als ungerecht einzustufen ist? Oder anders gefragt: Unter welchen Bedingungen werden Bildungsunterschiede zu Bildungsungleichheiten, die das Gebot der Bildungsgerechtigkeit verletzen? Insofern ist also zu klären, welche Formen von ungleicher Bildungsteilhabe als sozial bedingte Bildungsbenachteiligungen in Erscheinung treten.

Hier wird sich zeigen, dass Bildungsungerechtigkeit viele Gesichter haben kann. Denn nicht alle Bildungsunterschiede werden sich als Quelle der sozialen Benachteiligung und damit als Ausdruck von Bildungsungerechtigkeit erweisen. Dies umso mehr, wenn Bildungsungleichheiten nicht nur am Besitz und der unterschiedlichen Bewertung von Zeugnissen und Zertifikaten (wie z. B. Abitur oder Meisterbrief) und den damit verknüpften Zugangsberechtigungen (z. B. zu einem Universitätsstudium) festgemacht werden. Kommt doch ungleiche Bildung auch über ungleiche allgemeine Fähigkeiten (Kompetenzen) wie Lesen, Schreiben, Rechnen oder die ungleiche Beherrschung von spezifischen Wissensbeständen (z. B. Fremdsprachen, Fakten-/Fach-/Bücherwissen) zum Ausdruck. Allgemeiner formuliert signalisiert ungleiche Bildung eine ungleiche Ausstattung mit kulturellem und sozialem Kapital (Bourdieu 1983), deren Erwerb unter sehr unterschiedlichen Bedingungen erfolgen und in der Regel eine ungleiche soziale Anerkennung erfahren kann. Dass beide Betrachtungsebenen, die sog. Berechtigungsseite und die sog. Kompetenzseite von Bildung eng miteinander zusammenhängen und eigentlich nur die jeweils andere Seite der gleichen Medaille sind, wollen wir im Folgenden etwas ausführlicher verdeutlichen.

Ähnliche Probleme stellen sich bei der Dimension der sozialen Herkunft. Auch hier haben sich verschiedenste Bezeichnungen etabliert, die durchaus etwas Verschiedenes meinen und auch unterschiedliche theoretische Implikationen beinhalten. Sehr häufig finden eher im Diffusen bleibende Sammelkategorien wie »soziale Lage« oder »soziale Herkunft« Verwendung, ohne dass in der Auseinandersetzung hinreichend geklärt wird, anhand welcher Kriterien diese jeweils genauer bestimmt werden. Auch die Rede von sog. »bildungsfernen Milieus« stellt eine Bezeichnungspraxis dar, die durchaus Fragen aufwirft: Sie macht nur Sinn, wenn wir eine bestimmte Form der Bildung als Referenzpunkt annehmen und von dort aus bestimmen, wie nah oder fern jemand zu dieser Bildung positioniert ist. Bildungsferne oder Bildungsnähe stellte sich vielleicht ganz anders dar, wenn eine jeweils andere Vorstellung von Bildung als Bezugspunkt dient.

An diesem Beispiel wird bereits deutlich, dass die Begriffe, mit denen wir versuchen, unseren Gegenstand zu bezeichnen, alles andere als zufällig sind. Über die sprachliche Bezeichnung, die wir wählen, treffen wir z.B. bereits Festlegungen darüber, welche Aspekte uns wichtig sind und welche wir eher vernachlässigen. Wird die soziale Herkunft einer Schülerin z.B. am »sozioökonomischen Status« der Herkunftsfamilie festgemacht, dann ist darin bereits die Annahme enthalten, dass die ökonomischen Ressourcen für das betrachtete Problem eine wichtige Rolle spielen. Da wir vermittels der Sprache unseren Gegenstand also immer auf eine bestimmte Art und Weise konstruieren, ist es von großer Bedeutung, sorgfältig mit Begriffen umzugehen und möglichst genau zu definieren, was wir jeweils meinen, wenn wir z.B. von Bildungsgerechtigkeit, Chancengleichheit oder Bildungsbenachteiligung sprechen.

3.1 Bildungsungleichheit – Bildungsungerechtigkeit

In den einschlägigen Veröffentlichungen stoßen wir häufig auf den Begriff »sozial bedingte Bildungsungleichheiten«. Durch die Verwendung des Plurals soll darauf hingewiesen werden, dass die beobachteten Ungleichheiten mit verschiedenen sozialen Dimensionen wie soziale Herkunft, Geschlecht oder ethnische Zugehörigkeit in Zusammenhang stehen. Wenn hier die Rede von Bildungsungleichheiten ist, dann wird damit zunächst einmal nur darauf verwiesen, dass sich Menschen in bildungsrelevanten Fragen jeweils nach ihrer sozialen oder ethnischen Herkunft und/oder nach ihrem Geschlecht unterscheiden bzw. ungleich sind. Ist aber jede Form solcher Ungleichheit deshalb bereits notwendigerweise eine Bildungsungerechtigkeit? Ist ein Schüler aus einer Familie mit Migrationshintergrund deswegen schon benachteiligt, weil er »nur« eine Hauptschule besucht? Genießt eine Studentin, deren Eltern beide eine gut gehende Zahnarztpraxis betreiben, deshalb schon ungerechtfertigte Bildungsprivilegien, weil sie ein Hochschulstudium absolviert?

Auf einer abstrakten Ebene könnten wir hier zu dem Schluss kommen, dass »das Leben ungerecht ist«, weil einige – ohne eigenes Zutun – das Glück haben, in eine Familie hineingeboren zu werden, die äußerst vorteilhafte Ausgangsbedingungen bereithält, während andere ihre Bildungsbiographien unter deutlich erschwerten familialen Bedingungen (wie z. B. elterlicher Arbeitslosigkeit oder Alkoholabhängigkeit) realisieren müssen. Solchen »Ungerechtigkeiten des Lebens« stehen wir in Teilen hilflos gegenüber. Wir könnten im Grunde nur die Utopie einer Gesellschaft dagegensetzen, in der alle sozialen Unterschiede keine Rolle spielen, die zum Ausgangspunkt von ungleichen Lebenschancen werden könnten. Da mit solchen gesellschaftlichen Verhältnissen in absehbarer Zeit nicht zu rechnen ist, konzentrieren sich bildungspolitische Ansätze zur Herstellung von mehr Bildungsgerechtigkeit zumeist darauf, wie die ungleichheitsherstellende Wirkung der sozialen Heterogenität von Ausgangslagen im Hinblick auf die Bildungsbeteiligung und den Bildungserfolg abgemildert werden kann. Kostenlose Angebote vorschulischer

Sprachförderung für Kinder aus Familien mit Migrationshintergrund oder die Bereitstellung von finanzieller Unterstützung im Rahmen des Ausbildungsförderungsgesetzes (BAföG) können hier als Beispiele eines solchen kompensatorischen Umgangs mit sozialen Ungleichheiten genannt werden.

Aus einer solchen Perspektive misst sich also die Frage nach Bildungsgerechtigkeit daran, inwieweit es durch institutionelle Maßnahmen gelingt, die unterschiedlichen sozialen und kulturellen Ausgangsbedingungen, mit denen Kinder in das Bildungssystem eintreten, in geeigneter Weise kompensierend so anzugleichen, dass die jeweiligen Startbedingungen Chancengleichheit zumindest annähernd ermöglichen. Um es mit einem Bild zu verdeutlichen: Im Autorennsport würde es durchaus als unfair gelten, wenn Formel-I-Boliden gegen PS-schwache Kleinwagen ins gleiche Rennen geschickt würden. Bei der Leichtathletik wäre es gleichermaßen unfair, bei einem 400 m-Lauf den Außenbahnläufern keine Startvorgabe einzuräumen. Warum sollten also nicht ähnliche Überlegungen auch für den Bildungswettbewerb gelten? Bildungsgerechtigkeit orientiert sich aus dieser Perspektive betrachtet also nicht an der Vorstellung von formaler Bildungsgleichheit in dem Sinne, dass alle das Gleiche (z. B. an Förderung) erhalten sollen, sondern an der Vorstellung von Bedarfsgerechtigkeit, wonach eine an disparaten Ausgangslagen festgemachte unterschiedliche Behandlung bildungsgerecht im Sinne der Herstellung von bildungsbezogener Chancengleichheit ist.

Auch wenn man auf der einen Seite davon ausgehen muss, dass eine solche Chancengleichheit »faktisch eine Illusion« ist (Gogolin 2008, 56), da eine vollständige Kompensation herkunftsbedingter ungleicher Bildungsvoraussetzungen letztlich nur um den Preis der Abschaffung der Familie (Rawls 1991, 555) zu haben wäre, so verweist die Vorstellung von Bildungsgerechtigkeit als Herstellung von Chancengleichheit auf die institutionellen Gestaltungsmöglichkeiten im Bildungssystem. Zur Kernfrage von Bildungsgerechtigkeit wird dann, in welchem Ausmaß bildungspolitische Fördermaßnahmen auf den Weg gebracht werden müssten, die geeignet sind, herkunftsbedingte Benachteiligungen im Wettbewerb um Bildung präventiv oder nachholend möglichst weitgehend auszugleichen. Um angemessen beurteilen zu können, inwieweit bildungspolitische Maßnahmen tatsächlich eine so verstandene Chancengleichheit befördern könnten, benötigen wir empirisch überprüfbare Kriterien, die es uns erlauben, genauer zu beurteilen, in welchem Ausmaß der Zugang zu Bildung tatsächlich unabhängig von sozialer Herkunft, aber auch von Geschlecht oder ethnischer Zugehörigkeit ermöglicht wird.

Vergegenwärtigen wir uns mögliche Reaktionsweisen auf dieses Problem an dem konkreten Beispiel des Zugangs zum Hochschulstudium. Schaut man auf die Altersgruppe der 19- bis 24-Jährigen in Deutschland (also der Altersgruppe, aus der die Studierenden ganz überwiegend stammen), dann zeigt sich, dass von allen jungen Erwachsenen dieses Alters etwa 40 % einen Vater mit Hauptschulabschluss haben. Gut 35 % haben einen Vater mit Realschulabschluss und knapp ein Viertel einen Vater mit Abitur, so das Ergebnis der 18. Sozialerhebung des Deutschen Studentenwerks (Isserstedt u. a. 2007). Wenn wir nun – wie oben angedacht – davon ausgehen, dass in einem gerechten Bildungssystem der Schulabschluss der Väter keine Bedeutung haben sollte für die Möglichkeit, studieren zu können, dann müssten bei den Vätern der heute tatsächlich Studierenden anteilsmäßig etwa 40 % einen Hauptschulabschluss, gut 35 % einen Realschulabschluss und knapp ein Viertel Abitur haben. Die Gruppe der Studierenden sollte sich nach sozialer Herkunft also insgesamt so zusammensetzen, wie es der sozialen Zusammensetzung der Gesamtbevölkerung entspricht.

Eine solche Vorstellung von (statistischer) Bildungsgerechtigkeit wird als »proportionale Chancengleichheit« bezeichnet (Geißler 2005, 72). Diesem Modell zufolge wäre das Gebot der Chancengleichheit dann verletzt, wenn eine Herkunftsgruppe unter den Studierenden im Verhältnis zu ihrem Anteil an der Gesamtbevölkerung deutlich überrepräsentiert wäre. Die entsprechenden Forschungsdaten zeigen, dass dies in Deutschland der Fall ist: Im Jahr 2005 stammten etwa die Hälfte aller deutschen Studierenden aus einer Familie, in der der Vater (oder die Mutter) das Abitur erworben hatten, obwohl dieser Anteil in der Gesamtbevölkerung bei nur rund einem Viertel liegt.

Das proportionale Gleichheitsdenken findet sich auch bei den Hochschulministern der am Bologna-Prozess beteiligten Länder wieder. Diese Ministerrunde definiert in ihrem Londoner Communiqué (2007) Chancengerechtigkeit (»participative equity«) als

»den gesellschaftlichen Anspruch, dass die Studierenden bei ihrem Eintritt in die Hochschule, mit ihrer Beteiligung und beim Abschluss der Hochschulbildung auf allen Ebenen die Zusammensetzung der Bevölkerung widerspiegeln sollten« (Londoner Communiqué 2007). Eine solche, dem Proporzmodell folgende Vorstellung von Bildungsgerechtigkeit hat übrigens auch in der frühen Bildungspolitik der ehemaligen DDR eine besondere Rolle gespielt. Hier war es in den 1950er Jahren ein erklärtes Ziel, das sog. bürgerliche Bildungsmonopol und seine damit verbundenen Herrschaftsansprüche auszuhebeln. Mit Hilfe der Einrichtung von sog. Arbeiter-und-Bauern-Fakultäten sollten diese Bevölkerungsgruppen nachholend für ein Hochschulstudium gewonnen werden. Im Rahmen einer »gegenprivilegierenden Bildungspolitik« (Miethe 2007) wurden deshalb bevorzugt Arbeiter- und Bauernkinder beim Zugang zum Abitur berücksichtigt.

Auch wenn wir hier in Rechnung stellen, dass solche Maßnahmen zunächst darauf zielten, von weiterführender Bildung weitgehend ausgeschlossene Bevölkerungsgruppen zu besseren Bildungschancen zu verhelfen (»Brechung des bürgerlichen Bildungsmonopols«), so kann doch kritisch gefragt werden, ob auf diesem Wege tatsächlich mehr Bildungsgerechtigkeit ermöglicht wird. Wenn dem Grundsatz gefolgt werden soll, dass niemand aufgrund seiner sozialen Herkunft bevorzugt Zugang zu (höherer) Bildung erhalten bzw. davon ausgeschlossen bleiben soll, dann macht es unter Gerechtigkeitsgesichtspunkten keinen Unterschied, ob Kinder von Lehrern, Ärzten oder Anwälten häufiger studieren können, weil sie Kinder von Lehrern, Ärzten oder Anwälten sind, oder ob dieses Privileg Kindern von Bauern und Arbeitern zugute kommt, weil sie Kinder von Bauern und Arbeitern sind. Auch wenn eine »gegenprivilegierende Bildungspolitik« zum Ziel hatte, eine über lange Zeit bestehende Bildungsbenachteiligung für Arbeiter- und Bauernkinder auszugleichen, bleibt doch im Kern das Problem ungelöst, ob einer Bevölkerungsgruppe bessere Bildungschancen eingeräumt werden sollen, nur weil sie Angehörige einer bestimmten Bevölkerungsgruppe sind.

Dass unter Gerechtigkeitsgesichtspunkten eine solche Verteilung von Bildungschancen häufig als ungerecht wahrgenommen wird, hängt damit zusammen, dass im Proporzmodell eine von vielen als sehr wichtig angesehene Einflussgröße unberücksichtigt bleibt: die individuellen Fähigkeiten und Leistungen. Werden diese berücksichtigt, verschiebt sich der Maßstab für Bildungsgerechtigkeit: Gute Bildungschancen sollen dann vor allem diejenigen erhalten, die es entsprechend ihrem Fähigkeitsniveau und ihrem Leistungsvermögen verdienen. So stellt z. B. Hradil (1999, 149) fest: »Chancengleichheit im Bildungswesen ist dann gegeben, wenn allen unabhängig von leistungsfremden Merkmalen (wie z. B. von Bildung, Prestige und Geld der Eltern, von Geschlecht, Wohnort, Beziehungen, Religion, Hautfarbe, politischer Einstellung, persönlicher Bekanntschaft oder Familienzugehörigkeit) die gleiche Chance zur Leistungsentfaltung und Leistungsbestätigung eingeräumt wird.« Nach dieser Vorstellung ist die jeweils ermöglichte Bildungsteilhabe dann als gerecht anzusehen, wenn sie das unterschiedliche Leistungsvermögen in Rechnung stellt. Aus der Forderung nach bildungsbezogener Chancengleichheit wird die an der Leistungsfähigkeit festgemachte Forderung nach Chancengerechtigkeit.

Eine solche Vorstellung von Gerechtigkeit wird häufig als *meritokratisches Verteilungsmodell*[4] bezeichnet. Für die Bildungsbiographien von Menschen sollen also nicht soziale Herkunft, Geschlecht oder andere (ohne ihr Zutun) gegebene Merkmale ausschlaggebend sein, sondern einzig die »Meriten«, also die Verdienste, die sich jemand erworben hat. Die Bildungschancen, die jemandem zugänglich sind, sollen also »verdient« sein in dem Sinne, dass sie ihre Berechtigung aus der Befähigung beziehen, die jemand mitbringt, bzw. den Anstrengungen, die jemand zu investieren bereit ist.

Die Frage, an welche weiterführende Schule ein Kind nach der Grundschulzeit wechselt, soll sich der meritokratischen Grundidee zufolge allein aufgrund seines schulischen Leistungsniveaus entscheiden. Als in dieser Hinsicht gerecht könnte demnach eine Übergangspraxis erscheinen, wie wir sie z. B. in Bayern (und auch

4 Der Begriff »Meritokratie« geht auf den britischen Soziologen Michael Young zurück, der in seiner utopischen Satire »Es lebe die Ungleichheit: Auf dem Wege zur Meritokratie« (Young 1961) eine auf Leistung, Begabung und Verdienst beruhende Gesellschaftsordnung kritisch ausleuchtet. Wörtlich übersetzt bedeutet Meritokratie so viel wie »Herrschaft der (Leistungs-)Fähigsten«.

anderen Bundesländern) vorfinden: Hier ist der Übertritt von der vierten Grundschulklasse auf ein Gymnasium uneingeschränkt nur mit einer Durchschnittsnote von mindestens 2,33 (in den Fächern Deutsch, Mathematik, Heimat- und Sachunterricht) möglich. Diese Übergangsregelung gilt für alle Kinder unabhängig von ihrer sozialen oder ethnischen Herkunft oder ihrem Geschlecht. Der Grundsatz einer formalen Bildungsgerechtigkeit kommt hier also zur Anwendung, der besagt, dass gleiche Leistungen gleich und ungleiche Leistungen ungleich zu behandeln sind.

Doch wie gerecht ist eine solche (vermeintlich) leistungsbasierte Gerechtigkeitsvorstellung tatsächlich? Auf den ersten Blick scheint sie Chancengerechtigkeit in dem Sinne herzustellen, dass der Übergang in eine weiterführende Schule unabhängig von sozialer Herkunft, Geschlecht, Region oder ethnischer Zugehörigkeit für alle unter gleichen »Verteilungsregeln« erfolgt und insofern formale Gerechtigkeit bei Schullaufbahnentscheidungen gegeben ist. Auf den zweiten Blick wird jedoch deutlich, dass die Angemessenheit einer Gleichsetzung von Bildungsgerechtigkeit und Leistungsgerechtigkeit höchst voraussetzungsvoll ist: Würden nämlich tatsächlich – wie es das meritokratische Modell impliziert – allein die individuelle Leistung und die Anstrengungsbereitschaft die entscheidenden Stellgrößen für Bildungsbiographien sein und nicht etwa das Glück bzw. Pech, in eine bestimmte Familie hineingeboren zu sein, dann wäre ein solches »Wettrennen« um die besten Bildungschancen nur dann gerecht, wenn alle mit einer vergleichbaren Ausgangsposition antreten und unter gleichen Bedingungen agieren und schulische Leistungen erbringen könnten. Das ist jedoch nicht der Fall. Es gibt zahlreiche empirische Belege dafür, dass die damit verbundene Vorstellung von einem fairen Bildungswettbewerb trotz aller meritokratischen Rhetorik ein Mythos ist, der in westlichen Gesellschaften bis heute ungebrochen zu sein scheint und einen wichtigen Beitrag für die Stabilität der herkunftsbedingt ungleichen Bildungsteilhabe leistet (Solga 2008, 19).

Dass nicht allein das Leistungsprinzip Bildungslaufbahnen steuert, erkennen wir z. B. an folgenden gesicherten empirischen Befunden: Der Vergleich der in den PISA-Studien erreichten Kompetenzwerte der Schülerinnen und Schüler in den verschiedenen Schulformen (Hauptschule, Realschule und Gymnasium) lässt sehr deutliche Überlappungen erkennen. Mit anderen Worten: Allein auf der Basis der ermittelten Kompetenzwerte ist eine Zuordnung der Schülerinnen und Schüler zu den verschiedenen Schultypen nicht möglich. Zwar ergeben sich im Durchschnitt die höchsten Werte für Schülerinnen und Schüler im Gymnasium, mittlere Kompetenzwerte für Realschülerinnen und -schüler und die durchschnittlich geringsten Werte für Hauptschülerinnen und -schüler. Gleichzeitig ist aber auch deutlich erkennbar, dass z. B. viele Realschülerinnen und -schüler von ihrem Kompetenzprofil her ein Gymnasium besuchen müssten, ebenso wie es zahlreiche Gymnasiastinnen und Gymnasiasten gibt, die wir auf der Basis ihrer erreichten Kompetenzwerte nicht im Gymnasium vermuten würden.

Die Daten zeigen also ganz offensichtlich, dass neben Kompetenz auch andere Einflussfaktoren eine Rolle spielen, wenn es darum geht zu erklären, warum welches Kind welche Schulform besucht. Das Phänomen, dass vorhandene Leistungspotenziale von Schülerinnen und Schülern nicht mit der tatsächlich besuchten Schulform (oder einer anderen Form realisierter Bildungsteilhabe) korrespondieren, bezeichnet man als »Underachievement« bzw. als »Overachievement«. Dass sich das Zustandekommen dieses Phänomens in erheblichem Umfang mit der sozialen Herkunft der davon betroffenen Schülerinnen und Schüler erklären lässt, ist aus vielen Untersuchungen bekannt (Uhlig/Solga/Schupp 2009). Das Risiko, zu den »Underachievern« zu gehören, also eine niedrigere Schulform zu besuchen, als es das kognitive Leistungsvermögen zuließe, findet sich deutlich häufiger bei Kindern aus unterprivilegierten, bildungsfernen Milieus, während »Overachiever« häufiger aus sozial, kulturell und ökonomisch privilegierten Herkunftsfamilien stammen.

Ein anderer Befund, der mit »Under-« bzw. »Overachievement« zusammenhängt, ist der berechtigte Zweifel daran, dass tatsächlich nur das Leistungsvermögen von Schülerinnen und Schülern deren schulische Laufbahn bestimmt. Aus der Analyse von Übergangsempfehlungen, die Lehrerinnen und Lehrer am Ende der Grundschule für die weitere schulische Laufbahn eines jeden Kindes aussprechen, geht hervor, dass sich die Lehrerinnen und Lehrer zwar wesentlich von den Noten – vor allem den Deutschnoten (Ditton/Krüsken/Schauenberg 2005) – der Grundschülerinnen und -schüler leiten lassen. Gleichzeitig zeigen die IGLU-Studien von 2001 und 2006 aber auch, dass sich nur gut 30 % der Unterschiede bei den von den Lehrerinnen und Lehrern vorgenommenen Empfehlungen über die tatsächliche Lesekompetenz der Schülerinnen und Schüler erklären lassen (Arnold u.a. 2007, 281). Kinder von un- und angelernten Arbeitern müssen – diesen Ergebnissen zufolge – eine deutlich höhere Lesekompetenz aufweisen als Kinder aus privilegierten Elternhäusern, wenn sie eine Chance auf eine Gymnasialempfehlung ihrer Lehrerinnen und Lehrer bekommen wollen (Arnold u.a. 2007, 288). Hinzu kommt, dass Eltern aus bildungsfernen Familien eher der Grundschulempfehlung der abgebenden Schule folgen, da sie der Professionalität des Lehrerurteils offensichtlich eine größere Bedeutung zumessen als Eltern aus bildungsnahen Milieus. Letztere zeigen eine vergleichsweise deutlich größere Bereitschaft, den Übergang ihres Kindes auf ein Gymnasium auch entgegen der Grundschulempfehlung der Lehrerinnen und Lehrer zu realisieren (Harazd/von Ophuysen 2008).

Diese hier nur kurz skizzierten empirischen Befunde zum Zusammenhang von Bildungsteilhabe und sozialer Lage verdeutlichen, dass entgegen eines in der Gesellschaft fest verwurzelten meritokratischen Denkens nicht die Leistungsfähigkeit der Schülerinnen und Schüler allein die weichenstellende Größe für Bildungslaufbahnen darstellt. Eine zentrale Rolle spielt auch, wie die entsprechende Leistungsfähigkeit von (Hochschul-)Lehrerinnen und Lehrern sowie Eltern in Abhängigkeit von der sozialen Lage des Kindes unterschiedlich bewertet wird. Der Versuch, Bildungsgerechtigkeit über formale (an Noten festgemachte) leistungsbezogene Verteilungsregeln zu erreichen, weist also deutliche Fehlerpotenziale auf. Die Leistung(-sfähigkeit) von Schülerinnen und Schülern oder Studierenden lässt sich in der überwiegenden Zahl der Fälle nicht »objektiv« erfassen, weil bei der Bewertung von Bildungsleistungen soziale Bewertungskategorien, also leistungsfremde Bewertungskomponenten einfließen, die keinen direkten Bezug zur tatsächlich vorhandenen oder möglichen Leistungsfähigkeit von Schülerinnen und Schülern haben.

Auch wenn die Herstellung von Chancengleichheit auf institutioneller Ebene (z.B. durch Verzicht auf Schulgeld oder durch die Gewährung von BAföG) als unverzichtbare Maßnahmen einzuschätzen sind, wird damit gleichzeitig die Tatsache verdeckt, dass darüber hinaus auch innerhalb von Bildungsinstitutionen soziale Mechanismen wirksam sind, die die ungleich verteilten Bildungschancen von Schülerinnen und Schülern oder Studierenden aus unterschiedlichen sozialen Milieus nicht etwa kompensieren, sondern im Gegenteil eher verfestigen. Darauf hatten bereits in den 1960er Jahren Bourdieu/Passeron (1971) hingewiesen, als sie von der »Illusion der Chancengleichheit« sprachen. Sie machten am Beispiel des französischen Bildungssystems deutlich, dass der im Zuge der allgemeinen Bildungsexpansion erleichterte Zugang zu höheren Ausbildungsabschlüssen gerade nicht dazu beigetragen hatte, soziale Ungleichheiten beim Zugang zu höherer Bildung abzubauen. Stattdessen habe die Bildungsexpansion die Illusion befördert, dass eigentlich jeder und jede, wenn er oder sie nur die entsprechenden Fähigkeiten und Leistungen mitbringe, ein Hochschulstudium beginnen und abschließen könne. Sozial bedingte Unterschiede bei der Bildungsteilhabe und beim Bildungserfolg würden so zu individuellen Leistungsunterschieden umgedeutet mit der Konsequenz, dass auch ein Scheitern bei Bildungslaufbahnen in die Verantwortung eines jeden Einzelnen gestellt werde: Jeder – so die durch die Bildungsexpansion in Deutschland beförderte Ideologie – sei seines eigenen (Bildungs-) Glückes Schmied.

Ungleiche (herkunftsabhängige) Bildungsvoraussetzungen werden so in ihrer Bedeutung beim Zustandekommen von Bildungsungleichheiten vernachlässigt und zugleich verschleiert. Wenn Leistung, Begabung und Verdienst als zentrale Stellgrößen für Bildungsverläufe gelten, gerät (gezielt?) aus dem Blick, dass diese Leistungen unter ganz unterschiedlichen Voraussetzungen erbracht werden müssen. Zudem sind Leistungen – wie wir gesehen haben – immer auch das Resultat wechselseitiger sozialer Zuschreibungsprozesse durch alle Beteiligten.

Zusammenfassend können wir somit an dieser Stelle festhalten, dass der Glaube an das *meritokratische Prinzip* im Kontext von Bildungslaufbahnen dazu beiträgt, sozial bedingte Ungleichheiten beim Zugang zu Bildung zu legitimieren, sie also als gerecht erscheinen zu lassen, indem sie zu persönlich bedingten und persönlich zu verantwortenden Ungleichheiten aufgrund von vorhandenen Fähigkeiten und erbrachten Leistungen umgedeutet werden. Diese »Ideologie der Leistungsgesellschaft« (Mayer 1975, 105) erweist sich als ausgesprochen nachhaltig. Selbst die vielfältigen empirischen Befunde der Bildungsforschung über den Stellenwert der sozialen Herkunft für den Bildungserfolg haben den Glauben an den Mythos eines fairen Bildungswettbewerbs nach meritokratischen Regeln bislang nicht erschüttern können. Zwar können Kinder aus bildungsfernen Familien nach der Bildungsexpansion nicht mehr so einfach von der Bildungsteilhabe ausgeschlossen werden und für Kinder aus bildungsnahen Familien ist der »leichte« Zugang zu höheren Bildungsabschlüssen nicht mehr so einfach »garantiert«, aber die meritokratisch begründete Leitfigur und Regel bei der sog. Leistungsauslese im Bildungssystem ist noch weit entfernt davon, Bildungsgerechtigkeit zu ermöglichen, weil die Vererbung des sozialen Status über das Bildungsgeschehen nach wie vor funktioniert, auch wenn der Glaube an einen meritokratisch begründeten herkunftsunabhängigen Zugang zu Bildung in westlichen Gesellschaften ungebrochen ist (Solga 2005).

3.2 Die vielen Gesichter der bildungsbezogenen sozialen Benachteiligung

Bislang wurde vor allem der sozial ungleich verteilte Zugang zu höheren Bildungsgängen und entsprechenden Bildungsabschlüssen (z.B. Abitur oder Hochschuldiplom) in den Blick gerückt. Eine derart eingeschränkte Betrachtungsweise des Zusammenhangs von Bildung und sozialer Ungleichheit war in der bildungssoziologischen Forschung in den 1960er Jahren recht dominant. Ganz überwiegend ging es damals um die Frage, welche Chancen Arbeiterkinder haben, die Hochschulreife zu erwerben oder ein Studium aufnehmen zu können. Vor allem das Übergangsgeschehen von der Grundschule in weiterführende Schulen geriet dabei als entscheidende bildungsbezogene Weichenstellung in den Blick. Erst in den letzten Jahren wuchs die Einsicht dafür, dass der Zusammenhang von Bildung und sozialer Ungleichheit zu vielschichtig ist, um ihn auf Fragen der Beteiligung an höheren Bildungsgängen beschränken zu können.

Die beobachtbare Perspektivenerweiterung bezieht sich daher zum einen darauf, die bildungsbezogenen sozialen Benachteiligungen auf die verschiedenen *lebenslaufbezogenen Phasen einer Bildungsbiographie* auszuweiten. So sind etwa in jüngerer Zeit verstärkt Bestrebungen zu beobachten, die Bedeutung frühkindlicher Bildungsprozesse im Kindergarten empirisch genauer auszuleuchten (Rabe-Kleberg 2010) und dabei der Tatsache Rechnung zu tragen, dass Schülerinnen und Schüler, wenn sie eingeschult werden, bereits eine wichtige Wegstrecke ihrer Bildungsbiographie hinter sich haben. Die bis dahin gemachten unterschiedlichen Bildungserfahrungen in Familie und vorschulischen Bildungseinrichtungen müssen also in allen Forschungsüberlegungen Berücksichtigung finden. Ebenso haben auch andere nachschulische Bildungsphasen wie etwa die berufliche Erstausbildung (Übergang in das Duale System) und die Erwachsenen- bzw. die Altenbildung in den letzten Jahren an Bedeutung gewonnen und sind dabei auch unter dem Aspekt einer sozial bedingten Bildungsbenachteiligung in den Blick genommen worden.

Neben einer solchen Perspektivenerweiterung, Bildungsprozesse lebensverlaufsbezogen zu betrachten, hat sich die Analyse schulischer Bildungsungleichheiten auch insofern ausdifferenziert, als nicht mehr in erster Linie institutionelle Übergänge (von der Grundschule in die Sekundarstufe I, von der Hochschulreife zum Studium) untersucht werden, sondern auch andere Formen »schulischen Scheiterns« in ihrer Abhängigkeit von sozialer und ethnischer Herkunft sowie Geschlecht empirisch analysiert werden. Hier richtet sich der Blick auf:

- *Kompetenzarmut:* Vor allem die Schulleistungstests der letzten 15 Jahre haben den Blick auf die Frage gelenkt, in welchem Ausmaß die Schülerinnen und Schüler durch ihren Schulbesuch Basiskompetenzen erwerben, »die in modernen Gesellschaften für eine befriedigende Lebensführung in persönlicher und wirtschaftlicher Hinsicht sowie für eine aktive Teilnahme am gesellschaftlichen Leben notwendig sind« (Deutsches PISA-Konsortium 2001, 29). Die PISA-Studien zeigen z. B., dass für Kinder von un- und angelernten Arbeitern ein deutlich höheres Risiko besteht, nicht mehr als die unterste Kompetenzstufe zu erreichen oder sogar darunter zu bleiben.

- *Verzögerte Schullaufbahnen:* Welche Chancen eine Schülerin/ein Schüler hat, ihre/seine schulische Bildungsbiographie ohne Verzögerungen durchlaufen zu können, hängt ebenfalls mit Merkmalen der sozialen Herkunft zusammen. Hier geraten verschiedene (sozial ungleich verteilte) Risiken in den Blick (wie etwa die Zurückstellung von der Einschulung wegen nicht hinreichend gegebener Schulfähigkeit oder das Wiederholen einer Klasse) (Krohne/Tillmann 2006). Auch hier finden sich deutliche Zusammenhänge mit sozialer und ethnischer Herkunft.

Eine weitere wichtige Perspektivenerweiterung bei der Untersuchung von sozial bedingten Bildungsungleichheiten finden wir im Kontext einer verstärkten Beachtung prozessorientierter Zusammenhänge. Während die Untersuchung der Abhängigkeit der Bildungs*ergebnisse* (in Form von Kompetenzen und Bildungsabschlüssen) von der sozialen Herkunft bereits vielfältige empirisch gesicherte Erkenntnisse hervorgebracht hat, steht die Untersuchung der sozialen Prozesse, über die in unterschiedlichen bildungsrelevanten Feldern Bildungsungleichheit als geglaubte und hergestellte soziale Wirklichkeit hervorgebracht wird, noch in ihren Anfängen. Was also tatsächlich alltäglich im Unterricht und in der Schule passiert und wie diese Abläufe zur Entstehung und Verfestigung von bildungsbezogener sozialer Ungleichheit beitragen, ist trotz erster Ansätze (vgl. Brake/Bremer 2009) noch weitgehend eine »black box«.

Welchen Aspekten von sozialer Bildungsungleichheit sich empirische Studien auch zuwenden, stets stellt sich dabei das Problem, wie »soziale Herkunft« überhaupt erfasst werden kann und welche Variablen als relevant anzusehen sind, wenn es darum geht, die ungleich verteilten ökonomischen, kulturellen und sozialen Ressourcen von Familien in ihrem Stellenwert beim Bildungserwerb und für den Bildungserfolg zu untersuchen. Dieser Problematik wollen wir uns nun zuwenden.

3.3 Soziale Herkunft

Dazu müssen wir uns zunächst klarmachen, dass sowohl »soziale Lage« als auch »soziale Ungleichheit« sozialwissenschaftliche Konstrukte sind. Damit ist gemeint, dass wir diese Phänomene als soziale Strukturelemente nicht direkt empirisch vorfinden und dann objektiv messen können. Stattdessen gehen in die Entwicklung der einschlägigen Erhebungsinstrumente unterschiedliche theoretische Vorstellungen ein, die den zu untersuchenden Gegenstand überhaupt erst definieren.

Generell geht es bei der Bestimmung der sozialen Herkunft darum, mithilfe von festgelegten Variablen die relative Position zu ermitteln, welche die Eltern in der gesellschaftlichen Hierarchie, also in einem Gefüge von Über- und Unterordnung, einnehmen. Diese relative Position wird häufig als sozioökonomischer Status der Herkunftsfamilie erfasst, wobei hier auf der einen Seite die ökonomischen Ressourcen (Einkommen, Besitz von wertvollen materiellen Gütern) und auf der anderen Seite die mit einer bestimmten Position verbundene gesellschaftliche Anerkennung (das sog. Sozialprestige) berücksichtigt werden. Da sich die verfügbaren ökonomischen Ressourcen häufig nur ungenau ermitteln lassen, wird bei der Bestimmung des sozioökonomischen Status Merkmalen der erlernten und ausgeübten beruflichen Tätigkeit als ›Rückgrat‹ der Ungleichheitsstruktur (Hradil 2009, 36) ein großes Gewicht beigemessen.

Bei der Bestimmung des sozioökonomischen Status finden so diverse Skalen Verwendung, die das mit einem bestimmten Beruf verbundene Sozialprestige erfassen. Relativ weit verbreitet ist die sog. Standard International Occupational Prestige Scale (SIOPS), die von Treiman entwickelt wurde und die für sehr unterschiedliche Länder erfasst, wie Menschen insgesamt 509 Berufe nach ihrem gesellschaftlichen Ansehen bewerten (vgl. Wolf 1995, 155 f.). Der Treiman-Index erfasst damit also nur *ein* Merkmal der beruflichen Tätigkeit. Ein Klassifikationssystem, das auf zusätzlichen Merkmalen der beruflichen Tätigkeit basiert und das in der empirischen Bildungsforschung häufig eingesetzt wird (z. B. bei den PISA-Studien oder der IGLU-Untersuchung), ist das sog. EGP-Klassenschema von Erikson, Goldthorpe und Portocarero (Erikson/Goldthorpe 1992, 38 f.; Erikson et al. 1979). Ein Vorteil solcher Klassifikationssysteme liegt darin, dass diese auf der Basis der »International Standard Classification of Occupation« (ISCO) gewonnen wurden und daher auch bei international vergleichenden Studien eingesetzt werden können.

3.3.1 Erikson-Goldthorpe-Portocarero-Klassen (EGP)

Zur Festlegung der EGP-Klassen – häufig auch als Dienstklassen bezeichnet – werden verschiedene Merkmale der beruflichen Tätigkeit berücksichtigt:

- die Art der Tätigkeit: unterschieden wird zwischen manueller, nicht-manueller sowie Tätigkeit in der Landwirtschaft,
- die Stellung im Beruf: unterschieden wird zwischen selbständiger und abhängig beschäftigter Tätigkeit,
- die Weisungsbefugnisse: unterschieden wird zwischen keiner, geringer oder großer Entscheidungsautonomie,
- die zur Berufsausübung erforderliche Qualifikation: unterschieden wird zwischen keiner, niedriger und hoher Qualifikation.

Die Berücksichtigung dieser Merkmale soll sicherstellen, dass Einkommensquellen, Einkommenshöhe und die damit verbundene ökonomische Sicherheit sowie die soziale Position im Erwerbsprozess und die damit verbundene Macht, Autorität und Autonomie im Beruf abgebildet werden können. Auf der Basis der o. g. Aspekte beruflicher Tätigkeit werden dann Berufsrangskalen berechnet, die anschließend – je nach benötigtem Differenzierungsgrad – in verschiedene Dienstklassen eingeteilt werden. Häufig wird dabei die nachfolgende Klassifikation mit sechs EGP-Klassen verwendet.

Tab. 3.1: Übersicht über das EGP-Klassenschema

Klasse	Bezeichnung	Beispiele
I	Obere Dienstklasse	Angehörige von freien akademischen Berufen, führende Angestellte und höhere Beamte, selbstständige Unternehmer mit mehr als zehn Mitarbeitern und alle Hochschul- und Gymnasiallehrer.

Klasse	Bezeichnung	Beispiele
II	Untere Dienstklasse	Angehörige von Semiprofessionen, Angehörige des mittleren Managements, Beamte im mittleren und gehobenen Dienst und technische Angestellte mit nicht manueller Tätigkeit.
IIIa-b	Routinedienstleistungen in Handel und Verwaltung	klassische Büro- und Verwaltungsberufe mit Routinetätigkeiten, Berufe mit niedrig qualifizierten, nicht manuellen Tätigkeiten wie z. B. Verkaufs- und Servicetätigkeiten.
IVa-c	Selbstständige (...) und selbstständige Landwirte	alle Selbstständigen aus manuellen Berufen mit und ohne Mitarbeiter, Freiberufler nur, wenn sie keinen hoch qualifizierten Beruf ausüben.
V, VI	Facharbeiter und Arbeiter mit Leitungsfunktionen sowie Angestellte in manuellen Berufen	Vorarbeiter, Meister, Techniker, die in manuelle Arbeitsprozesse eingebunden sind, sowie Aufsichtskräfte im manuellen Bereich und abhängig Beschäftigte mit manueller Tätigkeit.
VIIa-b	Un- und angelernte Arbeiter sowie Landarbeiter	alle un- und angelernten Berufe aus dem manuellen Bereich, einige Dienstleistungstätigkeiten mit weitgehend manuellem Charakter und geringem Anforderungsniveau, ferner alle Arbeiter, gelernt oder ungelernt, in der Land-, Forst- und Fischwirtschaft sowie der Jagd.

Die zentrale Bedeutung der beruflichen Tätigkeit als Klassifikationsgrundlage im EGP-Klassenschema ist allerdings nicht unproblematisch. Eine Bestimmung des sozioökonomischen Status nach dem vorgeschlagenen Vorgehen gelingt letztlich nur bei denjenigen, die in den Arbeitsmarkt integriert sind. Große Bevölkerungsgruppen wie etwa Rentner, Arbeitslose, Hausfrauen, Studierende u. a. können mit dem EGP-Klassifikationsschema nur behelfsweise erfasst werden. Hinzu kommt, dass das verfügbare Einkommen und der Bildungshintergrund als wichtige Statusdimensionen nur indirekt (über die berufliche Stellung) erfasst werden. In Anbetracht der zentralen Bedeutung, die Bildung und Qualifikation in der Gegenwartsgesellschaft (auch jenseits der

Berufstätigkeit) haben, kann hier eine problematische Unschärfe entstehen.

3.3.2 Der Internationale Sozioökonomische Index (ISEI)

Mit dem von Ganzeboom u. a. (1992) entwickelten International Socio-Economic Index of Occupational Status (ISEI) wird dieses Problem gemildert. Auch er hat in der Bildungsforschung weite Verbreitung gefunden. Der ISEI basiert zwar ebenfalls auf Angaben zur beruflichen Tätigkeit, diese werden aber verwendet, um weitere wichtige Dimensionen des sozioökonomischen Status abbilden zu können. Zentrale Berücksichtigung finden die für eine berufliche Position nötige Ausbildungsdauer bzw. die Qualifikation sowie das durch eine berufliche Tätigkeit erzielbare Einkommen. Es handelt sich also um ein relativ komplexes Maß (Index) für die soziale Herkunft. Es wird dabei in Rechnung gestellt, dass auf der einen Seite berufliche Tätigkeiten einen bestimmten Bildungshintergrund voraussetzen und auf der anderen Seite zur Folge haben, dass Arbeitseinkommen in unterschiedlicher Höhe erzielt werden können. Damit wurde ein wichtiger Indikator für die Messung ungleicher Lebensbedingungen entwickelt.

Der ISEI basiert also auf dem durchschnittlichen Einkommen einer Berufsgruppe und dem durchschnittlich vorhandenen Bildungshintergrund ihrer Vertreter. Durch »Verrechnung« dieser Informationen wird jeweils ein Skalenwert für die verschiedenen Berufe ermittelt, der Werte zwischen 16 und 85 erreichen kann. Während etwa eine Ärztin den Indexwert 85 erhält und ein Architekt den Indexwert 69, erreicht ein Kfz-Mechaniker den Indexwert 34 und eine Küchenhilfe den Indexwert 16. Beim ISEI handelt es sich also um ein kontinuierliches hierarchisches Messinstrument für die Bestimmung des sozioökonomischen Status und nicht – wie beim EGP-Klassenschema – um verschiedene kategoriale Ausprägungen. Dies ist bei bestimmten statistischen Auswertungsprozeduren von Vorteil. Aber selbstverständlich können auch auf der Basis der Indexwerte verschiedene soziale Statusgruppen gebildet werden. Neben dem ISEI findet häufig auch der HISEI Verwendung. HISEI steht für »Highest International Socio-Economic Index«, der dann herangezogen wird, wenn der soziale Status der Herkunftsfamilie aus den Angaben von Vater und Mutter gebildet wird. In diesen Fällen wird für die Klassifikation bei Abweichung der Angaben von Vater und Mutter der jeweils statushöhere Elternteil herangezogen.

Bei der Messung der sozialen Herkunft standen bisher Messgrößen im Vordergrund, die der beruflichen Tätigkeit direkt (oder indirekt den damit verbundenen finanziellen Ressourcen) einen hohen Stellenwert beimessen, um den ökonomischen Status zu erfassen. Für den Zusammenhang von Bildung und sozialer Ungleichheit spielt eine solche Vorgehensweise zwar eine wichtige Rolle, gleichzeitig müssen jedoch auch kulturelle Ressourcen einbezogen werden, die einen entscheidenden Einfluss auf den Prozess des Bildungserwerbs und den Bildungserfolg haben. So können sich Familien, die von ihren ökonomischen Ressourcen her betrachtet vielleicht große Ähnlichkeiten aufweisen, im Hinblick auf ihre kulturellen Ressourcen und die damit verbundene (alltags-)kulturelle Praxis deutlich unterscheiden. Benötigt wird also ein Index, der in der Lage ist, gleichzeitig sozioökonomische und soziokulturelle Aspekte der sozialen Herkunft abzubilden. Ein Index, der dies zu leisten verspricht, ist der Index of Economic, Social and Cultural Status (ESCS).

3.3.3 Index of Economic, Social and Cultural Status (ESCS)

Dieser Index wurde in der zweiten und dritten Welle der PISA-Untersuchungen eingesetzt und umfasst sowohl sozioökonomische als auch kulturelle Ressourcen im Elternhaus der Schülerinnen und Schüler. Im Einzelnen werden dabei die folgenden Aspekte der sozialen Lage berücksichtigt (vgl. Ehmke/Siegle 2007, 527 f.):

1. Sozioökonomische Stellung der Eltern: Auf der Grundlage der Angabe zum (zuletzt) ausgeübten Beruf der erwachsenen Bezugspersonen (in der Regel die Eltern) wird der Socio-Economic Index (ISEI) jeweils für Vater und Mutter bestimmt und darüber hinaus der HISEI ermittelt. Angaben zur beruf-

lichen Tätigkeit werden also – wie oben dargelegt – mit Informationen über das Einkommen und den Bildungshintergrund kombiniert.
2. Bildungsabschluss der Eltern: der höchste Bildungsabschluss von Vater und Mutter wird (ergänzt durch Angaben zur Berufsausbildung) nach der International Standard Classification of Education (ISCED) bestimmt und in die Anzahl der dafür nötigen Schuljahre umgerechnet.
3. Häusliche Besitztümer: Hier wird erfasst, in welchem Ausmaß die Herkunftsfamilie über kulturelle Besitztümer (mehr als einhundert Bücher zu Hause, klassische Literatur, Kunstwerke), über lernbezogene Besitztümer (eigenes Zimmer, Schreibtisch zum Lernen, Wörterbücher usw.) und über computerbezogene Besitztümer (Computer zum Arbeiten für die Schule, Lernsoftware, Internet-Anschluss) verfügen können.

Aus diesen drei Aspekten der ressourcenbezogenen Ausgangslagen von Familien wird ein normierter Index berechnet, so dass ein ESCS-Wert von null einen durchschnittlichen sozioökonomischen, sozialen und kulturellen Status eines Jugendlichen beschreibt, während positive Werte auf eine überdurchschnittliche und negative Werte auf eine unterdurchschnittliche Statusposition verweisen.

Ehmke/Siegle (2007) analysierten auf der Basis der PISA-Daten, inwieweit die verschiedenen Indikatoren der sozialen Herkunft, die beim ESCS Berücksichtigung finden, in der Lage sind, die sozialen Disparitäten in den erreichten Kompetenzwerten und der schulformbezogenen Bildungsbeteiligung zu erklären. Ihre Analysen zeigen, dass der ESCS deutlich mehr Varianz in der mathematischen Kompetenz aufklärt als die Einzelindikatoren (HISEI, Bildungsabschluss der Eltern in Schuljahren und häusliche Besitztümer). Auch bezogen auf die sozialen Disparitäten der Bildungsbeteiligung lieferte der ESCS differenziertere Befunde als der HISEI allein. Insofern kommen die Autoren zu der Einschätzung, dass der ESCS als valider und theoretisch umfassender Index der sozialen Herkunft gelten könne. Diese Einschätzung des ESCS bestätigt die Notwendigkeit, dass auch kulturelle Ressourcen der Herkunftsfamilie berücksichtigt werden müssen, um sozial bedingte Bildungsbenachteiligungen angemessen abbilden zu können. Ein weiterer Ansatz, der diese Notwendigkeit noch weiter ausdifferenziert, ist der Kapitalansatz von Bourdieu (1983).

3.3.4 Ökonomisches, soziales und kulturelles Kapital nach Bourdieu

Ein sehr differenziertes Modell zur Erfassung der relativen Position in der gesellschaftlichen Hierarchie hat Bourdieu mit Hilfe der von ihm unterschiedenen Kapitalformen vorgelegt. In seiner soziokulturellen Theorie der Gesellschaft setzt er zweierlei zueinander in Beziehung: Zum einen das relationale Gefüge sozialer Positionen im sozialen Raum. Diese Positionen ergeben sich aus den verfügbaren Ressourcen und den daran gekoppelten objektiven Existenzbedingungen der Akteure. Und zum anderen den Raum der Lebensstile, der auf den ästhetischen Urteilen, den kulturellen Praxisformen sowie Wahrnehmungen und Klassifikationen der Akteure basiert.

Um angemessen verstehen zu können, wie Bourdieu den Beitrag der Familie zur Reproduktion gesellschaftlicher Ungleichheitsverhältnisse fasst bzw. wie es privilegierten Familien gelingt, über Generationen hinweg ihre soziale Position in der gesellschaftlichen Hierarchie zu behaupten, ist es notwendig, sich genauer mit seiner Konzeption des sozialen Raums zu beschäftigen. Dieser konstituiert sich über die ökonomischen, sozialen und kulturellen Ressourcen bzw. deren unterschiedliche Verfügbarkeit je nach Position im sozialen Raum. Je mehr Ressourcen ein Akteur mobilisieren kann, desto weiter oben wird er im sozialen Raum positioniert sein. Ressourcen beschreibt Bourdieu (1983) als Kapitalarten, wobei er mit Marx die Vorstellung teilt, dass es sich dabei um akkumulierte Arbeit handelt. Gleichzeitig erweitert er den Marxschen Kapitalbegriff, indem er ihn aus seiner ökonomischen Engführung herausführt und nicht nur von ökonomischem Kapital, sondern auch von anderen Kapitalformen (d. h. von sozialem und kulturellem Kapital) spricht.

Mit *ökonomischem Kapital* werden die finanziellen Mittel (Einkommen, Kapitalerträge, Besitz an beweglichen Werten, Grundbesitz, kurz der materielle Reichtum) bezeichnet, über den

Familien verfügen können und die es ihnen erlauben, in die (Aus-) Bildung ihrer Kinder zu investieren bzw. Rahmenbedingungen zu schaffen (etwa ein eigenes Kinderzimmer einzurichten oder Nachhilfeunterricht zu ermöglichen), die für deren Bildungsbiographien förderlich sind.

Soziales Kapital umfasst alle Vorteile, die sich aus der Zugehörigkeit zu einer Gruppe ergeben, so etwa, wenn ein Kind aus einer alteingesessenen Familie mit »gutem Namen« daraus im schulischen Kontext begünstigt wird oder wenn es gelingt, über persönliche Kontakte besondere Hilfen oder geeignete Ratschläge in Anspruch nehmen zu können, um eine Bildungsbiographie zu fördern.

Das *kulturelle Kapital* ist eine weitere – für den hier betrachteten Zusammenhang besonders wichtige – Kapitalform. Der Begriff des kulturellen Kapitals habe sich, wie Bourdieu (1983, 185) ausführt, als theoretisch begründete Hypothese aufgedrängt, die es gestattete, die Ungleichheit der schulischen Leistungen von Kindern unterschiedlicher sozialer Herkunft zu begreifen. Es tritt in verschiedenen Erscheinungsformen auf:

- in objektiviertem Zustand als materielle, kauf- und verkaufbare kulturelle Güter, die einen Distinktionswert besitzen, wie etwa »anspruchsvolle« Bücher, Gemälde, Musikinstrumente oder »erlesene« Kunstgegenstände;
- in institutionalisierter Form als Zertifikate legitimer Bildungsinstitutionen, wie z. B. Schul- und Studienabschlüsse, akademische Titel oder die Berechtigung, staatlich anerkannte Berufsbezeichnungen zu tragen;
- in inkorporiertem Zustand als »dauerhafte Dispositionen«, die vor allem im Kontext der Primärsozialisation in einem lang andauernden Prozess der Aneignung erworben wurden. Gemeint sind persönliche Wissensbestände, Fähigkeiten, Kenntnisse und kulturelle Präferenzen, die in Fleisch und Blut übergegangen sind, also inkorporiert wurden und insofern als körpergebundenes Kapital nicht unmittelbar auf Menschen übertragbar sind, sondern über zeitlich lang andauernde Prozesse internalisiert werden (Bourdieu 1983, 185 ff.).

Vermittelt über die genannten Kapitalformen verfügen Menschen über *symbolisches* Kapital, das sich über gesellschaftliche Anerkennungsakte in Form von Ansehens- oder Reputationsgewinnen aus den zuvor genannten Kapitalarten gewinnen lässt. Das symbolische Kapital beschreibt also die soziale »Inwertsetzung« der anderen Kapitalformen und ist insofern eine Voraussetzung für deren gesellschaftliche Wirksamkeit. So gewinnt das Abitur z. B. seine gesellschaftliche Wirksamkeit nicht allein als Zugangsberechtigung zum Hochschulstudium, sondern die Aussage, dass ein relevanter Anderer über eine höhere Schulbildung verfügt, die er oder sie mit dem Abitur abgeschlossen hat, verschafft Ansehen und Reputation: Besonders Eltern ohne Abitur erzählen stolz von den schulischen Bildungserfolgen ihres Kindes oder jemand kann sich selbst gegenüber Nichtabiturienten als Abiturient in Szene setzen.

Der soziale Raum lässt sich graphisch veranschaulichen und in der Form eines Achsenkreuzes abbilden. Dabei finden wir bei Bourdieu als zentrale Kennzeichnung für eine Position im sozialen Raum das Ausmaß (das Volumen) an ökonomischem und kulturellem Kapital, über das ein Akteur verfügt. Je weiter oben im sozialen Raum ein Akteur verortet ist, desto mehr Kapital kann er ins Spiel bringen. Wichtig ist jedoch darüber hinaus auch die Zusammensetzung des verfügbaren Kapitals, das auf der horizontalen Achse abgetragen ist. Damit sind die jeweiligen Kapitalanteile (an ökonomischem und kulturellem Kapital) gemeint, die bei der Positionierung eines Akteurs im sozialen Raum von Bedeutung sind. So unterscheidet Bourdieu z. B. zwischen Familien mit viel ökonomischem und relativ wenig kulturellem Kapital und Familien, die über wenig ökonomisches, aber viel kulturelles Kapital verfügen. Dieses Unterscheidungsmerkmal führt dazu, dass Akteure im sozialen Raum und damit auf dem Achsenkreuz eher auf der linken Seite (viel kulturelles Kapital) oder auf der rechten Seite (viel ökonomisches Kapital) erscheinen.

Und schließlich berücksichtigt Bourdieu in seinem Modell auch das, was er als »trajectoire« bezeichnet. Damit wird aus einer diachronen Perspektive der Weg (als Abfolge der Positionen) bezeichnet, den Akteure im sozialen Raum in ihrem Lebensverlauf (oder auch über die Generationen ihrer Familie hinweg) einnehmen. Die Kapitalausstattung der Akteure wird also nicht nur als statischer Kapitalwert zu einem bestimmten Zeitpunkt als konstant bleibende Ressource berücksichtigt. Vielmehr werden auch die Lebensverlaufsperspektive und sogar die generationenübergreifende Perspektive in den Blick genommen. Hier finden z. B. (individuelle und in der familialen Mehrgenerationenfolge stattfindende) Bildungsaufstiege oder -abstiege Berücksichtigung, wenn sich z. B. die mögliche symbolische Wertschöpfung aus dem verfügbaren kulturellen Kapital in zunehmendem oder abnehmendem Umfang verändert.

Der Vergleich der Bourdieuschen Kapitalformen mit dem ESCS macht deutlich, dass sich hier durchaus Verbindungslinien ergeben. Insofern ist es kein Zufall, dass bei der Entwicklung des ESCS die theoretischen Konzeptionen Bourdieus Pate standen. Allerdings – und darauf weisen z. B. Helsper/Kramer (2009) hin – wird die Komplexität des Konzepts des kulturellen Kapitals nur sehr rudimentär abgebildet. Nur wenn auch Prozessvariablen des kulturbezogenen Familienalltags (gemessen wurden etwa die Anzahl der Bücher zu Hause oder die Häufigkeit der Theaterbesuche im letzten Jahr) berücksichtigt werden, ist eine angemessene Vorstellung von den tatsächlich anzutreffenden Ungleichheitsrelationen zwischen einzelnen Familien möglich, weil die ungleichheitserzeugenden Effekte familiärer Strukturmerkmale überwiegend durch die kulturelle Praxis von Familien vermittelt werden. Mit anderen Worten: Der Einfluss der Position im sozialen Raum für den Kompetenzerwerb ergibt sich wesentlich über die in Familien vorzufindende alltagskulturelle Praxis. Das bedeutet, dass die Erklärung des Zusammenhangs von sozialer Herkunft und schulischem Erfolg besonders dann treffsicher erfasst werden kann, wenn (vielleicht sogar nur wenige) Prozessvariablen bei der Operationalisierung von sozialer Herkunft berücksichtigt werden (Baumert/Watermann/Schümer 2003, 68).

Solange der Stellenwert der kulturellen Praxis im Familienrahmen, der bei der PISA-Studie lediglich mit einer bestimmten Anzahl von Büchern zu Hause oder der Häufigkeit der Theaterbesuche im letzten Jahr gemessen wird, nicht hinreichend berücksichtigt wird, kann es – so Bourdieu – zu einer Unterschätzung des Zusammenhangs von sozialer Herkunft und Bildungsungleichheiten kommen. Durch eine Reduktion der Messung von kulturellen Praxisformen auf ihre Häufigkeit, d. h. auf ihren quantitativen Aspekt, werden systematisch die Unterschiede zwischen den Akteuren mit unterschiedlichen Positionen im sozialen Raum verkleinert, »wo es in diesem Bereich doch nahezu immer um

Qualität, die spezifische Beschaffenheit von Praktiken geht« (Bourdieu 1982, 793).

Standardisierte Untersuchungen über den Zusammenhang von sozialer Herkunft und Bildungsungleichheiten, wie sie gegenwärtig in der empirischen Bildungsforschung weitgehend üblich sind, geraten also an diesem Punkt an ihre Grenzen. Dies ist vor allem dann der Fall, wenn inkorporierte Formen kulturellen Kapitals als tief verwurzelte dauerhafte Dispositionen des bildungsbezogenen Denkens, Handelns und Wahrnehmens bei der Bestimmung des Herkunftsmilieus berücksichtigt werden sollen. Genau an dieser Stelle versuchen nun Forschungsansätze, die mit einem sog. Milieukonzept arbeiten, weitergehende Akzente zu setzen. Diesen Forschungsansätzen wollen wir uns nun zuwenden.

3.3.5 Bildungsmilieus

Dafür, dass in der Literatur recht häufig von bildungsnahen oder bildungsfernen Milieus gesprochen wird, erscheint dieser Begriff seltsam unterbestimmt. Wenn lediglich diejenigen Akteure als Angehörige bildungsferner Milieus bezeichnet werden, die über keinen schulischen und beruflichen Abschluss verfügen, dann bleibt das Potenzial des Milieukonzepts unausgeschöpft. Abweichend von den klassischen Varianten der Sozialstrukturanalyse mit ihrem Fokus auf Bildung, Beruf und Einkommen als Statusindikatoren, versuchen Milieuansätze nämlich zusätzlich, grundlegende Orientierungen und Wertepräferenzen bei der Verortung von Akteuren im sozialen Raum zu berücksichtigen. Sie ermöglichen damit nicht nur vertikale Differenzierungen im Sinne einer Verortung im sozialen Raum (»oben« oder »unten«), sondern sie sind auch in der Lage, horizontale Unterscheidungsmerkmale im sozialen Raum zu erfassen.

Ein solcher Forschungsansatz, der von einer Arbeitsgruppe um Michael Vester in den letzten 20 Jahren entwickelt und schrittweise weiterentwickelt wurde, findet sich als typenbildende Mentalitäts- und Milieuanalyse bei Vester (z. B. 2005). Mit deutlichem Bezug auf Bourdieu und sein Konzept des (inkorporierten) kulturellen Kapitals werden in diesem Ansatz langfristig eingeübte Sichtweisen einbezogen, »die auf die im Herkunftsmilieu gegebenen Bedingungen verweisen und die im Laufe der Zeit mit zunehmend schlafwandlerischer Sicherheit praktiziert werden« (Bremer/Lange-Vester 2006, 13). Soziale Milieus werden verstanden als »lebensweltliche Traditionslinien, die sich nach dem Stil und den Prinzipien ihrer alltäglichen Lebensführung unterscheiden« (Vester u. a. 2001, 13). Die Abb. 3.1 zeigt die »Landkarte der sozialen Milieus«, wie sie für die Gegenwartsgesellschaft identifiziert wurden.

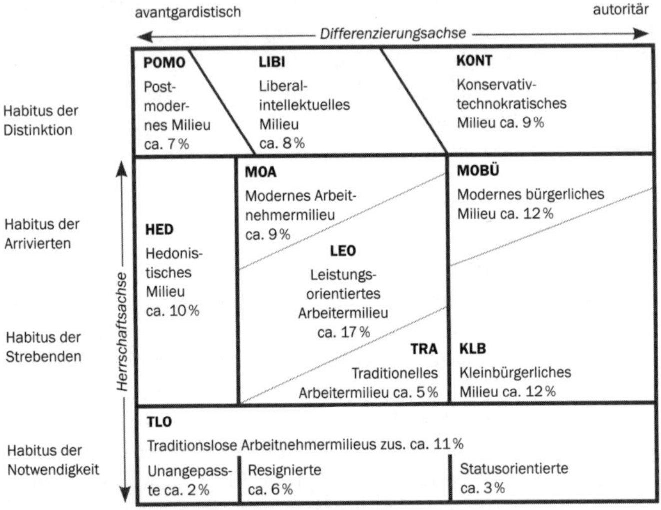

Abb. 3.1: Die Milieus der alltäglichen Lebensführung im sozialen Raum (zitiert nach Bremer 2007 a, 29)

Nach Bremer (2007 a) lassen sich im Hinblick auf erkennbare soziale Milieus in Deutschland sieben »Traditionslinien« unterscheiden, die in Abb. 3.1 fett umrandet sind, von denen fünf besonders ausgeprägt sind:

- Die beiden Milieutraditionen im oberen Bereich des sozialen Raums – Macht und Besitz (oben rechts) und akademische Intelligenz (oben halblinks) – verbindet ihr Herrschaftsanspruch und ihre exklusive Lebenspraxis, mit der sie sich von den »gewöhnlichen« Milieus und ihrer Massenkultur abgrenzen.
- Die Milieus der beiden großen Traditionslinien auf der mittleren Stufe im sozialen Raum verbindet ihr Streben nach

sozialer Anerkennung und geachteten, stetigen Lebensweisen, wobei sich die ständisch-kleinbürgerlichen Milieus stärker an der Einbindung in hierarchische Strukturen, an Status und Prestige orientieren, während sich die Milieus der Facharbeit und der praktischen Intelligenz (Mitte links) auf Autonomie, Leistung und Kompetenz stützen und daher auf vermehrten Bildungserwerb setzen.

- Die unterprivilegierten Milieus (unten) schließlich ringen am stärksten um den Anschluss an die respektable Gesellschaft, d. h. um ein geregeltes Leben in geordneten, »vorzeigbaren« Verhältnissen. Daneben erkennt man am linken Rand das jugendkulturelle hedonistische Milieu sowie das avantgardistische junge postmoderne Milieu, die beide (noch) nicht so ausgeprägte Traditionen entwickelt haben.

In einigen empirischen Untersuchungen wurde dieser Milieuansatz mittlerweile für bildungssoziologische Fragen fruchtbar gemacht. So untersuchte Bremer (2007 b) verschiedene soziale Milieus hinsichtlich ihrer Weiterbildungspraxis und Lange-Vester/Teiwes-Kügler (2006) analysierten Studierendenmilieus in den Sozialwissenschaften. Michael Vester (2005) hat auf der Basis von Daten aus einer Längsschnittuntersuchung nachdrücklich darauf hingewiesen, dass es im Hinblick auf Bildung besonders interessant ist, die Interessenkonflikte zwischen den im sozialen Raum verorteten sozialen Milieus herauszuarbeiten, weil sich daraus wichtige differenzierte Erkenntnisse über die Mechanismen der Reproduktion von bildungsbezogenen Ungleichheiten gewinnen lassen. So arbeitet er nicht nur Interessenkonflikte zwischen positiv privilegierten und negativ privilegierten sozialen Interessengruppen heraus. Seine Untersuchungsergebnisse zeigen vielmehr, dass die bildungsbezogenen Konfliktlinien im sozialen Raum der Bundesrepublik Deutschland sehr viel differenzierter ausgeprägt sind.

Vester (2005) geht – bezogen auf die deutsche Gesamtbevölkerung – von insgesamt acht unterscheidbaren sozialen Milieus aus, die unterschiedliche bildungsbezogene Interessenlagen verkörpern und sich zunächst grob in Positiv-Privilegierte (ca. 22 %), Nicht-Privilegierte (ca. 56 %) und Negativ-Privilegierte (ca. 22 %) aufgliedern lassen.

Zur Gruppe der Positiv-Privilegierten zählt er

1. Die »Bildungsaristokratie« (das traditionelle Bildungsbürgertum), die sich im Wesentlichen aus leitenden Beamten und Angestellten zusammensetzt, deren Eltern und Großeltern bereits eine »akademische« Familientradition begründet haben und die ihre nahezu unerreichbare Exklusivität (mit teilweise gönnerhafter Großzügigkeit) gegenüber allen »Ungebildeten« verteidigt;
2. Die »Bildungsgewinner« (das neue Bildungsbürgertum), die sich aus Selbständigen und höheren Beamten und Angestellten sowie Teilen des aufsteigenden gehobenen Kleinbürgertums rekrutieren und im Rahmen von energischen Statuskämpfen (nach oben und nach unten) auf Leistungskontrollen und Prüfungsstandards und daraus sich ergebende Berechtigungen setzen, um ihren Bildungsvorsprung als Grundlage bedeutsamer Statusunterschiede zu verteidigen;
3. Die »relativen Bildungsverlierer«, die als zurückbleibender Teil des gehobenen Kleinbürgertums nicht auf höhere Bildungsabschlüsse »setzen« und mit halbakademischen Positionen oder innerbetrieblichen Aufstiegen in höhere Positionen zufrieden sind; demgegenüber ist die Teilgruppe der aufstrebenden Arbeitnehmerintelligenz mit der Abdrängung auf semiprofessionelle Arbeitsfelder unzufrieden und strebt eine stärkere Professionalisierung an; sie vertritt eine kleinbürgerliche Leistungsethik, indem sie Faulheit anprangert und die bildungsaktiven Nachrücker unter Druck zu setzen versucht;
4. Die »gebremsten Bildungsaufsteiger«, die einen gebremsten Bildungs- und Statusaufstieg aus dem Facharbeiter- und Vorarbeitermilieu sowie aus einfachen und mittleren Beamten- und Angestelltenmilieus realisieren können und sich gegen die Konkurrenz »von unten«, gegenüber Nachrückern aus angrenzenden Milieus verteidigen müssen.

Zur Gruppe der Nicht-Privilegierten rechnet Vester:

5. Die »Arbeitnehmer-Aristokratie« mit gebremstem Ausbau des Bildungsvorsprungs des modernen kleinbürgerlichen Arbeitnehmermilieus (z. B. Meister, Vorarbeiter, einfache Beamte und Angestellte) vor dem modernen Facharbeitermilieu;

6. Die »Neue Arbeitnehmerintelligenz« mit gebremstem Bildungsaufstieg aus dem Facharbeitermilieu und von an- und ungelernten Arbeitern sowie von Landwirten;
7. Die »Neue Arbeitnehmermitte« als Gewinner der horizontalen Umstellung auf mittlere Bildung ohne Statusgewinn (leistungsorientiertes Arbeitnehmermilieu).

Und schließlich zählen zu den Negativ-Privilegierten

8. Die »Negativ-Privilegierten« aus einfachen Volksmilieus, die als bildungsferne Gruppen zurückbleiben und mit einem bildungsbezogenen Ausgrenzungsdruck fertig werden müssen.

Obwohl wir diese wichtige Differenzierung der sozialen Interessenlagen (insbesondere bezogen auf das daraus sich ergebende Gewinner- bzw. Verliererdenken) hier nicht weiter im Einzelnen kommentieren können, zeigt sich doch, wie komplex die sozialen Konfliktlinien im Hinblick auf die gewünschte Gestaltung des künftigen Bildungsgeschehens und die damit verbundenen Vorstellungen sind, wie in Deutschland mehr Bildungsgerechtigkeit erreicht werden kann.

3.4 Bildung

3.4.1 Begriffsgeschichtliche Notizen

Wenden wir uns nun dem zweiten für dieses Buch wichtigen Begriff, dem Bildungsbegriff zu. Hier ist zwar nicht der Ort für das Ausbreiten einer ausführlichen Begriffsgeschichte, zumal die Wurzeln des modernen Bildungsverständnisses bis in die Antike zurückreichen. Dennoch tragen, so meinen wir, einige begriffsgeschichtlichen Überlegungen dazu bei, den Bedeutungshorizont unseres in diesem Buch vertretenen Bildungsverständnisses besser zu erfassen.

Während der mittelalterliche Bildungsbegriff noch theologischen Ursprungs ist und eine religiöse Akzentsetzung hat, indem sich der Mensch zum Abbild Gottes entwickeln soll, verändert sich im Vergleich dazu das säkularisierte und aufgeklärte Bildungsdenken seit Beginn des 18. Jahrhunderts in eine andere Richtung:

Bildung wird als Inbegriff menschlicher Selbstentfaltung und Selbstvollendung und Bestandteil des bürgerlichen Emanzipationsstrebens verstanden. Demgegenüber betont das moderne Bildungsverständnis eher den lebenswegbegleitenden Entwicklungsprozess des Menschen, bei dem dieser seine geistigen und emotionalen, kulturellen und sozialen sowie lebenspraktischen Fähigkeiten und Kompetenzen ausbildet und ständig erweitert. Der Subjektwerdung des Menschen als erarbeitende und aneignende Auseinandersetzung mit der Welt wird dabei eine große Bedeutung zugemessen.

Schon seit der Aufklärung wurde der Mensch aber als befähigt angesehen, seine Bildung – als Vorgang und Ergebnis – selbst zu betreiben. In kritischer Distanz zu politischen *Erziehungs*programmen der Aufklärungspädagogik, die mit der Forderung nach gesellschaftlicher Brauchbarkeit des Menschen verbunden waren, entstand im Zuge der Aufklärung ein *Bildungs*verständnis vom Werden des Menschen und der Menschheit als reiner Menschenbildung. Trotz aller Unterschiedlichkeit in der Ausdeutung des Ziels wurde Bildung schließlich im weiteren Verlauf der geschichtlichen Entwicklung zum Inbegriff menschlicher Selbstentfaltung und Selbstvollendung im emphatischen Sinne. Gleichzeitig wurde der so verstandene Bildungsbegriff, der mit dem Entstehen des Standesbewusstseins der Gebildeten eng verbunden war und zur Legitimation sozialer Privilegien und ständischer Interessen benutzt wurde (Schwenk 1989; Herrlitz/Hopf/Titze 1989; 1993), zum Bestandteil des bürgerlichen Emanzipationsstrebens im ausgehenden 18. und beginnenden 19. Jahrhundert.

Bildung gewinnt damit einen aristokratisch-elitären Zug, der neben dem naturrechtlich-anthropologischen Begründungszusammenhang bis heute dazu beiträgt, dass Bildung bereits im Rahmen ihrer Begriffsgeschichte als ambivalentes Geschehen (zwischen individuellem Förderversprechen und systemimmanenten Auslesevorgängen) zu betrachten ist und sich einer eindeutigen definitorischen Anstrengung immer wieder entzieht. Gleichwohl verfestigte sich ein Sprachgebrauch, der Bildung, insbesondere gymnasiale Bildung, als »zweckfreie Lebensleistung des Menschen« eher dem »Edelmanne« zutraute, während Bildung im Sinne von beruflicher Ausbildung den Geschmack des Geringerwertigen bekam und primär auf die notwendige Ausstattung des Individuums für den sozialen und wirtschaftlichen Prozess bezogen blieb (Schwenk 1989, 216).

Im 19. Jahrhundert entwickelt sich vor diesem Hintergrund dann ein quasi operationales Verständnis von Bildung, dessen Ursprünge vor allem in den neuhumanistischen Entwürfen für (schulische) Bildungsprogramme zu suchen sind. Indem dort Bildung zum Gegenstand von pädagogischer Anstrengung im Rahmen von Unterricht gemacht wird, entsteht eine bildungspolitische Programmatik, die darauf ausgerichtet ist, allen heranwachsenden Mitgliedern der Gesellschaft, auch den ärmsten, eine allgemeine Menschenbildung zu vermitteln. Solche im Rahmen der liberalen Freisetzungspolitik der preußischen Reformphase formulierten egalitären Bildungsansprüche bleiben jedoch abstraktes Programm und lediglich als solches bis heute wirkungsmächtig, wie der häufige und zustimmende Rückgriff auf die bildungstheoretischen Überlegungen des preußischen Reformers Wilhelm von Humboldt zeigt. Welterschließung und Naturbeherrschung, Selbsterkenntnis und Freiheit, so viel Welt ergreifen und so eng, wie es möglich ist, mit sich zu verbinden, so lautet das Credo in seinem Bildungsprogramm.

Im Interesse der Aufrechterhaltung der gesellschaftlichen Machtverhältnisse konnten die vorgelegten Programme allerdings nicht realisiert werden. Im Gegenteil: Das sich zusammen mit dem entstehenden Unterrichtswesen immer weiter ausdifferenzierende Berechtigungswesen (im Kontext von Bildung als »Veranstaltung des Staates«) kompensiert in gewisser Weise die Folgen, die sich aus dem Abbau der geburtsständischen Privilegien ergeben, indem es die freigesetzte Gesellschaft erneut hierarchisch zu klassifizieren beginnt (Herrlitz/Hopf/Titze 1993, 43).

Das entstehende höhere und niedere Schulwesen, heute würden wir vom gegliederten Schulwesen sprechen, ist Ausdruck einer Interessenpolitik, die der Idee der allgemeinen Menschenbildung ein Konzept der natürlichen Verschiedenheit der Menschen und der bedarfsangemessenen Begrenzung höherer Bildung entgegensetzt. Die damit verbundene Absage an eine soziale Bildungsbeteiligung von unten – zumindest soweit sie berechtigungswirksam ist – und die damit verbundene Verteidigung des privilegierten Zugangs zu höheren beruflichen Positionen über gestufte Bildungsabschlüsse sind im Zuge der weiteren Entwicklung des Unterrichtswesens zu den zentralen Themen bei der Gestaltung von organisierter Bildung in dafür vorgesehenen Bildungsinstitutionen geworden.

In modernen Gesellschaften bekommt Bildung dann nicht nur als berechtigungswirksame Größe im individuellen Lebensverlauf einen immer größeren Stellenwert. Noch bis weit in das 19. Jahrhundert hinein war es für die meisten Menschen vergleichsweise unwichtig, welchen Bildungsabschluss sie erwarben. Formale Bildungsnachweise sind erst in der zweiten Hälfte des 20. Jahrhunderts von einer vormals nicht absolut notwendigen, aber hilfreichen zur absolut notwendigen, aber dennoch nicht immer zureichenden Voraussetzung geworden, um einträgliche und ansehnliche gesellschaftliche Stellungen zu erreichen (Hradil 1999, 148).

Grundsätzlich muss inzwischen zu Beginn des 21. Jahrhunderts davon ausgegangen werden, dass Bildung (vor allem im Sinne von elementarer Schulbildung) zunächst grundsätzlich als nahezu distinktionsloser (Minimal-)Standard gilt, der Teilhabechancen am kulturellen und sozialen Leben eröffnen soll. Allerdings ist selbst ein solcher Minimalstandard keineswegs immer sichergestellt, wie z. B. die Analphabetismus-Diskussion zeigt. In diesem Sinne hat Bildung (zunächst!) weniger mit Laufbahndenken und Karrieren zu tun, sondern bezieht sich auf allgemeine Lebensführungskompetenzen, die unter dem Gleichheitsanspruch jenseits von Klasse und Schicht für alle Menschen gleichermaßen von Bedeutung, aber in vielerlei Hinsicht nicht für alle verfügbar sind (vgl. dazu auch Fünfter Familienbericht 1994). Um dem Menschen biographische Gestaltungschancen sowie selbstbestimmte Partizipationschancen am gesellschaftlichen Leben zu eröffnen, müssen individuell Bildungsleistungen erbracht und gesellschaftliche Rahmenbedingungen geschaffen werden, um dies zu ermöglichen. Bildung in diesem Sinne ist im Rahmen der menschlichen Lebensbewältigung somit ein Erfordernis, das auf die individuelle und gesellschaftliche Entwicklung von menschlichem Humanvermögen mit dem Ziel gerichtet ist, unter den gegebenen und sich ständig wandelnden biographischen und gesellschaftlichen Bedingungen ein den menschlichen Entfaltungsmöglichkeiten angemessenes und gemeinsam mit anderen Menschen verantwortbares Leben zu führen.

Dass Bildung (gemessen am erreichten »funktionalen« Bildungsniveau) und Berechtigung (im Sinne von Zugangsberechtigung zu beruflichen Karrieren) trotzdem auch weiterhin untrennbar miteinander verbunden bleiben, kann als Ausdruck des fortbestehenden sozialen Prestigewerts vor allem von höherer Bildung im Kontext von bestehenden gesellschaftlichen Machtkonstellationen gelten. Indem Bildung kulturelle Teilhabe und soziale Anschlussfähigkeit ermöglicht, erhält sie vor allem über die Berechtigungsseite von Bildung einen zentralen biographischen Stellenwert nicht nur für die berufliche Laufbahn, sondern auch für die Erschließung und Nutzung von gesellschaftlichen Ressourcen und biographischen Optionen im Rahmen der (Selbst-)Gestaltung des Lebenslaufs. In dieser Hinsicht bekommt Bildung (für das Individuum ebenso wie für die Gesellschaft) Investitionscharakter, indem z.B. biographische Wissensbestände und damit zugleich auch persönliche Handlungsressourcen akkumuliert werden, die für den weiteren Lebensverlauf zur Verfügung stehen und entsprechend genutzt werden können.

Allerdings ist auch hier von einer unterschiedlichen Verfügbarkeit und Nutzungspraxis ebenso wie von einer unterschiedlichen »Marktgängigkeit« von Bildungsinhalten und darauf bezogenen kulturellen Praxisformen auszugehen, die das Bildungsgeschehen in diesem Zusammenhang keineswegs zu einem distinktionslosen Vorgang machen. Bildung ist vielmehr bis hinein in alltägliche Lebenszusammenhänge mit sozialen Anerkennungsprozessen eng verbunden. Deshalb ist von einem unterschiedlichen Kurswert von unterschiedlichen Bildungsprofilen auszugehen, die weit über die Berechtigungsseite von Bildung hinausweisen (vgl. dazu Büchner 2002). In diesem Sinne ist ein durch Bildung und Kultur besonders geprägter Habitus (auch, aber nicht nur jenseits von damit verbundenen Bildungstiteln) nach wie vor gesellschaftlich bedeutsam.

Bildung ist also – wie schon mehrfach angeklungen ist – vor allem als Herstellungsleistung zu begreifen, deren Erfolg oder Misserfolg von unterschiedlichen Rahmenbedingungen abhängt und die deshalb auch zu entsprechenden Bildungsungleichheiten führt. Bildung setzt in diesem Sinne auch familiale Bildungsleistungen voraus, die in Abhängigkeit von einer entsprechenden bildungsrelevanten Ressourcenlage und Gestaltung der intergenerationalen Beziehungen erbracht werden müssen. In der bisherigen Forschung sind die im Familienrahmen erbrachten Bildungsleistungen eher eine »black box«, geblieben, weil vor allem die Erfassung der prozessbezogenen familialen Bildungsleistungen vor enormen Methodenproblemen steht.

Dies umso mehr, als den beteiligten Personen die Bildungsrelevanz ihrer alltäglichen Lebenspraxis oft gar nicht bewusst sein muss, weil sie vordergründig ganz anderen Zwecken (»Freizeit«, »Spaß haben«, alltägliche Gewohnheiten und Rituale) dient. Gleichwohl ist das familiale Bildungsgeschehen einer impliziten sozialen Logik verpflichtet, die sich milieuspezifisch aus dem jeweiligen Familienhabitus ergibt (Büchner/Brake 2006). Das gilt im positiven wie im negativen Sinne: Indem das Bildungsgeschehen lebensweltgebunden und durch soziale und kulturelle Heterogenität geprägt ist, nehmen Familien ihre Bildungsaufgabe in Anbetracht der unterschiedlich verteilten Bildungsressourcen in unterschiedlicher Form wahr, und sie stoßen dabei auf unterschiedliche (ungleiche) Anerkennung. Insofern wird Bildung in der Familie gleichermaßen ermöglicht und beschränkt, denn die Bildungsqualität ist nicht nur ressourcenabhängig, sondern eben auch – vermittelt über das schulische Berechtigungswesen – anerkennungsabhängig.

Die vielen sozialen und kulturellen Lebensäußerungen im familialen Zusammenleben (Essen, Wohnen, Spielen, Urlaub, Körperpflege oder Wochenendgestaltung als Beispiele des alltäglichen Erlebens und Gestaltens) haben für alle Familienmitglieder erhebliche Bedeutung in Bezug auf die dabei stattfindenden Prozesse des Bildungserwerbs. Insofern ist die Familie als ursprüngliche, lebensgeschichtlich erste und in ihrer Spezifik eigenständige Bildungswelt mit weichenstellendem Charakter für den kindlichen Biographieverlauf und die Aneignung einer allgemeinen *Lebensführungs-* und *Lebensbewältigungskompetenz* anzusehen. Dabei sind bereits elementare Bildungsprozesse in der Familie durch die selbsttätige Auseinandersetzung des Kindes mit seiner jeweiligen Lebenswelt geprägt, wobei jedes Kind selbst zu einem Handelnden und Ko-Produzenten in Sachen Bildung wird.

Eine solche »Akteursperspektive« auf das Bildungsgeschehen ermöglicht die Betrachtung von Bildungsprozessen und Bildungsverläufen als Zusammenwirken von unterschiedlichen Personen,

Bildungsorten und Bildungsmodalitäten einschließlich der damit verbundenen bildungsbezogenen Anregungs-, Ingangsetzungs- und Unterstützungspotenziale und der dabei möglich werdenden kulturellen und sozialen Teilhabe. Der Subjektcharakter der Akteure lässt sich am besten dadurch verdeutlichen, dass man Bildung nicht nur als »input« (Vermittlung, Weitergabe), sondern zugleich auch als »intake« (Aneignung, Übernahme) versteht, die in die soziale Praxis der Familie eingebunden sind. In diesem Sinne wird Bildung im familialen Miteinander individuell und kollektiv erzeugt. Neben der Aufgabe des »Bewahrens« einer *Familientradition* stellt sich für alle Familienmitglieder dabei immer zugleich auch die Aufgabe der Adaption und Transformation des Bildungs- und Kulturerbes einer Familie, um als Individuum ebenso wie als Familie in der Mehrgenerationenfolge kulturell teilhabefähig und sozial anschlussfähig bleiben zu können.

3.4.2 Unterschiedliche Blickrichtungen auf das Bildungsgeschehen

Hier ist zunächst in Erinnerung zu rufen, dass es in Anbetracht der Komplexität des Bildungsgeschehens gängige Praxis ist, Bildungsvorgänge aus den unterschiedlichsten Perspektiven heraus zu betrachten. So wissen wir z. B. bereits aus unserer Alltagserfahrung, dass Menschen in ihrem Lebensverlauf vielfältige Bildungsprozesse absolvieren (müssen), sich also bilden, indem sie sich von Kindesbeinen an kulturelle und soziale Grundkompetenzen in der Familie aneignen, die sie später schulisch, außerschulisch und beruflich weiter vervollkommnen und so ihre individuelle Bildungsbiographie gestalten.

Aus einer solchen Akteursperspektive betrachtet absolvieren Menschen Bildungsprozesse, indem sie sich Bildung aneignen, wobei dem Zusammenspiel von unterschiedlichen Bildungsorten und Bildungsmodalitäten im Lebensverlauf eine große Bedeutung zukommt. Bildung in diesem Sinne wird also nicht verabreicht als einseitiger Akt der Wissensvermittlung, sondern es kommt auf die aktive Mitwirkung der handelnden Akteure an unterschiedlichen Orten an: Bildung wird als Eigentätigkeit von sich bildenden Menschen verstanden, auch wenn immer wieder Lernimpulse von außen notwendig sind und geeignete Gelegenheitsstrukturen für biographisch anschlussfähige Bildungsmöglichkeiten bereitgestellt werden müssen, die die jeweils unterschiedlichen Ausgangslagen der Lernenden berücksichtigen.

Aus der Lebensverlaufsperspektive betrachtet ist die Familie der Ausgangspunkt und grundlegende Ort für menschliche Bildungsprozesse. Bildung fängt in der Familie an, so dass den im Familienrahmen erbrachten Bildungsleistungen ein hoher Stellenwert zuzumessen ist. Allerdings stellt sich hierbei von Anfang an das Problem der »Passung«, weil die in unterschiedlichen Familien erbrachten unterschiedlichen Bildungsleistungen spätestens bei der Einschulung auf schulische Bildungsnormen stoßen, die die familialen Bildungsleistungen unterschiedlich bewerten. Insofern ist der Bildungsort Familie in direkter und indirekter Form nachhaltig vernetzt mit anderen Bildungsinstitutionen, insbesondere mit dem Bildungsort Schule, wo Bildungsleistungen (unter Einbeziehung der zuvor und begleitend erbrachten familialen Bildungsleistungen) bewertet und Bildungserfolge (vergleichend) bescheinigt werden.

Wenn wir von der Aneignung von kulturellen und sozialen Grundkompetenzen in der Familie ausgehen und diesen Vorgang als Bildung verstehen, dann ist damit ein anderes Grundverständnis des Aufwachsens im Kontext einer Familie verbunden, als es z. B. in der Sozialisationsforschung üblich ist (vgl. dazu Hurrelmann/Grundmann/Walper 2008). Dort wird von *Sozialisation* in der Familie als einem Prozess gesprochen, »in dessen Verlauf sich der mit einer biologischen Ausstattung versehene menschliche Organismus zu einer sozial handlungsfähigen Persönlichkeit bildet, die sich über den Lebenslauf hinweg in Auseinandersetzung mit den Lebensbedingungen weiterentwickelt. Sozialisation ist die lebenslange Aneignung von und Auseinandersetzung mit den natürlichen Anlagen, insbesondere den körperlichen und psychischen Grundlagen, die für den Menschen die ›innere Realität‹ bilden, und der sozialen und physikalischen Umwelt, die für den Menschen die ›äußere Realität‹ bilden« (Hurrelmann 2002, 15 f.).

Eine stärker interaktions- und gesellschaftszentrierte Sichtweise von Sozialisationsprozessen schlägt Grundmann (2006, 38 ff.) vor, wenn er bezogen auf die Akteure auf Prozesse abhebt, »durch die der Einzelne über die Beziehung zu seinen Mitmenschen sowie über das Verständnis seiner selbst relativ dauerhaft Verhaltensweisen erwirbt, die ihn dazu befähigen, am sozialen Leben teilzuhaben und an dieser Entwicklung mitzuwirken. [...] Die Bezugnahme von Akteuren vollzieht sich nicht immer in konkreten Sozialbeziehungen, sondern findet auch in formalen Bildungskontexten und in unterschiedlichen Sozialisationsinstanzen statt.«

Mit einer derart zugespitzten und präzisierten Beschreibung des (familialen) Sozialisationsgeschehens regt Grundmann an, Sozialisationsvorgänge und Bildungsvorgänge enger miteinander zu verzahnen und die Wechselwirkungen zwischen Sozialisations- und Bildungsprozessen stärker aufeinander zu beziehen. Das ist vor allem deshalb erforderlich, weil im Grundverständnis vieler (vor allem älterer) Studien über Sozialisationsabläufe häufig nicht explizit davon ausgegangen wird, dass Sozialisationsprozesse in der Familie insofern voraussetzungsvoll sind, als sie implizit oder explizit am Bildungsgeschehen in der gesellschaftlichen Institution Schule, also an formalen gesellschaftlichen Bildungsnormen orientiert sind. Darauf hat z.B. auch Oevermann (1976b) hingewiesen, wenn er argumentiert, dass es oft ergänzend zu den familialen Sozialisationserfahrungen notwendig sei, dass ein Subjekt seiner bildungsbezogenen Lebensperspektive im Rahmen einer »eigenaktiven Konstruktionstätigkeit« nachträglich einen subjektiven, der objektiven Struktur adäquaten Sinn gebe (vgl. dazu auch Kramer 2007).

Da es aber in der sozialen Ungleichheitsforschung vor allem um die ungleiche Verteilung von Lebenschancen geht und Bildung ein zentrales Medium ist, über das sich die Verteilung von Lebenschancen vollzieht, erscheint es für die Fragestellung unseres Buches naheliegend, von einem umfassenden Bildungsverständnis auszugehen, das auch die (familialen) Sozialisationsergebnisse unter Bildungsgesichtspunkten erfasst, die spätestens nach dem Eintritt in die Schule mit Hilfe des dort etablierten und zugleich institutionalisierten Leistungsdenkens bewertet und mehr oder weniger anerkannt werden.

Der Bildungsbegriff transportiert somit in seinem Bedeutungshorizont – im Gegensatz zum Sozialisationsbegriff – von Anfang an dieses gesellschaftlich normierte bildungsbezogene Leistungsdenken, dessen Berücksichtigung insbesondere dann wichtig ist, wenn es um den Beitrag von Bildung für die Reproduktion von gesellschaftlichen Ungleichheitsstrukturen geht. Insofern ist es dieser Zusammenhang zwischen interaktiv betriebenem Sozialisationsgeschehen in Familien (mit unterschiedlichem Bildungshintergrund) und den im Bildungswesen institutionalisierten hierarchisch abgestuften Bildungsnormen als Ausdruck und Widerspiegelung von gesellschaftlichen (Ungleichheits-)Strukturbedingungen, die uns bewogen haben, vom Bildungsort Familie zu sprechen (Büchner/Brake 2006). Die Muster der individuellen Lebensführung (hier besonders im Rahmen des Familienlebens) und die darin eingelassenen milieuspezifischen Habitusstrukturen tragen von vornherein dazu bei, dass die Gestaltung des bildungsrelevanten familialen Alltagslebens (explizit wie implizit) durch das gesellschaftlich legitime Bildungsdenken strukturiert und damit zugleich auch reproduziert wird.

Umgekehrt gilt: Wären Menschen allein auf den Bildungsort Schule mit dem dort vorherrschenden legitimen Bildungsdenken angewiesen, wobei die Schule häufig als der eigentlich bedeutsame Ort für den *Bildungs*erwerb angesehen wird, wären sie in ihrer Lebensführung vor große Probleme gestellt. Ist doch Bildung mehr als Schule, wenn man im umfassenden Sinne an die lebenslange aktive Aneignung der Welt, also der Natur, der Kultur (einschließlich z. B. der Sprache) oder der kulturellen Techniken und Wissensbestände denkt. Die Verwobenheit von Individuum und Gesellschaft und die vielfach herausgestellten Ressourcenungleichheiten beim Erwerb von Handlungskompetenzen im Rahmen der Persönlichkeitsentwicklung und Identitätsbildung rücken in diesem Zusammenhang auch hier in den Blick, sind aber auf der gesellschaftlichen Strukturebene als mehr oder weniger bildungsvermittelt und damit zugleich als Prozesse zu begreifen, die Gegenstand von gesellschaftlichen Machtkämpfen und wichtiger Bestandteil der gesellschaftlichen Reproduktion von ungleichen Lebenschancen sind. Bildung ist somit als lebensverlaufsbezogenes, multilokales Prozessgeschehen zu begreifen, das bis hinein in das familiale Alltagsleben – und hierauf kommt es uns hier besonders an – durch gesellschaftliche Machtstrukturen geprägt ist und in Abhängigkeit von solchen historisch rekonstruierbaren, hierarchisch strukturierten Machtkonstellationen analysiert werden muss.

Neben einer solchen Prozessperspektive finden wir im aktuellen Bildungsdiskurs auch eine sog. »Output-« bzw. »Outcome-« Orientierung des Bildungsdenkens, das im Wesentlichen an den Ergebnissen von Bildungsprozessen festgemacht wird. Die unterschiedlichen Kompetenzniveaus der Schülerinnen und Schüler in Abhängigkeit von der sozialen Herkunft sind Ausdruck eines solchen outputorientierten Denkansatzes. Jemand ist in diesem Sinne z. B. auch Hauptschüler oder Abiturientin, hat die Meisterprüfung oder ein Staatsexamen absolviert und gilt entsprechend als mehr oder weniger gebildet oder ungebildet. In diesem Sinne ist von Bildung die Rede, die auf eine personenbezogene Sicht von Bildung abstellt, aber von einer Rangordnung ausgeht, in die Individuen im Hinblick auf ihr nachgewiesenes Bildungsniveau eingeordnet werden können.

Aus der Sicht der Individuen ist Bildung bedeutsam, um die Erschließung und Nutzung von biographischen Optionen zu ermöglichen, wobei die Aneignung und gekonnte Nutzung des kulturellen Erbes vorangegangener Generationen einen hohen Stellenwert haben. Weil möglichst gute (anerkannte) Bildung aus der Sicht des Individuums eine entsprechende kulturelle Teilhabe und soziale Anschlussfähigkeit ermöglicht, gilt sie als entscheidende Ressource für eine angemessene Lebensbewältigung besonders im Kindes- und Jugendalter, aber zunehmend auch darüber hinaus. Die Rede vom lebenslangen Lernen als Grundvoraussetzung für befriedigende Teilhabe- und Entfaltungschancen verweist auf die Einsicht, dass Bildung im 21. Jahrhundert inzwischen zu einer zentralen menschlichen Überlebensressource geworden ist. Insofern ist Bildung kein Selbstzweck, sondern im Ergebnis befähigt Bildung den Menschen, ein eigenständiges, selbstverantwortliches Leben im Zusammenwirken mit anderen Menschen zu führen.

Je nach Blickrichtung finden wir neben einer eher personenbezogenen Perspektive auch eine gesellschaftliche Betrachtungsperspektive, unter der Bildung im Vergleich dazu mit einer anderen Akzentsetzung betrachtet und diskutiert wird. Während aus der Sicht einer Einzelperson Bildung individuell hergestellt werden muss und zur Persönlichkeitsausstattung eines Menschen gehört, stehen aus gesamtgesellschaftlicher Sicht primär die vielen gebildeten Menschen im Vordergrund, die eine Gesellschaft braucht, um das gesellschaftliche Zusammenleben und das Überleben einer Gesellschaft sicherzustellen. Neben die individuelle Seite der Bildung wird insofern die gesellschaftliche Seite der Bildung gestellt, wobei Bildung als Schlüsselfrage bei der Zukunftsgestaltung einer modernen Gesellschaft diskutiert wird.

Bildung wird – in dieser Perspektive betrachtet – im Prozess des Zusammenwirkens der vielen beteiligten Akteure interaktiv im sozialen Raum hergestellt, indem über gesellschaftlich gefilterte Steuerungsmechanismen Bildung im Sinne von *Humanvermögen* geschaffen wird, das für das Überleben und die Weiterentwicklung der Gegenwartsgesellschaft unverzichtbar ist. Dabei beschreibt der Begriff »Humanvermögen« in gesellschaftlicher Perspektive die Gesamtheit der Kompetenzen aller Mitglieder einer Gesellschaft, die im Spiegel der Anforderungen zu sehen sind, die eine moderne Gesellschaft an das Wissen, an die Verlässlichkeit, an die Effizienz und Kreativität des Handelns ihrer Menschen stellt. Das schließt die ökonomische Bedarfsseite an Humanvermögen z. B. aus der Sicht einer arbeitsteilig organisierten Wirtschaftsgesellschaft (Arbeitsvermögen) ebenso ein wie die allgemeinen Kompetenzen der vielen Einzelnen, die für die Bewältigung des Lebensalltags erforderlich sind (Vitalvermögen).

Aus diesem Blickwinkel geht es also nicht nur um Kompetenzen, die aus der Bedarfsperspektive des Arbeitsmarktes erforderlich sind (»employability«-bezogene Kompetenzen), sondern auch um Daseinskompetenzen bzw. Lebensführungskompetenzen, die als Voraussetzung für eine zufriedenstellende Lebensführung (unabhängig von der Stellung in Gesellschaft und Beruf) gelten und gleichermaßen notwendig sind für den Bestand und die (Weiter-) Entwicklung einer ganzen Gesellschaft. Die Familie gilt dabei als bevorzugter Ort der Entstehung und Erhaltung von Humanvermögen (vgl. dazu Fünfter Familienbericht 1994), auch wenn natürlich die Schule und das berufliche Ausbildungssystem im Zusammenspiel unterschiedlicher Bildungsorte ebenfalls wichtige Beiträge beim Herstellungsprozess von gesellschaftlich notwendigem Humanvermögen leisten.

Insbesondere dann, wenn die Humanvermögensentwicklung unter gesellschaftlichen Bedarfsgesichtspunkten Probleme aufwirft, werden die allgemeinen Bildungsdefizite beklagt, die den Bestand und die Zukunftsfähigkeit der modernen Gegenwartsgesellschaft zu gefährden drohen. In den 1960er Jahren und am Beginn des neuen Jahrtausends führte das z. B. zur Ausrufung einer ersten und später dann zweiten Bildungskatastrophe. Das erzeugte bildungspolitischen Handlungsbedarf. Die Schattenseiten des allgemeinen Bildungsgeschehens wurden in beiden Fällen stärker ins öffentliche Bewusstsein gerückt und das Funktionieren des allgemeinen Bildungsgeschehens wurde kritisch überprüft. In den 1960er Jahren führte das zu einem raschen Ausbau der (staatlichen) Bildungsplanungsinstrumente. Heute (nach der zweiten deutschen Bildungskatastrophe) erleben wir einen deutlichen Aufschwung der empirischen Bildungsforschung, um für die von den PISA-Studien aufgedeckten Defizite im deutschen Bildungswesen sachlich begründete Problemlösungsvorschläge und entsprechende Maßnahmenkataloge entwickeln zu können.

Der Aufruf zur besseren Ausschöpfung von Begabungsreserven besonders in der Mitte der 1960er Jahre ist ein Beispiel für den propagierten Anspruch, Bildungsreformen in Gang zu setzen, die abstrakt auch darauf ausgerichtet waren, ganzen bis dahin bildungsfernen Bevölkerungsgruppen zu mehr Bildung zu verhelfen und das Bürgerrecht auf Bildung umzusetzen. Aber die Bildungsexpansion erfolgte dann keineswegs, um das Bürgerrecht auf Bildung als wichtiges Anliegen praktisch durchzusetzen. Statt der Sorge um die optimale Persönlichkeitsentwicklung und Autonomieentfaltung aller Menschen in dieser Gesellschaft wurden vielmehr die Erfordernisse für die künftige Versorgung der Wirtschaft mit einem geeigneten (höher qualifizierten) Arbeitskräftepotenzial berücksichtigt, die ins Zentrum entsprechender Maßnahmenkataloge gestellt wurden.

Hier zeigt sich beispielhaft, welche Folgen mit einer Einengung des (eine Reformmaßnahme begleitenden) Bildungsverständnisses verbunden sein können. Statt um Bildung in einem umfassenden Wortverständnis (etwa unter Berücksichtigung individueller Bildungsanliegen von bisher bildungsfernen Bevölkerungsgruppen) ging es de facto eingeengt um ein Reformverständnis, das Bildung auf die Herstellung von geeignetem Arbeitsvermögen einengte. Weder die Verbesserung des gesellschaftlichen Bestandes an Vitalvermögen, noch die Frage der Herstellung von mehr Bildungsgerechtigkeit fanden im Zuge dieser Reformdebatte eine hinreichende Berücksichtigung, was aber bei einer eher unspezifischen

Verwendung des Bildungsbegriffs oft gar nicht besonders auffiel, weil die jeweiligen (politischen) Akteure immer wieder ein für ihre Ziele nützliches (mehr oder weniger eingeengtes) Bildungsverständnis in die Debatte einbrachten.

Wenn wir also über Bildung nachdenken, müssen solche unterschiedlichen Betrachtungsperspektiven des Bildungsgeschehens und die dabei einfließende Begrifflichkeit im Blick behalten werden. Sowohl die eigene individuelle Lebensführung als auch die zukunftstaugliche Gestaltung einer expandierenden Dienstleistungs- und Wissensgesellschaft gehören zu den zentralen Referenzgrößen, die berücksichtigt werden müssen, wenn es um die (Um-)Gestaltung des Bildungsgeschehens in seiner Verschränkung von individuellen Lebensentwürfen, sozialen und kulturellen Teilhabechancen und zukunftsfähigen gesellschaftlichen Entwicklungsperspektiven geht.

3.4.3 Die Vielgesichtigkeit des Bildungsbegriffs

Hinzu kommt eine weitere Differenzierungsnotwendigkeit, weil – wie schon erwähnt – das aktuelle Bildungsgeschehen an einem verengten Bildungsverständnis festgemacht wird: Bildung wird auf formale Bildung im Sinne von Schulbildung fokussiert, während andere Bildungsorte und andere Bildungsmodalitäten eher in den Hintergrund treten. Bildung ist jedoch mehr als die Belehrung der Adressaten von veranstalteter Bildung im Rahmen eines zu erreichenden Pensums, selbst wenn die Beherrschung des schulischen Bildungskanons durchaus als wichtige Ressource für die menschliche Lebensführung und Lebensbewältigung anzusehen ist. Aber es geht beim individuellen Bildungserwerb um mehr als die Herstellung von Literalität und die damit verbundenen Grundkompetenzen (Lesen, Schreiben) und das im schulischen Unterricht vermittelte Wissen. Gleichwohl steht die Vorstellung, dass Bildung im Kern veranstaltete Bildung sei, nach wie vor im Mittelpunkt des derzeitigen Nachdenkens über Bildung.

Was aber, wenn diese Ausgangsannahme sich als unzutreffend herausstellen sollte, wenn Bildung mehr als Unterricht bedeutet? Mit welchem (erweiterten) Bildungsverständnis könnten wir Einsichten ermöglichen und Antworten finden auf die Frage, welche Bildung wir insbesondere für die Schaffung von mehr

Teilhabegerechtigkeit beim Bildungsgeschehen brauchen und wollen? Ein solches Vorhaben setzt unserer Meinung nach einen möglichst umfassenden Bildungsbegriff voraus, mit dem es möglich ist, möglichst viel von der erheblichen Komplexität des Bildungsgeschehens im gesellschaftlichen Interdependenzgeflecht differenziert zu erfassen und insbesondere die Tatsache in unser Denken einzubeziehen, dass Bildung Gegenstand von gesellschaftlichen Machtkämpfen war und ist.

Gerade jetzt, wo mehr denn je über Bildung geredet wird, rückt die schillernde Vielgesichtigkeit des Bildungsbegriffs wieder einmal ins (öffentliche) Bewusstsein, und es fällt zunehmend schwer, den Bedeutungshorizont von Bildung und von dem zu erfassen, was Bildung sein und leisten soll. Vor allem in der öffentlichen Bildungsdebatte gelten – wie schon angedeutet – die Schule oder vergleichbare Bildungsinstitutionen (wie z. B. Krippen oder Kindergärten) auch weiterhin als zentrale Bildungsorte. Alle anderen Bildungsorte werden eher als randständig wahrgenommen. Das trifft besonders auch für den *Bildungs*ort Familie zu, dem in der Regel eher Zuliefer- und/oder Ergänzungs- bzw. Unterstützungsfunktionen zugeschrieben werden, um den (schulischen!) Bildungserfolg zu ermöglichen. Umgekehrt gilt der Bildungsort Familie zugleich auch als Gelenkstelle beim Zustandekommen von sog. Bildungsdefiziten, die z. B. bei der Einschulung von Kindern beklagt werden und teilweise zur Zurückstellung einzelner Kinder führen, die daraufhin erst später eingeschult werden.

Diese Sicht der Zusammenhänge ist nicht zuletzt darauf zurückzuführen, dass die Familie häufig eher als *Sozialisations*instanz und weniger als *Bildungs*instanz bezeichnet und diskutiert wird (z. B. Rolff 1997). Von der Möglichkeit, die Familie auch als *Bildungs*ort zu verstehen, wird demgegenüber weitaus seltener Gebrauch gemacht (Büchner/Brake 2006). Aus der Perspektive der Sozialisationsforschung betrachtet ist das auch naheliegend: Ihr geht es primär um Prozesse der menschlichen Subjektwerdung sowie die personale und soziale Identitätsentwicklung im Medium der zwischenmenschlichen Interaktion. Wie erwirbt z. B. ein gesellschaftlicher Akteur über die Beziehungen zu seinen Mitmenschen sowie über das Verständnis seiner selbst relativ dauerhafte Verhaltensweisen, »die ihn dazu befähigen, am sozialen

Leben teilzuhaben und an dessen Entwicklung mitzuwirken« (Grundmann 2006, 38 ff.)?

Aus dieser Perspektive betrachtet werden primär die Sozialisationsleistungen der Familie in den Blick gerückt, auch wenn Grundmann gerade zu jenen Sozialisationsforschern gehört, deren Anspruch auch darauf gerichtet ist, transgenerative Prozesse der sozialen Hierarchisierung und der Reproduktion sozialer Ungleichheit zu identifizieren, die sich über alle Strukturebenen der Sozialisation erstrecken (Hurrelmann/Grundmann/Walper 2008). Insofern sind »Bildung« und »Sozialisation« auch Komplementärbegriffe, die sich in diesem Sinne beide um eine theoriebezogene begriffliche Aufschlüsselung der sozialen Konstituierung des Subjekts in der Struktur sozialisationsbezogener Interaktionen bemühen. Mit dem Bildungsbegriff wird eher die performative Perspektive der (bildungsbezogenen) Persönlichkeitsentwicklung eines sich bildenden Subjekts mit Blick auf seine Lebensverlaufsgeschichte erfasst, während mit »Sozialisation« eher die interaktionsbezogene Perspektive mit Blick auf die interaktive Rahmung der Konstituierung des Subjekts gerichtet ist.

Wenn die Bildungsleistungen der Familie (sozialisationstheoretisch begründet) primär als Teil des familialen Sozialisationsgeschehens betrachtet werden, besteht die Gefahr, dass es zu einer strukturvergessenen Betrachtung des familialen Bildungsgeschehens kommt. Nur wenige Ansätze der Sozialisationsforschung arbeiten mit einer strukturaufmerksamen Sozialisationstheorie, die von vornherein die ungleiche Verteilung von Lebenschancen mittels Bildung in Rechnung stellt, so dass wir es in unserem Buch vorziehen, mit einem Bildungsbegriff zu arbeiten, der es von vornherein erlaubt, die volle Aufmerksamkeit auf das Problem der bildungsbezogenen Chancengleichheit und der sozialen Gerechtigkeit zu konzentrieren.

Zwar wird auch in der Sozialisationsforschung von der »Wiederentdeckung sozialer Ungleichheit« gesprochen (Bauer/Grundmann 2007), womit klargestellt werden soll, dass Sozialisation unter Bedingungen sozialer Ungleichheit erfolgt und soziale Ungleichheit zur Folge hat. Aber diese Frage wird in aller Regel immer im Zusammenhang mit Bildung und den ungleichheitsrelevanten Merkmalen des Bildungsgeschehens bearbeitet. Insofern liegt auch aus diesem Grund die Verwendung eines umfassenden Bildungsbegriffs nahe. Mit unserem bildungssoziologisch akzentuierten Bildungsverständnis haben wir uns allerdings – wie oben ausgeführt – von den normativen und idealisierten Gehalten des »pädagogischen« Bildungsbegriffs verabschiedet, bei dem gesellschaftliche Ungleichheitsstrukturen weitgehend ausgeblendet bleiben. Vielmehr verbinden wir das Bildungsgeschehen mit der Frage, inwieweit es zwischen Bildung und der ungleichen Verteilung von Lebenschancen einen Zusammenhang gibt. Das ist in den Kapiteln 1 und 2 bereits angesprochen worden und wir werden auch später wieder darauf zurückkommen.

3.4.4 Zur Neuformatierung des Bildungsverständnisses

Bildung wird also hier (in einem erweiterten Begriffsverständnis) als Resultat einer auf gesellschaftlicher Anerkennung basierenden aktiven Auseinandersetzung mit der Welt, mit anderen und mit sich selbst sowie als Akt der Koproduktion zwischen Eltern und Kindern, zwischen Lehrenden und Lernenden (durchaus auch in der Gleichaltrigengruppe) verstanden. Die damit verbundenen sozialen Interaktionsprozesse haben dabei die Qualität von strukturbezogenen Interaktionen, die in verschiedenen Interaktionsfeldern (zwischen Individuen, sozialen Gruppen ebenso wie im Rahmen von institutionellen Bezügen) in einem Anerkennungsraum stattfinden, der hierarchisch strukturiert ist. Dabei steht der Aufbau von handlungsrelevanten individuellen (kulturellen, instrumentellen, sozialen und personalen) Kompetenzen, die man als kulturelle, praktische, soziale und personale Kompetenzen im Sinne eines umfassenden Bildungskonzepts verstehen kann (Rauschenbach 2009, 94 ff.), im Zentrum eines so verstandenen Bildungsgeschehens. Allerdings ist die Autonomieentfaltung der Akteure ebenso wie die Entwicklung einer eigenen Geisteshaltung immer eingebunden in gesellschaftliche Strukturen, die das alltägliche Bildungsgeschehen ermöglichen oder behindern.

Gerade in Anbetracht der häufigen Verkürzung des vorherrschenden Bildungsverständnisses lohnt es sich, nochmals einen Bezug zur Familie als Bildungsort herzustellen. Denn es wird oft übersehen, dass es schon lange vor der Einschulung, also bereits im frühen Kindesalter, darauf ankommt, sich die Voraussetzungen für die Konstruktion eines eigenen Lebenslaufs (und nicht nur für eine erfolgreiche Bildungskarriere) anzueignen. Dabei geht es z. B. um die Beherrschung elementarer sozialer Regeln, den Erwerb von kultureller Literalität oder um sog. Daseinsqualifikationen (Fünfter Familienbericht 1995). In dieser Hinsicht wird von *Generationenlernen* gesprochen (Lüscher/Liegle 2003, 187 f.), wenn es in der Familie um entsprechende Investitionsleistungen in Bildung geht, deren Erträge spätestens beim Eintritt in die Schule ihre Früchte tragen sollen.

Insgesamt muss aber auch hier – wie in vielen anderen Denk- und Handlungszusammenhängen – gelten: Jedes (noch so abgewogene) Bildungsverständnis ist historisch und kulturell geprägt und unterliegt einem permanenten Bedeutungswandel in Abhängigkeit vom jeweiligen Stand der öffentlichen Debatten. Je nach Erkenntnisinteresse der Forschung und je nach Interessenlage und (bildungs-)politischer Interventionsabsicht enthält ein propagiertes Bildungsverständnis immer eine interessenbestimmte Akzentsetzung, die es zu beachten gilt. Das ist auch hier der Fall, wenn Bildung aus bildungssoziologischer Perspektive betrachtet wird und für eine *integrative Neuformatierung des Bildungsverständnisses* geworben wird, ohne damit die innere Verwobenheit des Bildungs- und Sozialisationsgeschehens grundsätzlich in Frage zu stellen.

4 Bildungserfolg und soziale Herkunft: Erklärungsmodelle für das Zustandekommen von Bildungsungleichheiten

Die meritokratische Grundidee unterstellt, dass die Unterschiede bei individuellen Bildungsverläufen wesentlich über Unterschiede im Hinblick auf die individuelle Leistungsfähigkeit und Anstrengungsbereitschaft zustande kommen. Die Überprüfung dieses Erklärungsansatzes im Licht der empirischen Befunde über die Entstehungszusammenhänge von Bildungsungleichheiten erweist sich jedoch, wie wir oben schon mehrfach betont haben, als meritokratische Illusion. Sind doch neben der (schulischen) Leistungsfähigkeit noch andere Einflussgrößen beteiligt, die am Zustandekommen der sozialen Disparitäten bei der Bildungsbeteiligung sowie an den herkunftsbedingten Ungleichheiten beim Bildungserfolg beteiligt sind. Welche anderen Einflussfaktoren kommen also hier ins Spiel? Welche alternativen Modelle sind geeignet, um die herkunftsbedingt ungleiche Bildungsbeteiligung und die individuell unterschiedlichen Bildungsbiographieverläufe zu erklären?

Grundsätzlich können die vorliegenden Erklärungsversuche danach unterschieden werden, auf welche Aspekte von bildungsbezogenen Ungleichheiten ihr Blick fokussiert ist. Ist es z. B. primär die Struktur eines hierarchisch gegliederten Bildungssystems, die als Ausgangspunkt für ein Erklärungsmodell gewählt wird, indem die hierarchisch gegliederten unterschiedlichen Schulformen problematisiert werden, in denen sich die Schülerinnen und Schüler in Deutschland schon vergleichsweise früh wiederfinden und sie ungleichwertige Bildungsgänge absolvieren, die den weiteren Verlauf ihrer Bildungsbiographien in erheblichem Maße vorstrukturieren? Oder stehen die ökonomischen Ressourcen (Einkommen, Wohnsituation usw.) der Herkunftsfamilie im Zentrum der Aufmerksamkeit oder wird die unterschiedliche Verfügbarkeit und Nutzung des kulturellen Kapitals in der Familie als wesentliche Erklärungsgröße herangezogen? Oder wird das von der sozialen Herkunft abhängige Entscheidungsverhalten beim Investitionsmanagement in Bildung zum Ausgangspunkt für entsprechende Erklärungsversuche genommen? Oder geht es vorrangig um die sozial ungleich verteilten Kompetenzen der Kinder und Jugendlichen, die in der Regel mitgebracht werden sollten, um sich im Alltag der Schule (als Mittelschichtinstitution) angemessen bewegen zu können?

Je nach gewählter Schwerpunktsetzung wird es ein unterschiedliches Erklärungsmodell sein, das Pate steht beim anschließenden Versuch, empirische Befunde zu erheben und so zu ordnen, dass plausible Erklärungszusammenhänge nachvollziehbar werden. Ein umfassender, die verschiedenen Aspekte berücksichtigender Ansatz zur Klärung des Zusammenhangs von Bildung und sozialer Ungleichheit fehlt hingegen bislang. Die derzeit vorliegenden theoretisch begründeten Erklärungsmodelle beziehen die oben genannten zentralen Fragen jeweils in unterschiedlichem Ausmaß ein und bilden entsprechend nur bestimmte Facetten des komplexen Zusammenwirkens von sozialer Herkunft und Bildung(-serfolg) ab.

Zwei der im Folgenden genauer zu besprechenden Ansätze stellen die ungleichen Ausgangslagen in Familien ins Zentrum ihres Erklärungsmodells. Das auf Boudon (1974) zurückgehende *Modell rationaler Bildungswahl* erklärt unterschiedliche Bildungsverläufe als Ergebnis herkunftsspezifischer Entscheidungsprozesse in Familien. Diesem Modell zufolge spielen also aus ungleichheitsbezogener Perspektive die von der sozialen Herkunft abhängigen Kosten- und Nutzenabwägungen bei der Investition in (weitere) Bildung (z. B. in Form eines weiterführenden Schulbesuchs) eine zentrale Rolle.

Im zweiten Fall geht es um ein Erklärungsmodell, das sich besonders gegen eine solche Vorstellung rationaler Bildungswahl wendet und sehr eng mit dem Namen Pierre Bourdieu verknüpft ist. In diesem *Modell soziokultureller Reproduktion* von herkunftsabhängiger Bildungsungleichheit steht die Annahme im Zentrum, dass eine erfolgreiche Bildungslaufbahn wesentlich davon abhängt, in welchem Ausmaß das Aufwachsen in Familien die Aneignung kulturellen Kapitals ermöglicht, das für eine erfolgreiche Bewältigung der Anforderungen des höheren Bildungswesens unabdingbar ist. Dabei – so Bourdieu (1982, 151) – lässt sich die Familie von einem häufig vorbewussten Gespür »für das richtige Anlegen kultureller Investitionen«, einem »Anlage-Sinn« leiten.

Die beiden genannten Ansätze bzw. Erklärungsmodelle spielen in der gegenwärtigen Forschungslandschaft zum Thema Bildung und soziale Ungleichheit eine hervorgehobene Rolle. Sie richten – wenn auch auf unterschiedliche Weise – ihren Fokus auf die Beteiligung der Herkunftsfamilie am Zustandekommen und an der Aufrechterhaltung bildungsbezogener Ungleichheit. Darüber hinaus sind aber auch weitere Erklärungsansätze vorgelegt worden, die stärker auf der Ebene von Bildungsinstitutionen danach fragen, wie soziale Bildungsungleichheiten dort hervorgebracht oder zementiert werden. Mit dem Stichwort *»institutionelle Diskriminierung«* werden hier institutionelle Routinen in den Blick gerückt, die für Angehörige bestimmter sozialer Gruppen (z.B. Kinder und Jugendliche aus Familien mit niedrigem sozioökonomischen Status oder aus Familien mit Migrationshintergrund) überproportional häufig mit negativen Folgen verbunden sind.

Und schließlich wird in weiteren Ansätzen danach gefragt, wie auf der *Ebene des Bildungssystems* spezifische Mechanismen dazu beitragen, soziale Benachteiligungen bei der Bildungsbeteiligung zu begünstigen. Hier haben vor allem die international vergleichenden Schulleistungsstudien (PISA, TIMSS, PIRLS) der letzten 15 Jahre interessante Analyseperspektiven eröffnet: Hier geht es vor allem darum, sozial ungleich verteilten Ausgangslagen bei den Schülerinnen und Schülern genauer auf die Spur zu kommen und nach entsprechenden Gestaltungs- und Kompensationsmöglichkeiten in Schule und Unterricht zu suchen.

Bevor wir uns diesen Ansätzen nun im Einzelnen zuwenden, sollen zunächst in einer eher historischen Rückschau zwei Erklärungsansätze kurz angesprochen werden, die in den Anfängen der Erforschung von bildungsbezogener Ungleichheit eine größere Rolle gespielt haben, auf die aber in den gegenwärtigen Debatten kaum noch Bezug genommen wird. Gemeint sind zum einen die sog. *schichtspezifische Sozialisationsforschung*, die vor allem in den 1970er Jahren eine Fülle von empirischen Forschungsergebnissen generiert hat, und – als Gegenposition dazu – die *Begabungsforschung* mit ihrer Annahme der Existenz »natürlicher Begabungsunterschiede«, die als Ursache von und Legitimation für Bildungsungleichheiten herangezogen werden.

4.1 Natürliche Begabungsunterschiede als Legitimation für Bildungsungleichheiten

Beobachtbare Leistungsunterschiede zwischen Schülerinnen und Schülern sind im Wesentlichen Ausdruck von natürlichen Begabungsunterschieden. Das ist die Grundannahme eines Ansatzes, der auf Unterschiede in den (genetischen) Anlagen verweist, mit denen Menschen auf die Welt kommen und die als weitgehend nicht beeinflussbar gelten. Dabei stellen die Vertreter einer solchen Position in der Regel nicht in Abrede, dass förderliche oder hinderliche Rahmenbedingungen des Aufwachsens *auch* eine Rolle spielen, unterstellen aber gleichzeitig, dass auf dem Wege der Förderung lediglich ein vorhandenes angeborenes Potenzial an Begabung bzw. kognitiver Leistungsfähigkeit mehr oder weniger ausgeschöpft werden könne, die genetische Grundausstattung hier also natürliche Grenzen setze.

Die Frage, in welchem Ausmaß jeweils biologische Anlagen oder Umweltfaktoren Unterschiede im kognitiven Leistungsvermögen aufklären können, beschäftigt die Wissenschaften, vor allem die Psychologie, spätestens seit 1875, als Francis Galton begann, mit Hilfe von Zwillingsstudien die »Relative Powers of Nature and Nurture« (so der Titel einer einflussreichen Veröffentlichung) zu untersuchen. Seit den 1960er Jahren waren allerdings in den sozialwissenschaftlichen Disziplinen genetische Erklärungsansätze weitgehend tabuisiert und galten als Biologismus, der die gesellschaftlichen Verhältnisse ausblendet. Erst in den letzten Jahren scheint sich diese unversöhnliche Frontstellung aufzuweichen (Diewald 2010). Dies mag damit zusammenhängen, dass die Anlage-Umwelt-Debatte seit Mitte der 1990er Jahre eine Neuauflage erlebt.

Anlass war die Veröffentlichung des Buches »The Bell Curve«[5] von Herrnstein/Murray (1994). Dieses Buch stützt sich auf Daten des National Longitudinal Survey of Youth (NLSY), einer umfas-

5 Mit dem Titel »Die Glockenkurve« spielen die Autoren auf die Gaußsche Normalverteilung an, die beschreibt, wie sich das Merkmal »Intelligenz« in einer großen Stichprobe verteilt. Extreme Werte (also besonders hohe oder niedrige Werte) werden dabei seltener beobachtet, während mittlere Werte umso häufiger vorkommen, je mehr sie sich

senden Längsschnittstudie zu den Lebensverläufen amerikanischer Jugendlicher im Zeitraum von 1979 bis 1990, und führte vor allem in den USA zu einer heftigen Kontroverse über den Einfluss von genetischen Anlagen und Umweltfaktoren für den späteren Lebenserfolg. Die Autoren untersuchen – wie es im Untertitel des Buches heißt – die Zusammenhänge zwischen »Intelligence and Class Structure in American Life« und gehen dabei davon aus, dass die Erblichkeit von Intelligenz irgendwo zwischen 40 % und 80 % liegt (Herrnstein/Murray 1994, 23). In ihren Analysen kommen sie zu dem Ergebnis, dass verschiedene Aspekte (wie das Risiko, ohne Abschluss die Schule zu verlassen, das Jahreseinkommen, das Armutsrisiko oder die Gesundheit) stärker von der allgemeinen Intelligenz bestimmt werden als vom sozioökonomischen Status der Herkunftsfamilie, aus der Jugendliche stammen. Welche Position jemand in der gesellschaftlichen Hierarchie einnimmt, hängt ihrer Argumentation zufolge in erster Linie von den beobachtbaren Intelligenzunterschieden in den verschiedenen sozialen Herkunftsgruppen ab.

Herrnstein und Murray folgen damit ungebrochen einer meritokratischen Leitideologie, wonach in freien Marktwirtschaften vor allem die kognitive Leistungsfähigkeit bzw. allgemeine Intelligenz die Grundlage für die Zuteilung von sozialen Chancen bildet. Soziale Unterschiede bilden in dieser Logik also in erster Linie kognitive Begabungsunterschiede ab. Da diese als weitgehend angeboren und unveränderlich angesehen werden, ist in der Konsequenz auch die gesellschaftliche Hierarchie als naturgegeben anzusehen.[6]

Hier ist nicht der Ort, um die in diesem Buch vertretene Position einer eingehenden (methodischen) Kritik zu unterzie-

---

dem Mittelwert annähern. Insgesamt ähnelt die Verteilung, wenn man sie graphisch abbildet, einer Glockenform.

6 Diese in »The Bell Curve« vorgenommene »natürliche« Fundierung sozialer Ungleichheit hat einer der beiden Autoren schon 20 Jahre zuvor durch den sog. »Herrnstein-Syllogismus« auf den Punkt gebracht: »1. If differences in mental abilities are inherited, and 2. if success requires those abilities, and 3. if earnings and prestige depend on success then 4. social standing (which reflects earnings and prestige) will be based to some extent on inherited differences among people" (Herrnstein 1973, 129).

hen. Die sehr reduzierte Erfassung des sozioökonomischen Status der Herkunftsfamilie, die mangelnde Berücksichtigung der schulischen Biographien der Teilnehmenden, die Verwendung von Intelligenztests, die in hohem Maße (schul-)bildungsabhängig sind, die Reduzierung von Intelligenz auf Lesekompetenz und mathematische Fähigkeiten sind nur einige der Probleme, die berechtigten Zweifel an der Stichhaltigkeit der Argumentation aufkommen lassen (vgl. dazu Fischer u. a. 1996). Für das Problem der Bildungsungleichheit zentral und problematisch ist die in dieser Argumentationsfigur mitgeführte Grundannahme: die Unabänderlichkeit des »genetischen Schicksals«. Führt diese doch leicht dazu, die Ursachen mangelnden Bildungserfolgs zeitlich stabil im Individuum zu verankern und in der Konsequenz Förderprogrammen und bildungspolitischen Maßnahmen nur begrenzte Erfolgschancen zuzubilligen (»Es gibt eben Unbegabte, denen nicht zu helfen ist.«). Insofern wird damit der Blick abgelenkt von den sozialen, kulturellen und materiellen Rahmenbedingungen, unter denen formale und informelle Bildungsbiographien zustande kommen. Hinzu kommt, dass schulische Leistungen auf das kognitive Leistungsvermögen reduziert werden und einflussreiche Faktoren wie etwa die Bildungsorientierung der Herkunftsfamilie oder das schulische Lernverhalten der Schülerinnen und Schüler zu wenig Berücksichtigung finden.

Schließlich wird auch die Bedeutung der (wie immer gemessenen) Intelligenz für die schulischen Noten überschätzt. Die Korrelationen erreichen nur eine mittlere Stärke, die in Abhängigkeit vom betrachteten Schulfach und dem verwendeten Intelligenztest häufig um den Wert r = 0,5 schwankt. Ein Korrelationskoeffizient in dieser Höhe besagt, dass etwa 25 % der Varianz, d. h. der Unterschiedlichkeit in den ermittelten Noten über die Intelligenzleistung erklärt werden können. Mit anderen Worten: Der ganz überwiegende Anteil von Notenunterschieden muss mit anderen Einflussvariablen zusammenhängen (wie etwa die häusliche Umwelt der Schülerinnen und Schüler, die Art des Unterrichts, die Person des Lehrers, die Lernstrategien der Schülerinnen und Schüler, ihre Aufmerksamkeit und Konzentration während des Unterrichts oder ihre Anstrengungsbereitschaft) (Helmke/Weinert, 1997; 77 ff.).

Die Beantwortung der Frage nach dem Einfluss von Anlage und Umweltbedingungen auf schulische Leistungen wird zusätzlich dadurch erschwert, dass diese offensichtlich nicht für alle sozioökonomischen Herkunftsgruppen gleich zu beantworten ist. So zeigen Turkheimer u. a. (2003), dass die Bedeutung genetischer Faktoren für die Intelligenzentwicklung von der sozialen Herkunft abhängt: Während Intelligenz in den mittleren sozioökonomischen Statusgruppen zu einem höheren Teil genetisch festgelegt sei, gelte dies für statusniedrige Herkunftsgruppen in deutlich geringerem Maße. Als Grund geben die Autoren an, dass die ungünstigen Umweltbedingungen in der »Unterschicht« dazu führten, dass die Kinder ihr genetisch vorgegebenes Potenzial nicht entwickeln können.

Ein weiteres Argument, das in diesem Zusammenhang eine Rolle spielt, nimmt Bezug auf neuere Befunde, wonach es in erster Linie Unterschiede *innerhalb* bestimmter sozialer Gruppen sind (z. B. verschiedene sozioökonomische Herkunftsmilieus), an deren Zustandekommen genetische Faktoren beteiligt sind, während Unterschiede *zwischen* (gesellschaftlich definierten) Gruppen hauptsächlich durch Umweltfaktoren zu erklären sind (Solga 2008, 24). Lewontin (1988) verdeutlicht diesen Unterschied anhand zweier Weizenfelder. Man stelle sich vor, dass der gleiche Weizen auf unterschiedlichen Feldern ausgesät wird. Der eine Acker verfügt über fruchtbaren Boden mit reichhaltigen Nährstoffen und klimatisch günstigen Verhältnissen, während der Weizen auf dem anderen Acker in einem kargen Boden mit geringer Sonneneinstrahlung und schlechter Wasserversorgung heranwächst. Bei der späteren Ernte wird man feststellen, dass sich auf beiden Äckern die Halme und die Ähren in ihrem Wachstum unterscheiden. Von den Unterschieden innerhalb eines Ackers wird man annehmen können, dass diese auf die Gene des Saatguts zurückzuführen sind, da die Umwelt ja für alle Ähren weitgehend identisch war. Dies gilt sowohl für den fruchtbaren wie für den kargen Boden. Das heißt jedoch nicht, dass die größeren Unterschiede im Ährenwachstum zwischen den Äckern ebenfalls auf genetische Ursachen zurückzuführen sind.

Überträgt man dieses Beispiel auf die Zusammenhänge von Intelligenz und sozialer Herkunft, dann bedeutet dies, dass die IQ-Unterschiede innerhalb einer sozialen Statusgruppe zum Teil mit der genetischen Ausstattung zusammenhängen können. Daraus ergibt sich jedoch in keiner Weise die Schlussfolgerung, dass dies auch für das unterschiedliche kognitive Leistungsvermögen in statushohen im Vergleich zu statusniedrigen Herkunftsgruppen gelten muss. Insgesamt liefern diese neueren Befunde deutliche Hinweise, dass von einem sehr komplexen Zusammenwirken der Merkmale des sozioökonomischen Status und der genetischen Ausstattung auszugehen ist (Diewald 2010).

4.2 Schichtspezifische Sozialisation

Der Erklärungsansatz zum Zusammenhang von sozialer Herkunft und Bildungserfolg, dem wir uns nun zuwenden wollen, hat die eben beschriebene Vorstellung deutlich zurückgewiesen, dass genetisch festgelegte Begabungsunterschiede beim Zustandekommen von bildungsbezogenen Benachteiligungen eine Rolle spielen. Insofern zielt das Erkenntnisinteresse dieses Forschungsprogramms, das als »schichtspezifische Sozialisationsforschung« bezeichnet wird, auf die Frage ab, inwieweit die konkreten Bedingungen des Aufwachsens in Familien die Entwicklung der Persönlichkeit der Kinder beeinflussen. Die zentrale Annahme dabei ist, dass die in der Herkunftsfamilie ablaufenden Sozialisationsprozesse in den verschiedenen sozioökonomischen Herkunftsgruppen sehr unterschiedliche Formen annehmen können.

Die schichtspezifische Sozialisationsforschung erlebte in Deutschland vor allem seit Mitte der 1960er bis Ende der 1970er Jahre einen Boom, nachdem zuvor Forschungsergebnisse zum Zusammenhang von primärer Sozialisation und sozialer Schichtzugehörigkeit aus den USA das Feld bereitet hatten. Vor allem die Arbeiten von Melvin Kohn, der sich darauf konzentriert hatte, die Bedingungen der Erwerbsarbeit (der Väter) auf das innerfamiliale Sozialisationsgeschehen zu untersuchen, spielten hier eine wichtige Rolle. Es entstanden eine Vielzahl von empirischen Untersuchungen (siehe den Überblick bei Mansel 1986), die dann auch in Deutschland darauf abzielten, den Zusammenhang von Schichtzugehörigkeit und davon abhängigen Erziehungsstilen, Wertorientierungen und sprachlichen Ausdrucksmöglichkeiten zu untersuchen und zu fragen, wie dabei Ungleichheitsstrukturen reproduziert werden. Eine wichtige Rolle wurde in diesem Kontext den beruflichen Erfahrungswelten der Eltern beigemessen, da diese wesentlich zur Entwicklung eines »Sozialcharakters« beitragen, der prägend ist für das Familienleben und die Erziehung der Kinder. Rolff (1997, 34) sprach in diesem Zusammenhang von einem »zirkulären Verlauf« des schichtspezifischen Sozialisationsprozesses:

»Die Sozialisation durch den Beruf prägt in der Regel bei den Mitgliedern der sozialen Unterschicht andere Züge des Sozialcharakters als bei den Mitgliedern der Mittel- und Oberschicht. Während der Sozialisation durch die Familie werden normalerweise die jeweils typischen Charakterzüge der Eltern an die Kinder weitervermittelt; die Sozialisation durch die Freundschaftsgruppen der Heranwachsenden vermag die schichtspezifischen Unterschiede nicht aufzuheben. Da die Sozialisation durch die Schule auf die Ausprägungen des Sozialcharakters der Mittel- und Oberschicht besser eingestellt ist als auf die der Unterschicht, haben es die Kinder der Unterschicht besonders schwer, einen guten Schulerfolg zu erreichen. Sie erlangen häufig nur Qualifikationen für die gleichen niederen Berufspositionen, die ihre Eltern bereits ausüben. Wenn sie in diese Berufspositionen eintreten, dann ist der Zirkel geschlossen« (Rolff 1997, 34).

Wenn wir diesen zirkulären Verlauf des von der sozialen Herkunft abhängigen Sozialisationsgeschehens genauer betrachten, dann steht am Anfang die Annahme, dass sich Eltern hinsichtlich ihrer spezifischen beruflichen Arbeitsbedingungen unterscheiden. Die konkrete berufliche Erfahrungswelt hängt dabei mit dem sozioökonomischen Status der Arbeitnehmer zusammen. Sind sie eher am unteren Ende der gesellschaftlichen Hierarchie angesiedelt, dann ist ihre Arbeitssituation eher von geringen eigenständigen Handlungs- und Entscheidungsspielräumen sowie einem hohen Anteil an repetitiven (d. h. in gleicher Weise wiederkehrenden) Tätigkeiten gekennzeichnet. Berufliche Positionen, die mit einem gehobenen Sozialstatus einhergehen, sind demgegenüber häufiger mit größeren Gestaltungsmöglichkeiten und mit einem höheren Ausmaß an Entscheidungsautonomie verbunden. Kohn postuliert, dass die sozial ungleichen Erfahrungen des Arbeitsalltags mit spezifischen Einstellungen und Werthaltungen korrespondieren:

»Die Bedingungen des beruflichen Lebens in höheren sozialen Schichten fördern das Interesse an den intrinsischen Qualitäten der Arbeit, die den Glauben an die Möglichkeit rationalen Handelns zur Erreichung gesetzter Ziele stärken und die Bewertung von Selbststeuerung fördern. Die Bedingungen des beruflichen Lebens in den unteren sozialen Schichten schränken die Einstellung zur Arbeit auf die extrinsischen Belohnungen, die sie verschaffen, ein, begünstigen eine eng umrissene Vorstellung von sich selbst und der Gesellschaft und fördern eine positive Bewertung von Konformität und Autorität« (Kohn 1969, 192).

Solche disparaten beruflichen Erfahrungen (siehe hier den genaueren Überblick bei Mansel 1986, 53f.) bleiben also – so eine weitere Annahme der schichtspezifischen Sozialisationsforschung – »nicht in den Kleidern stecken«, sondern führen zu einem schichtspezifischen »Sozialcharakter«. Damit ist eine grundlegende (überindividuelle) Persönlichkeitsstruktur gemeint, welche die Angehörigen einer sozialen Herkunftsgruppe teilen und welche mit gruppenspezifischen Werten und Normsetzungen, Interaktionsmustern, sprachlichem Ausdruck u.a.m. einhergehen. Vor diesem Hintergrund wird in der schichtspezifischen Sozialisationsforschung davon ausgegangen, dass »zwischen dem Sozialcharakter, also einer milieutypischen Kombination von Persönlichkeitsmerkmalen der Eltern, und der Entwicklung der kindlichen Persönlichkeit ein direkter Zusammenhang besteht. Die Prägung der Persönlichkeit des Kindes führt nach dieser Vorstellung zur Ausbildung eines mit dem der Eltern weitgehend identischen Sozialcharakters, der in der frühen Kindheit entsteht und über den weiteren Lebensverlauf hinweg stabil bleibt und auch das Verhalten in späteren Lebensphasen noch steuert (Hurrelmann 1995, 109). Die zentrale Erklärung bildungsbezogener sozialer Ungleichheit richtet sich also auf die primäre Sozialisation in den Familien, wo der Sozialcharakter weitgehend ungebrochen an die Kinder weitergegeben wird.

Doch wie geschieht das? Welche Aspekte des schichtspezifischen Aufwachsens in Familien wurden für die Herausbildung eines von der sozialen Herkunft abhängigen Sozialcharakters in den Blick genommen? Eine wichtige Rolle spielt hier zunächst die Untersuchung von schichtabhängigen *Erziehungsstilen* als ein Konstrukt, das sich auf die Rollen-, Kommunikations- und

Interaktionsstrukturen von Eltern-Kind-Beziehungen, auf Erziehungspraktiken, Erziehungsziele und Erziehungseinstellungen bezieht. So wird auf der Ebene der Erziehungsziele in Mittelschichtfamilien eine stärkere Ausrichtung an kindlicher Selbständigkeit, Selbstbeherrschung und am Leistungswillen eines Kindes ausgemacht, während »Unterschichtfamilien« sich in höherem Maße von der Forderung nach kindlichem Gehorsam und Unterordnung, Sauberkeit und Ordnungsliebe sowie Respekt vor übergeordneten, älteren Personen leiten lassen.[7]

Bezogen auf die vorgefundenen Erziehungspraktiken wurde in Familien der »Mittelschicht« ein eher mild-nachsichtiges Verhalten und eine höhere Orientierung an argumentativen Lösungsmustern gefunden, während in Familien aus der »Unterschicht« eher machtorientierte Sanktionen und eher aggressive Disziplinierungstechniken beobachtet wurden. Neben solchen Erziehungseinstellungen und -praktiken wurden auch allgemeinere Werteorientierungen in ihrer Schichtspezifik näher untersucht. So wurde Mittelschichtfamilien eine stärkere Zukunftsorientierung und Bereitschaft attestiert, aktuelle Bedürfnisse zurückzustellen, wohingegen Familien der Unterschicht in stärkerem Maße eine Ausrichtung auf den Gegenwartsgenuss und eine größere Bedeutung des privaten Konsums zugeschrieben wurde. Außerdem stellten Untersuchungen hier insgesamt eine größere Tendenz fest, die eigene soziale Lage als unabwendbares Schicksal zu erleben, während in der Mittelschicht an sich selbst gerichtete soziale Aufstiegsaspirationen eine größere Bedeutung hatten.

Ein weiterer Aspekt, dem im Rahmen der schichtspezifischen Sozialisationsforschung eine wichtige Bedeutung zugemessen wurde, richtete sich auf die *sprachlichen Interaktionsmuster* innerhalb der Familien unterschiedlicher sozialer Herkunft. Dieser Forschungszweig ist vor allem mit dem Namen Basil Bernstein verbunden, der zwei soziolinguistische Codes unterscheidet: zum einen den *elaborierten Sprachcode* und zum anderen den *restringierten Sprachcode*. Über den erstgenannten Sprachcode ver-

---

7 Diese und die nachfolgenden Forschungsergebnisse, die nur eine kleine Auswahl darstellen, sind ausführlicher bei Mansel (1986) dokumentiert und sollen hier nur in einigen wichtigen Punkten (ohne Quellenangabe) skizziert werden.

fügen eher die mittleren und gehobenen Statusgruppen. Dieser Sprachcode zeichnet sich aus durch syntaktisch komplexe Satzkonstruktionen, die häufige Verwendung von Präpositionen, ein größeres Repertoire an Adjektiven und Adverbien, einen sprachlich differenzierten Ausdruck von Gefühlen und Bedürfnissen sowie eine auf die eigene Person und Individualität ausgerichtete Sprache.

Demgegenüber führt die Weitergabe und Aneignung von Sprache im Zusammenhang der alltäglichen familialen Interaktion bei Angehörigen der »Unterschicht« zu einem restringierten Sprachcode, der gekennzeichnet ist durch einen geringeren aktiven Wortschatz und eine insgesamt einfachere Satzstruktur. Gefühle und Bedürfnisse bleiben sprachlich stärker undifferenziert und werden eher mit Hilfe nonverbaler Mittel zum Ausdruck gebracht. Ein häufigerer Gebrauch von unpersönlichen Fürwörtern (z. B. »es« oder »man«) im Rahmen des restringierten Sprachcodes verweist auf eine stärkere Ausrichtung auf die soziale Bezugsgruppe.

Um den Ansatz Bernsteins angemessen verstehen zu können, ist es wichtig, die von ihm unterschiedenen Sprachcodes nicht einfach nur als unterschiedliche Formen des Sprachgebrauchs zu begreifen. Nicht umsonst spricht er von *sozio*linguistischen Codes. Bernstein fasst einen Code als »symbolische Transformation der Sozialbeziehungen« (Bernstein 1972, 256). Mit anderen Worten: Die für die sozialen Schichten spezifische Sprachverwendung verweist auf eine korrespondierende Qualität der sozialen Beziehungen. So drückt sich im elaborierten Code ein personenorientierter Sozialmodus aus, der an den individuellen, subjektiv bedeutsamen Motiven und Intentionen und deren Austausch orientiert ist. Da hier auf einen individuellen, gestaltenden Umgang mit Rollenerwartungen Wert gelegt wird, findet sich ein elaborierter soziolinguistischer Sprachcode besonders in Familien mit offenen Kommunikationssystemen, in denen Bedürfnisse und Verhaltenserwartungen über Sprache ausgehandelt werden.

Demgegenüber ist der restringierte Sprachcode an eine »positionale« innerfamiliale Beziehungsstruktur geknüpft. Das heißt, dass über die Position im Generationengefüge festgelegt ist, »wer das Sagen hat«. Solche an elterlichen Vorgaben orientierten geschlossenen Kommunikationssysteme realisieren sich über einen restringierten Sprachcode. Über eine solche Verknüpfung von Arten des Sprechens mit jeweils korrespondierenden sozialen Beziehungskonstellationen macht Bernstein deutlich, wie über sprachliche Sozialisation schichtabhängige Sozialcharaktere hervorgebracht werden.

Während sich die frühe schichtspezifische Sozialisationsforschung vor allem mit der von der sozialen Herkunft abhängigen familialen Interaktion beschäftigt hat und danach fragte, welche sozialstrukturell gebundenen Persönlichkeitsstrukturen daraus hervorgehen, rückte später die Frage stärker ins Zentrum, welche Folgen sich aus der schichtspezifischen Sozialisation für den schulischen Erfolg ergeben. In diesem Zusammenhang wurde betont, dass die Schule als »Mittelschichtinstitution« vor allem Arbeitshaltungen, soziale Umgangsformen, sprachliche Ausdrucksformen belohnt, die im Rahmen der primären Sozialisation in Familien aus mittleren und gehobenen Statusgruppen vermittelt und angeeignet werden können. Kinder aus »Unterschichtfamilien« kommen dagegen mit kognitiven, sprachlichen, motivationalen, sozialen und kulturellen Voraussetzungen in die Schule, die eine geringere Passung zu den schulischen Anforderungen und den Verhaltenserwartungen der Lehrerinnen und Lehrer aufweisen. So sind Kinder, die über einen elaborierten Sprachcode verfügen, also differenzierte und zur Abstraktion geeignete sprachliche Ausdrucksmöglichkeiten haben, in der Schule deutlich im Vorteil, da der Nachweis schulischer Leistungsfähigkeit in hohem Maße elaborierte Sprachkompetenz voraussetzt.

Allerdings weist Krais (1994, 571) darauf hin, dass die Frage, wie Schule als »Mittelschichtinstitution« tatsächlich sozial wirksam wird, im Rahmen der schichtspezifischen Sozialisationsforschung nicht untersucht wurde. Infolge der starken Konzentration auf die innerfamilialen Sozialisationsbedingungen seien Lehrer-Schüler-Interaktionen in den empirischen Untersuchungen weitgehend ausgeblendet worden. Zwar etablierte sich in diesem Kontext ein Forschungsstrang, der sich unter dem Stichwort »heimlicher Lehrplan« dem Geschehen im Unterricht jenseits von Wissensvermittlung und Wissensaneignung zuwandte. In diesen Untersuchungen blieben allerdings schulische und außerschulische Alltagswelt oft unverbunden nebeneinander stehen, ohne dass systematisch auf mögliche Wechselbeziehungen zwischen diesen beiden Ebenen eingegangen worden wäre (vgl. Brake/Bremer 2009).

Erst in der zweiten Hälfte der 1970er Jahre wurden dann zunehmend Zweifel an der Tragfähigkeit der Ergebnisse der schichtspezifischen Sozialisationsforschung formuliert. Die zentralen Kritikpunkte beziehen sich dabei auf folgende Desiderata (vgl. ausführlicher Mansel [1986, 50] mit den entsprechenden Quellenhinweisen):

- das Fehlen einer umfassenden Sozialisationstheorie: In den vielfältigen empirischen Untersuchungen zu den familialen Sozialisationsprozessen werden eine Fülle von Einzelfaktoren herangezogen, ohne dass diese – theoretisch fundiert – systematisch in einem Modell aufeinander bezogen werden;
- die mangelnde empirische Absicherung der festgestellten Zusammenhänge: Bemängelt werden hier eine unzureichende Datengrundlage (oftmals kleine unsystematische Stichproben), ganz überwiegend korrelative Zusammenhänge mit zum Teil geringer Stärke, die keine Aussagen über die Wirkungsrichtungen und -mechanismen zulassen, die Dominanz von Befragungsmethoden, die der Komplexität des Forschungsgegenstandes nicht gerecht werden, sowie teilweise widersprüchliche Befundlagen;
- die Verwendung eines statischen Schichtkonzepts, das nur als sehr ungenauer Indikator für die objektiven Bedingungen des Aufwachsens in Familien gelten kann und das häufig grob vereinfachend Mittel- und Unterschicht gegenüberstellt und keine hinreichende Binnendifferenzierung mitführt.

Diese Kritikpunkte haben letztlich dazu geführt, das Scheitern der schichtspezifischen Sozialisationsforschung zu proklamieren. Die Kritik einer mangelnden theoretischen Fundierung und empirischen Umsetzung ist dabei jedoch keineswegs als Absage an die inhaltliche Bedeutung der zugrunde liegenden Forschungsfrage zu verstehen. Im Gegenteil: Gerade in den letzten Jahren ist die zentrale Rolle der Herkunftsfamilie und der in ihr sozial ungleich verteilten Ressourcen für den schulischen Erfolg als wichtiges Thema wiederentdeckt worden. Ein Ansatz, der dabei – bezogen auf den Zusammenhang von Herkunftsfamilie und Bildungsverhalten – einen sehr spezifischen Aspekt in den Mittelpunkt von weiterführenden Forschungsanstrengungen rückte, waren Untersuchungen zur sozialen Stellung einer Familie in ihrer Abhängigkeit zum bildungsbezogenen Entscheidungsverhalten. Diese Forschungsrichtung arbeitet mit einem Modell rationaler Bildungswahl, mit dem wir uns jetzt auseinander setzen wollen.

4.3 Theorien der rationalen Bildungswahl

Die Erklärungsansätze, die Bildungsverläufe als das Resultat rationaler Entscheidungsprozesse entwerfen, gehen auf den Humankapital-Ansatz zurück, der vor allem von Theodore Shultz und Gary S. Becker für die Arbeitsmarktökonomie entwickelt wurde. Der Begriff Humankapital umfasst dabei Fähigkeiten und Kenntnisse, die Arbeitnehmer in ihre Erwerbsarbeit einbringen (können) und die ihre Produktivität steigern. Es handelt sich also um den »Bestand an Wissen und Fertigkeiten eines Individuums, dessen Zunahme die Produktivität des oder der Betreffenden erhöht, wobei es sich um schulisches oder aber berufliches Humankapital handeln kann, je nachdem, wo es erworben wurde« (Franz 1999). Eine Steigerung des so verstandenen Humankapitals ist mit Kosten verbunden. Die Investitionen in das eigene Humankapital (z. B. in Form einer Weiterbildungsmaßnahme) lohnt sich aus der Perspektive von Betrieben und Arbeitnehmern nur, wenn ein »return on investment« (für die Betriebe in Form einer höheren Produktivität, für die Arbeitnehmer in Form einer höheren Vergütung ihrer Leistung oder einer Verbesserung ihres Wertes auf dem Arbeitmarkt z. B. bei Stellenwechsel) die entstandenen Kosten übersteigt. Der Humankapitalansatz versteht also das Arbeitsvermögen als ein Gut, in das deren Besitzer in Abwägung der ihnen entstehenden Kosten und des zu erwartenden Ertrags investieren oder aber darauf verzichten.

Dieser ursprünglich in der Volkswirtschaft entwickelte Ansatz wurde in den 1970er Jahren von Raymond Boudon, einem französischen Soziologen, aufgegriffen und für die Erklärung des Zustandekommens ungleicher Bildungschancen fruchtbar gemacht. Im Zentrum dieses Ansatzes steht die Frage, wie in Familien Bildungsentscheidungen zustande kommen. Auch hier wird davon ausgegangen, dass Bildungsentscheidungen sich daran orientieren, welche Kosten jeweils mit ihnen verbunden sind und wie die zu erwartenden Erträge (Bildungsrenditen) dazu im Verhältnis stehen. Allerdings – und darin besteht die Erweiterung – wird in diesem Modell angenommen, dass diese Kosten-Nutzen-Erwägungen bei spezifischen Bildungsentscheidungen in Abhängigkeit vom sozioökonomischen Status der Akteure unterschiedlich ausfallen. Nehmen wir – um uns diesen Sachverhalt zu verdeutlichen – den Fall an, dass in einer Familie die Entscheidung ansteht, ob das Kind nach Beendigung der Grundschule auf ein Gymnasium oder auf eine Realschule wechseln soll. Die Entscheidung für ein Gymnasium lässt höhere Erträge erwarten, weil die späteren beruflichen Optionen, die damit verbundenen Einkommenschancen und das entsprechende gesellschaftliche Ansehen besser sein werden. Stammt das Kind aus einer Akademikerfamilie, so kann eine Bildungsentscheidung gegen das Gymnasium aus der Sicht dieser Familie sogar mit einem sozialen Abstieg verbunden sein, während die Entscheidung für den Besuch einer Realschule für ein Kind aus einem bildungsfernen sozialen Milieu bereits einen sozialen Aufstieg ermöglichen könnte.

An diesem Beispiel wird deutlich, dass eine identische Bildungsentscheidung (in unserem Beispiel: für die Realschule) mit unterschiedlichen, nach der sozialen Herkunft der Familie variierenden Ertragseinschätzungen verbunden sein kann. Diese herkunftsabhängigen (»klassenspezifischen«) Abwägungsprozesse werden von Boudon weiter ausdifferenziert und bilden den Kern seines Modells rationaler Bildungsentscheidungen. Boudon spricht in diesem Zusammenhang von sekundären Herkunftseffekten. Damit sind drei zentrale Annahmen seines Modells beschrieben:

1. Bildungsbiographische Verläufe sind das Resultat von bewusst getroffenen rationalen Kosten-Nutzen-Abwägungen.
2. Diese Abwägungsprozesse, d. h. die jeweiligen Kosten-Nutzen-Einschätzungen, hängen vom sozialen Status der Familie ab.
3. Die daraus resultierenden schichtspezifischen Bildungsentscheidungen sind am Zustandekommen ungleicher Bildungschancen beteiligt.

Wie wird dieser Aspekt rationaler Bildungswahl nun weiter spezifiziert? Wenn Boudon von Kosten spricht, sind damit zum einen monetäre Kosten gemeint, wie sie z.B. für Nachhilfe oder Studienbeiträge anfallen. Es entstehen darüber hinaus auch Kosten für entgangene Einnahmen, etwa wenn durch einen längeren Verbleib im Schulsystem erst zu einem späteren Zeitpunkt ein eigenes Einkommen erzielt werden kann (das dann aber möglicherweise höher ausfallen könnte). Solche mit bestimmten Bildungsentscheidungen verbundenen Einnahmenverzichte werden als Opportunitätskosten bezeichnet. Wichtiger als die (relativ banale) Tatsache, dass durch die Investition in (höhere) Bildung Kosten entstehen, ist die Annahme des Modells, dass dieselben Kosten (z.B. 20 Euro wöchentlich für Nachhilfe) je nach den finanziellen Spielräumen einer Herkunftsfamilie etwas sehr Unterschiedliches bedeuten können.

Neben solchen monetären Kosten benennt Boudon auch soziale Kosten, die mit der Entscheidung für einen bestimmten Bildungsgang verbunden sein können. Damit ist z. B. gemeint, dass ein Kind, das mit nur wenigen anderen Kindern aus seiner Grundschulklasse auf ein Gymnasium wechselt, zumindest Teile seines Freundeskreises verliert, wenn sich diese mehrheitlich für den Besuch einer anderen Schulform entscheiden. Als weiteres Beispiel für soziale Kosten nennt Boudon die Entfremdungsprozesse zur Herkunftsfamilie (er spricht von einer Schwächung der »family solidarity«), wenn sich einem Kind durch höhere Bildung soziale und kulturelle Welten erschließen, die nicht anschlussfähig an das Herkunftsmilieu sind. Boudon geht davon aus, dass solchen nach sozialer Herkunft divergierenden Einschätzungen des Nutzens einer Bildungsinvestition (als Verhältnis von angenommenen Kosten und Ertrag) beim Zustandekommen von sozial ungleichen Bildungschancen eine entscheidende Rolle zukommt.

Allerdings gibt es für Boudon neben diesen sekundären Herkunftseffekten noch eine weitere Quelle für die herkunftsbedingt ungleiche Verteilung schulischer Bildung: die primären Herkunftseffekte. Darunter fasst er die ungleichen ökonomischen, sozialen und kulturellen Ausgangsbedingungen und die daraus sich ergebenden Folgen für die schulische Leistungsfähigkeit der Kinder. Gemeint sind also die mit der sozialen Herkunft korrespondierenden ungleich verteilten Ressourcen, die einen (förderlichen oder erschwerenden) Einfluss auf die schulische Leistungsfähigkeit eines Kindes haben können. Dabei kann es sich um eine lernförderliche Umgebung mit pädagogisch wertvollem Spielzeug handeln, ein eigenes Zimmer, in dem das Kind in Ruhe seine Hausaufgaben machen kann, eine ausgewogene Ernährung oder die anregende kulturelle Art und Weise, wie die familiale Freizeit gestaltet wird. Alle in der Herkunftsfamilie lokalisierten Einflussfaktoren, die direkt auf die schulische Leistungsentwicklung der Kinder wirken, werden von Boudon zu den primären Herkunftseffekten gezählt. Allerdings geht Boudon (1974, 84) davon aus, dass den sekundären Herkunftseffekten eine größere Bedeutung zukommt: »... we must also accept that the secondary effects of stratification on IEO [inequality of educational opportunity, d. V.] are, other things being equal, probably much more important than their primary (cultural) effects.«

Auf der Basis dieses Boudonschen Modells gibt es Weiterentwicklungen, die daran festhalten, dass Bildungsentscheidungen das Resultat von herkunftsspezifischen Kosten-Nutzen-Analysen sind, und diese Grundannahme weiter spezifizieren. So halten etwa Breen/Goldthorpe (1997) ausdrücklich an der Unterscheidung von primären und sekundären Herkunftseffekten fest. Sie modellieren ihr Entscheidungsmodell dann entlang der Option, entweder weiterhin im (Aus-) Bildungssystem zu verbleiben oder aber den Einstieg in den Arbeitsmarkt zu realisieren. Fällt die Entscheidung zugunsten eines weiteren Verbleibs im (Aus-)Bildungssystem, sind drei Ergebnisse denkbar: Eine Bildungsoption kann zu einem erfolgreichen Abschluss (»passed«), zu einem Nicht-Erreichen des Abschlusses (»failed«) oder zu einem vorzeitigen Abbruch (»leaving«) führen. Bei der Abwägung zwischen einer weiteren Bildungsbeteiligung und dem Einstieg in den Arbeitsmarkt sehen Breen/Goldthorpe (1997, 279 f.) drei Aspekte als entscheidungsrelevant an:

- die direkten monetären Kosten bzw. die entgangenen Einnahmen,
- die Erfolgswahrscheinlichkeit, den gewählten Bildungsgangs abschließen zu können, und schließlich
- den Wert, den die Kinder und ihre Eltern den drei möglichen Folgen (P = passed, F = failed, L = leaving) beimessen.

Sie benennen drei Mechanismen, die (ungleiche) Bildungsbiographien über sekundäre Herkunftseffekte steuern. Die größte

Bedeutung kommt nach Meinung der Autoren der Vermeidung des Risikos zu, dass das Kind nicht mindestens den sozialen Status der Elterngeneration halten kann. Um dieses Ziel zu erreichen, ist es für ein Kind aus einer Akademikerfamilie besonders unverzichtbar, höhere (d. h. weiterführende) Bildungsgänge zu wählen. Für ein Kind aus dem Arbeitermilieu lässt sich das Ziel des Statuserhalts mit größerer Wahrscheinlichkeit bereits mit einem niedrigeren Bildungsabschluss erreichen. Das Motiv des generationenübergreifenden Statuserhalts bzw. der Vermeidung eines sozialen Abstiegs (»relative risk aversion«) wird also als zentrale Einflussgröße gesehen. Demgegenüber spielen, so die Autoren, die herkunftsspezifischen Leistungsunterschiede (also die primären Herkunftseffekte im Sinne von Boudon) und auch die Kostenseite von Bildung (also die verfügbaren finanziellen Ressourcen der Herkunftsfamilie) eine untergeordnete Rolle (Breen/Golthorpe 1997, 283).

Bei Erikson/Jonsson (1996) steht bei der Weiterentwicklung des Boudonschen Ansatzes die Ausdifferenzierung des zugrunde liegenden Handlungsmodells im Zentrum ihrer Überlegungen. Während bei Boudon der Nutzen (»utility«) eines bestimmten Bildungsganges als das Verhältnis von eingeschätzten Kosten (»costs«) und Erträgen (»benefits«) definiert ist, betonen Erikson/Jonsson (1996), dass es notwendig sei, die Sicherheit bzw. Unsicherheit zu berücksichtigen, mit der bestimmte Erträge realisiert werden können. Sie folgen hier dem Handlungsmodell der Werterwartungstheorie, wonach ein Entscheider diejenige Option auswählt, die den höchsten subjektiv erwarteten Nutzen verspricht. Aus ihrer Sicht muss also der Nutzen modelliert werden als Verhältnis der Kosten zu der subjektiv eingeschätzten Wahrscheinlichkeit, mit der antizipierte Erträge auch tatsächlich eintreten. Eine wesentliche Rolle spielt hier also die Unsicherheit, ob ein Kind einen eingeschlagenen schulischen Weg (z. B. das Gymnasium) erfolgreich zu Ende gehen kann. Auf diese Art und Weise lässt sich z. B. berücksichtigen, dass Eltern, die selbst über höhere Bildungsabschlüsse verfügen, weniger unsicher sein werden, weil sie selbst die Erfahrung gemacht haben, dass nicht nur Einser-Schüler zu einem höheren Bildungsabschluss kommen. Zudem haben diese Eltern mehr Möglichkeiten, bei schulischen Schwierigkeiten unterstützend einzugreifen und damit die Erfolgswahrscheinlichkeit im Hinblick auf den Bildungsgang ihres Kindes positiv zu beeinflussen.

Eine weitere wichtige Differenzierung des von Erikson/Jonsson (1996) vorgelegten Erklärungsansatzes ergibt sich aus der Tatsache, dass der Einfluss sekundärer Herkunftseffekte im Verlauf einer Bildungsbiographie als nicht stabil modelliert wird. So argumentieren sie, dass dem herkunftsspezifischen Entscheidungsverhalten bei frühen Bildungsentscheidungen eine größere Bedeutung zukommt, während der entsprechende Einfluss der Herkunftsfamilie bei späteren Übergangsentscheidungen (z. B. Aufnahme eines Studiums) zurückgeht. Für diesen empirisch gut gesicherten Befund werden zwei Erklärungen angeboten: Zum einen spiele eine Rolle, dass die jungen Erwachsenen nun selbst stärkeren (von der sozialen Position ihrer Eltern weniger abhängigen) Einfluss auf diese Entscheidung nehmen, und zum anderen sei die Einschätzung der Erfolgswahrscheinlichkeit in späteren Phasen der Bildungsbiographie mit geringerer Unsicherheit behaftet.

Esser (1999, 266 ff.) hat diese Überlegungen von Breen/Goldthorpe und Erikson/Jonsson aufgegriffen und sie in einen eigenen Ansatz integriert. Sein Modell der rationalen Bildungswahl versucht, die Entscheidung zwischen dem Besuch der Pflichtschule und dem Besuch einer weiterführenden Schule abzubilden. Danach fällt die Entscheidung zwischen der Pflichtschule (im deutschen Bildungssystem also der Hauptschule) und einer weiterführenden Schule auf der Basis der Abwägung folgender Einflussgrößen:

- Kosten des weiterführenden Schulbesuchs,
- zusätzlicher Ertrag des weiterführenden Schulbesuchs,
- antizipierter Nutzen des alternativen Bildungsgangs,
- drohender Statusverlust bei Besuch der Pflichtschule,
- Wahrscheinlichkeit des Statusverlusts bei Besuch der Pflichtschule und
- Erfolgswahrscheinlichkeit bei Besuch der weiterführenden Schule.

Die skizzierten Weiterentwicklungen des von Boudon entwickelten und im Grunde – wie von ihm selbst eingestanden – nur sehr »simplen theoretischen Schemas« (Boudon 1974, 29) haben dazu beigetragen, dieses Modell substanziell anzureichern, auch wenn alle diese Ansätze an der grundlegenden Vorstellung festhalten, dass Bildungsentscheidungen in dem Sinne *rational* getroffen werden, als sie als Resultat von Kosten-Nutzen-Kalkulationen in Hinblick auf künftige Erträge anzusehen sind. Besonders diese Annahme hat den Vertretern solcher Modelle rationaler Bildungswahl den Vorwurf eingetragen, ein zu reduziertes Handlungsmodell zugrunde zu legen, das der Komplexität der Bildungsbiographieverläufe nicht annähernd gerecht werden könne. Im Folgenden soll deshalb auf diese grundsätzliche Kritik genauer eingegangen werden. Zuvor sollen aber auch die Stärken dieses Modells herausgestellt werden, die dazu beigetragen haben, dass dieser Erklärungsansatz eine so zentrale Bedeutung bei der Erforschung der Entstehung von Bildungsungleichheiten erlangt hat.

Becker (2008, 167), der im deutschsprachigen Raum zu den profiliertesten Verfechtern des Modells rationaler Bildungswahl gezählt werden kann, beschreibt Boudons Ansatz als ein »kohärentes Aussagesystem für Bildungsentscheidungen und [die] Emergenz von Bildungsungleichheiten«, das wiederholt in empirischen Untersuchungen Bestätigung gefunden habe. Diese Einschätzung verweist bereits auf einen wesentlichen Vorteil dieses Modells: seine sparsame Modellierung, die mit wenigen grundlegenden Annahmen auskommt. Diese »theoretische Übersichtlichkeit« hat zur Folge, dass sich das Modell im Rahmen von quantitativ-empirischen Untersuchungen gut operationalisieren und so einer empirischen Überprüfung zuführen lässt. Dazu werden in verschiedenen Untersuchungen bereits bestehende Datensätze herangezogen, die den empirischen Nachweis führen, dass die im Modell identifizierten Aspekte des Entscheidungsprozesses am Zustandekommen ungleicher Bildungsbeteiligungschancen beteiligt sind. So legte z. B. Becker (2000) selbst eine Untersuchung vor, die sich mit den Ursachen einer abnehmenden Studierneigung in den neuen Bundesländern befasst. Er kann auf der Basis von Daten zu den Studien- und Berufsabsichten sächsischer Abiturienten der Jahrgänge 1996 und 1998 zeigen, dass es bei diesen beiden Kohorten im Vergleich nicht zu einer Verschiebung des Kosten-Nutzen-Verhältnisses bei deren Bildungsentscheidungen gekommen ist, sondern dass ausschließlich die Nutzenkomponente zu Verschiebungen führte. Die Ergebnisse zeigen, dass es insbesondere die Abiturientinnen und Abiturienten aus unteren bis mittleren Sozialschichten waren, die den beruflichen Nutzen eines Studiums beim zweiten Messzeitpunkt geringer einschätzten.

Auch die in diesem Modell getroffene Unterscheidung von primären und sekundären Herkunftseffekten hat zu einem beträchtlichen Gewinn an analytischer Differenzierung beigetragen. Die Vorstellung, dass die Aufteilung der Kinder auf unterschiedliche Schulformen vor allem Folge ihres unterschiedlichen kognitiven Leistungsvermögens (nach dem meritokratischen Denkmodell) sei, wurde dadurch nachhaltig erschüttert.

Neben diesen unzweifelhaften Verdiensten sind jedoch auch Zweifel an der Reichweite der Erklärungskraft solcher Modelle rationaler Bildungswahl geäußert worden. Konzentrieren sich doch die Modelle sehr einseitig auf die in den Familien getroffenen Bildungsentscheidungen und die Systematisierung der in diesem Zusammenhang angestellten Kosten-Nutzen-Kalküle. Demgegenüber sind schulische Übergänge aber in hohem Maße mit institutionellen Strukturen des Bildungssystems verwoben. Bereits ein Blick auf die in den Bundesländern unterschiedlichen Übergangsregelungen (und dabei etwa den Stellenwert der Übergangsempfehlung der Lehrkräfte) macht deutlich, dass neben den in den Familien getroffenen Entscheidungen auch institutionelle Vorgaben das Entscheidungsverhalten nachhaltig beeinflussen. Dieses Zusammenwirken von familialen und schulischen Einflüssen findet in den Modellen bislang nicht die nötige Berücksichtigung, auch wenn von den Verfechtern des Modells (Esser 2004; Hillmert 2004) auf dieses Manko hingewiesen wird.

Im Zentrum dieser Modelle familialer Bildungsentscheidungen steht die Identifizierung der verschiedenen Einflussvariablen, die zu spezifischen Resultaten führen. Wie diese Entscheidungen in Familien hergestellt und ausgehandelt werden und welche intergenerationale Prozessdynamik mit ihnen verbunden ist, bleibt im Modell rationaler Bildungswahl weitgehend unterbelichtet. Mit anderen Worten: Der Fokus liegt auf kognitiven Entscheidungsstrukturen statt auf einer lebensweltlich geprägten Analyse sozialer Entscheidungsprozesse im Zusammenspiel der vielfältigen Einflussvariablen, die dabei eine wichtige Rolle spielen. Diese Engführung ist u. a. auch auf die methodischen Grenzen von standardisierten Erhebungsverfahren zurückzuführen, die bislang ausschließlich bei der mit diesem Modell arbeitenden Forschung herangezogen wurden. So kommen auch Becker/Lauterbach (2004, 13) zu der Einschätzung, dass die primären und sekundären Herkunftseffekte eher als Brückenannahmen dienen, »ohne dass ihre Existenz und Funktionsweise empirisch exakt erfasst wurde und daher als empirisch bewährte Argumente gelten können« (Becker/Lauterbach 2004, 13).

Die am heftigsten vorgetragene Kritik zielt jedoch auf die problematische Ausgangsannahme des Modells rationaler Bildungswahl ab, dass eine Entscheidung für eine höhere Bildungslaufbahn als Resultat einer rationalen Investitionsentscheidung anzusehen ist, die ausschließlich der Logik der subjektiven Nutzenmaximierung folgt. Es wird bezweifelt, dass tatsächlich in erster Linie die antizipierten Verwertungschancen (sei es in Form eines gelingenden Statuserhalts oder sei es in Form späterer Einkommensgewinne) als treibende Kraft hinter solchen Bildungsentscheidungen stehen. Bereits die Vorstellung, dass Bildungsverläufe als Resultat aufeinander folgender Bildungs*entscheidungen* zu verstehen sind (also das Produkt rationaler Planungsprozesse seien), stellt zu wenig in Rechnung, dass Familien bildungsbezogenen Strategien folgen, »deren Prinzip nur ganz selten eine echte strategische Intention ist« (Bourdieu 1987, 146).

Durch die ausschließliche Konzentration auf die im Familienrahmen ablaufenden Bildungsentscheidungen (im Gegensatz zu den sekundären Herkunftseffekten werden primäre Herkunftseffekte und ihr Zustandekommen kaum thematisiert) gerät aus dem Blick, dass auch den Bildungsinstitutionen eine wichtige Rolle bei der Entstehung und Aufrechterhaltung bildungsbezogener sozialer Ungleichheiten zufällt. Zudem besteht die Gefahr, dass durch die Betonung der sekundären Herkunftseffekte eine verkürzte Erklärungslogik Raum greift, dass nämlich die Familien selbst »Schuld« seien, wenn Bildungsbenachteiligungen eintreten, weil sie eben die falschen Bildungsentscheidungen getroffen hätten. Vor dem Hintergrund solcher doch recht erheblicher Kritikpunkte erscheint das Handlungsmodell rationaler Bildungswahl also insgesamt zu wenig elaboriert, um die ganze Komplexität bildungsbiographischer Verläufe angemessen erfassen zu können.

Dass Bildungsverläufe eher nicht das Resultat rationaler Entscheidungen in Familien sind, hat besonders Pierre Bourdieu in seinen Forschungsarbeiten immer wieder betont. So weist er insbesondere darauf hin, dass Bildungsentscheidungen von einer vorbewussten, nicht vollständig zugänglichen (also impliziten) Vernünftigkeit der Handlungspläne der beteiligten Akteure begleitet sind, die sich aus dem Habitus der Familie und aus der jeweiligen Position der Familie im sozialen Raum sowie der Familienbiographie über die Generationen hinweg ergibt (Brake 2006).

4.4 Die Familie als Reproduktionsinstanz – der Beitrag Pierre Bourdieus

Im Zentrum der Kritik Bourdieus an den Theorien rational handelnder Akteure steht der Einwand, dass in diesem Modell die Grundlagen sozialen Handelns auf zwei Prinzipien reduziert werden: Diese Theorien – so Bourdieu – kennen zum einen letztlich »keine andere Grundlage als die Intention der Rationalität und die freie und sachkundige Berechnung des rationalen Subjekts«. Zum anderen ist der Begriff der Rationalität zumeist an eine »ökonomistische« Auffassung geknüpft, wonach ausschließlich bewusst vorgenommene, »am Prinzip der Kostenminimierung oder Profitmaximierung orientierte Praktiken für rational« gehalten werden (Bourdieu 1993, 94).

Bourdieu weist demgegenüber die Vorstellung einer universellen Rationalität zurück, die allen Akteuren bei ihrem Handeln unterschiedslos ein nutzenmaximierendes, »berechnendes Kalkül« unterstellt. Stattdessen geht er in dem von ihm ausgearbeiteten Ansatz der soziokulturellen Reproduktion von bildungsbezogener sozialer Ungleichheit von der Annahme aus, dass eine erfolgreiche Bildungslaufbahn wesentlich von dem »unmerklichen Erwerb eines Gespürs für das richtige Anlegen kultureller Investitionen« abhängt, also einem »Anlage-Sinn« (Bourdieu 1982, 151). Diesem Ansatz zufolge sind es also gerade nicht die bewusst getroffenen Investitionsentscheidungen in Bildung, sondern ein häufig vorbewusst bleibender Sinn für eine spezifische Ökonomie der Praktiken. Solche Praktiken folgen einer »Vernunft, die ihren ›Ursprung‹ weder in ›Entscheidungen‹ der Vernunft als bewusster Berechnung noch in den Bestimmtheiten der äußerlichen und den Handelnden übergeordneten Mechanismen findet«.

Insbesondere kritisiert Bourdieu (1983, 186) am Humankapitalansatz, dass in diesem Modell nur solche (bildungsbezogenen) Investitionen und Profite einbezogen sind, die sich in Geld ausdrücken oder direkt in Geld konvertieren lassen. Daraus ergebe sich das unausweichliche Paradoxon, dass die Humankapital-Theoretiker sich selbst dazu verdammten, die am besten verborgene und sozial wirksamste Erziehungsinvestition unberücksichtigt zu lassen, nämlich die Transmission kulturellen Kapitals in der Familie[8]: »Die Familie spielt nämlich für den Erhalt der sozialen Ordnung, für die nicht nur biologische, sondern auch soziale Reproduktion, das heißt für die Reproduktion der Struktur des sozialen Raums und der gesellschaftlichen Verhältnisse, eine entscheidende Rolle. Sie ist einer der bevorzugten Orte der Akkumulation von Kapital aller Sorten und seiner Weitergabe von Generation zu Generation: Sie wahrt ihre Einheit für die Weitergabe und durch die Weitergabe, um weitergeben zu können und weil sie weitergeben kann. Sie ist das wichtigste ›Subjekt‹ der Reproduktionsstrategien« (Bourdieu 1998, 132).

Während das ökonomische Kapital, das zwischen den Generationen vererbt wird, in seiner ungleichheitsstabilisierenden Funktion relativ offen zutage tritt, sieht Bourdieu in der Transmission kulturellen Kapitals in der Familie »zweifellos die am besten verschleierte Form erblicher Übertragung von Kapital« (Bourdieu 1983, 188). Bourdieus Konzept des kulturellen Kapitals macht deutlich, dass auf der einen Seite dem objektivierten kulturellen Kapital (das Vorhandensein einer Bibliothek, die Verfügbarkeit klassischer Musikinstrumente usw.) eine wichtige Rolle zukommt, dass aber allein die Frage nach seiner Verfügbarkeit wenig Aussagekraft hat, wenn nicht gleichzeitig die spezifische Praxis des Umgangs damit analysiert wird. Hier spielt die Vertrautheit mit den Dingen eine wichtige Rolle, »die nur das umfassende und unmerklich vor sich gehende, bereits in frühester Kindheit im Schoß der Familie einsetzende Lernen« hervorbringt und von Bourdieu (1982, 120f.) als Grundlage der Reproduktionsfunktion der Familie identifiziert wird.

Die ungleich verteilten Chancen zur Aneignung kulturellen Kapitals beziehen sich sowohl auf die Tradierung einer als selbst-

8 Zu den Kapitalarten siehe Kap. 3.3.4.

verständlich erlebten Vertrautheit mit Beständen der legitimen Kultur. Damit sind Dinge angesprochen wie der Zugang zu klassischer Musik oder ein angemessenes Kunstverständnis ebenso wie bestimmte, an eine Person gebundene Persönlichkeitsmerkmale wie ein differenziertes sprachliches Ausdrucksvermögen (oder aber ein regionaler Akzent, der die Herkunft aus einer ländlichen Region verrät), die Sicherheit des Auftretens (oder aber die erkennbare Befangenheit beim Umgang mit anderen), die Geschmackssicherheit in der Art sich zu kleiden (oder aber eine ängstliche »Überkorrektheit« bei der Garderobeauswahl), die Großzügigkeit im Umgang mit Geld (oder aber das ängstliche Schauen darauf, was etwas kostet). Es sind also hier vor allem die Inkorporierungsprozesse im Kontext der familialen alltagskulturellen Praxis, die – wie es Bourdieu auf eine kurze Formel bringt – aus Haben Sein werden lassen.

Aus der sozialen Ungleichheitsperspektive betrachtet bedeutet dies, »dass die Akkumulation kulturellen Kapitals von frühester Kindheit an – die Voraussetzung zur schnellen und mühelosen Aneignung jeglicher Art von nützlichen Fähigkeiten – ohne Verzögerung und Zeitverlust nur in Familien stattfindet, die über ein so starkes Kulturkapital verfügen, dass die gesamte Zeit der Sozialisation zugleich eine Zeit der Akkumulation ist« (Bourdieu 1983, 188). Diejenigen, denen in ihren Herkunftsfamilien die Möglichkeit der Akkumulation kulturellen Kapitals vorenthalten bleibt, sind dabei – so Bourdieu (1983, 186) – gleich doppelt gestraft: Sie können vom kulturellen Kapital nicht »als gewonnene Zeit und Vorsprung« profitieren und zudem wirkt dieser Startnachteil bei ihnen als »doppelt verlorene Zeit, weil zur Korrektur der negativen Folgen nochmals Zeit eingesetzt werden muss.«

Was aber sind die »negativen Folgen«, von denen hier die Rede ist? Die Aneignung kulturellen Kapitals ist im Denken Bourdieus nicht Selbstzweck (etwa weil sie den Menschen eine Erweiterung ihres kulturellen Horizonts ermöglichte). Vielmehr hat Bourdieu die Frage interessiert, wie das in der Familie angeeignete kulturelle Kapital sozial wirksam wird, wenn es darum geht, das ungleich verteilte (inkorporierte) kulturelle Kapital nutzbringend als herkunftsspezifische Voraussetzung beim Zugang zu höherer Bildung ins Spiel zu bringen. Deshalb ist es für Bourdieu ein wichtiges

Anliegen, den familialen bzw. außerschulischen kulturellen Kapitalerwerb in Verbindung mit den in der Schule geltenden Bildungsnormen zu sehen.

So wie bereits im Zusammenhang mit der schichtspezifischen Sozialisationsforschung davon ausgegangen wurde, dass Schule als »Mittelschichtinstitution« Wertorientierungen, Umgangsformen und Arbeitshaltungen belohnt, die vor allem in Familien der Mittelschicht vermittelt und angeeignet werden, so gehen auch Bourdieu und Passeron (1971, 16) davon aus, dass das Bildungssystem keinesfalls in einem neutralen Verhältnis zur sozialen Herkunft seiner Klientel steht.[9] Sie lenken damit den Blick auf die verschleiernde Wirkung des kulturellen Kapitals, die zur »Illusion der Chancengleichheit« geführt habe. Der Umstand, dass Kinder aus unteren sozioökonomischen Statusgruppen nicht mehr offensichtlich von den höheren Bildungsgängen ausgeschlossen werden (etwa durch die Möglichkeit der Förderung durch BAföG oder Stipendien für den Fall, dass Familien nicht in der Lage sind, hohes Schulgeld oder Studiengebühren aufzubringen), habe nur eine *formale* Bildungsgleichheit ermöglicht, die jedoch den Blick auf den realen Herstellungsmechanismus von Bildungsungleichheit verstellt: »Zu meinen, wenn man allen gleiche wirtschaftliche Mittel bereitstelle, gäbe man auch allen gleiche Chancen, hieße in der Analyse der Hindernisse auf halbem Wege stehen bleiben und übersehen, dass die... Fähigkeiten weit mehr als durch natürliche ›Begabung‹... durch die mehr oder minder große Affinität zwischen den kulturellen Gewohnheiten einer Klasse und den Anforderungen des Bildungswesens oder dessen Erfolgskriterien bedingt sind... Für Kinder von Arbeitern, Bauern, Angestellten und Einzelhändlern bedeutet Schulbildung immer zugleich Akkulturation... Das kulturelle Erbe ist so ausschlaggebend, dass auch ohne ausdrückliche Diskriminierungsmaßnahmen die Exklusivität garantiert bleibt, da hier nur ausgeschlossen scheint, wer sich selbst ausschließt« (Bourdieu/Passeron 1971, 40ff.).

---

9 Bourdieu selbst hat dies zusammen mit Jean-Claude Passeron genauer am Beispiel der französischen Hochschulen untersucht. Diese Studie und ihre Befunde zur »Illusion der Chancengleichheit« (Bourdieu/Passeron 1971) werden in Kap. 3 vorgestellt.

Anders als im Modell rationaler Bildungswahl, wo der sozial ungleiche *Zugang* zu höheren Bildungsgängen durch herkunftsabhängiges Entscheidungsverhalten erklärt wird, nehmen Bourdieu/Passeron das Bildungswesen selbst mit seinen Anforderungen in den Blick und machen dabei deutlich, dass ein Bildungserfolg dort in hohem Maße sozial und kulturell voraussetzungsvoll ist. Denn da das Bildungssystem »nicht explizit liefert, was es verlangt, verlangt es implizit, dass seine Schüler bereits besitzen, was es nicht liefert« (Bourdieu/Passeron 1971, 126). Gemeint sind damit z. B. eine Sprache und Kultur, die außerhalb der Schule vermittelt und angeeignet wird, ebenso wie die damit verbundene Einstellung zur sozialen Bedeutung von Sprache und Kultur, die ausschließlich außerhalb der Schule erworben werden kann[10].

Ähnlich wie für die schichtspezifische Sozialisationsforschung gilt auch für die Überlegungen Bourdieus zur soziokulturellen Reproduktionsfunktion der Schule, dass die herkunftsabhängige Affinität zwischen den kulturellen Gewohnheiten eines sozialen Milieus und den Anforderungen des Bildungswesens oder dessen Erfolgskriterien bislang empirisch noch zu wenig abgesichert sind. Insbesondere mangelt es derzeit noch an Studien, die genauer entschlüsseln, wie das in der Herkunftsfamilie angeeignete kulturelle Kapital in eine korrespondierende soziale Praxis umgesetzt wird (vgl. dazu erste Ansätze bei Büchner/Brake 2006). Demgegenüber kann als empirisch bestätigt gelten, dass kulturelle Merkmale der Herkunftsfamilie einen deutlichen Zusammenhang zum schulischen Bildungserfolg der Kinder aufweisen.

Baumert/Watermann/Schümer (2003) zeigen in ihrer Analyse der deutschen PISA-Daten aus dem Jahr 2000, dass die Kopplung zwischen familiären Lebensverhältnissen und schulischem Kompetenzerwerb systematisch und bedeutsam unterschätzt wird. Es ist unzureichend, lediglich Strukturvariablen wie den Bildungshintergrund der Eltern und den Migrationsstatus der Familie heranzuziehen, um die soziale Position einer Herkunftsfamilie zu erfassen. Erst die gleichzeitige Berücksichtigung von Prozess-

10 Hier werden Parallelen zu den Arbeiten von Basil Bernstein deutlich, der die Beherrschung des in bildungsnahen Familien erworbenen elaborierten Sprachcodes ebenfalls als ungleichheitsrelevant bzw. als Voraussetzung für den Schulerfolg bezeichnet hat (vgl. dazu Kap. 4.3).

variablen des kulturbezogenen Familienalltags (gemessen etwa an der Anzahl der Bücher zu Hause oder der Häufigkeit des Theaterbesuchs im letzten Jahr) ermöglicht (dieser Studie zufolge) eine angemessene Vorstellung von den tatsächlich anzutreffenden Ungleichheitsrelationen.

Zu den zentralen Ergebnissen dieser Untersuchung gehört, dass die ungleichheitserzeugenden Effekte familiärer Strukturmerkmale überwiegend durch die kulturelle Praxis in Familien vermittelt werden oder (mit anderen Worten): Der Einfluss der Position im sozialen Raum für den Kompetenzerwerb ergibt sich wesentlich über die in den Familien vorzufindende alltagskulturelle Praxis. Insgesamt attestierten die genannten Autoren dem Bourdieuschen Konzept des kulturellen Kapitals eine hohe Konstruktvalidität, wenn dieses Konzept (selbst bei einer nur mit wenigen Prozessvariablen vorgenommenen Operationalisierung) einen derart hohen Anteil an der Erklärung des Zusammenhangs von sozialer Herkunft und schulischem Erfolg übernehmen kann (Baumert/Watermann/Schümer 2003, 68).

Allerdings lassen Untersuchungen, die das kulturelle Kapital der Herkunftsfamilie über die Anzahl der vorhandenen Bücher oder die Häufigkeit von Theaterbesuchen erfassen, die Frage offen, inwieweit es – wie Bourdieu annimmt – tatsächlich die der Hochkultur zuzurechnenden Freizeitaktivitäten sind (also in der Terminologie Bourdieus die Formen der »legitimen Kultur«), die sich im Bildungssystem als ungleichheitsrelevant erweisen. Mit anderen Worten: Es muss geklärt werden, ob das Lesen in der Herkunftskultur (unabhängig vom Lesestoff) überhaupt einen Stellenwert hat oder ob sich die familiale Lesekultur nur positiv auf den Bildungserfolg der Kinder auswirkt, wenn »anspruchsvolle« Literatur gelesen wird (und z. B. nicht nur Krimis)[11].

11 Zu dieser Frage haben de Graaf/de Graaf (2006) in ihrer Auswertung des niederländischen Familiensurveys interessante Ergebnisse vorgelegt. Danach profitieren – entgegen der Annahme Bourdieus – gerade nicht Kinder aus gehobenen Statusgruppen durch die elterliche Lektüre anspruchsvollen Lesestoffs, sondern es ist der Bildungserfolg von Kindern aus Familien mit niedrigem sozioökonomischen Status, der durch das Leseverhalten der Eltern positiv beeinflusst wird. Auch wenn bei diesen Befunden noch ungeklärt ist, inwieweit sie sich auf bundes-

Wir haben gesehen, dass im Modell rationaler Bildungswahl die Rolle der Bildungsinstitutionen und der darin tätigen Akteure an der Aufrechterhaltung bildungsbezogener sozialer Ungleichheit ausgeblendet bleibt. Die schichtenspezifische Sozialisationsforschung wie auch der Bourdieusche Ansatz soziokultureller Reproduktion stellen hier zwar wichtige theoretische Bezüge her, die aber bislang noch zu wenig einer systematischen empirischen Überprüfung unterzogen wurden. Ein Erklärungsmodell, das den Fokus dezidiert auf die Beteiligung von Institutionen an der Aufrechterhaltung bildungsbezogener Ungleichheit richtet, stellt der von Gomolla/Radtke (2002) entwickelte Ansatz der institutionellen Diskriminierung dar, dem wir uns nun zuwenden wollen.

4.5 Institutionelle Diskriminierung

Auch wenn sich Gomolla/Radtke (2002) in ihrer Untersuchung auf die Herstellung von ethnischen Differenzen in der Schule konzentrieren und sich vor allem dafür interessieren, wie Kinder und Jugendliche mit Migrationshintergrund bei ihren Bildungsverläufen benachteiligt werden, sind die von ihnen beschriebenen institutionellen Prozesse der Diskriminierung durchaus auch auf andere marginalisierte Gruppen im Bildungssystem übertragbar. Der Ansatz der institutionellen Diskriminierung geht davon aus, dass in den formellen und informellen Regelungen des schulischen Alltags »institutionalisierte Routinen, Regeln, Rahmungen, Konzepte, Gewohnheiten, Erwartungen, Gewissheiten und damit einhergehende interne Logiken« (Gomolla/Radtke 2002, 47) eingelagert sind, die dazu beitragen, dass in der Schule über das regelgeleitete Handeln der beteiligten Akteure (z. B. der Schulleitung oder des Lehrkörpers) Bildungsungleichheiten hergestellt werden.

deutsche Verhältnisse übertragen lassen, so machen sie doch die Notwendigkeit deutlich, kulturelles Kapital differenziert zu erheben und von einer Wechselwirkung zwischen kultureller Alltagspraxis und sozialer Herkunft der Kinder auszugehen, d. h. in Rechnung zu stellen, dass kulturelles Kapital in unterschiedlichen sozialen Statusgruppen in unterschiedlicher Weise wirksam wird.

In ihrer Analyse unterscheiden sie (in Anlehnung an eine von Feagin/Feagin (1986) vorgeschlagene Systematisierung) zwischen direkter und indirekter institutioneller Diskriminierung. In beiden Fällen finden wir einen hohen Grad an Einbettung in institutionelle Regeln und Praktiken. Die *direkte* institutionelle Diskriminierung basiert zum einen auf (formalen) Benachteiligungen, die sich aus institutionellen Richtlinien, Statuten oder Satzungen ergeben, wenn dort eine Ungleichbehandlung festgelegt ist, die mit Nachteilen für eine bestimmte Gruppe verbunden ist. Aber auch informelle Alltagspraktiken werden dann als Formen direkter institutioneller Diskriminierung gewertet, wenn es sich um regelmäßig wiederkehrende Routinen handelt, die institutionell abgesichert sind und als »ungeschriebene Gesetze« zur Benachteiligung bestimmter Gruppen führen. Entscheidend dabei ist, dass es sich hier um intentionale institutionelle Handlungsformen handelt. Demgegenüber beziehen sich Formen *indirekter* institutioneller Diskriminierung auf institutionelle Praktiken, die »negative und differenzierende Wirkungen für ethnische Minderheiten und Frauen haben, obwohl die organisatorisch vorgeschriebenen Normen oder Verfahren ohne unmittelbare Vorurteile oder Schadensabsichten eingerichtet und ausgeführt wurden« (Gomolla/Radtke 2002, 45). Dies kann etwa der Fall sein, wenn die Anwendung gleicher Regeln für Angehörige bestimmter Gruppen mit deutlich nachteiligeren Folgen verbunden ist.

Als Beispiele für solche Formen institutioneller Diskriminierung benennen Gomolla/Radtke (2002, 47) z. B. »Verteilungs- und Zuweisungspraktiken, der rassistische Bias in Schulbüchern und Lehrmaterialien [...], Kontrolltechniken, ethnozentristische Test-Verfahren und Verfahren der Leistungsmessung und -beurteilung [...], die Vernachlässigung der Förderung im muttersprachlichen Unterricht oder die Weigerung von Lehrkräften, die staatlichen Gesetze in Bezug auf Minderheiten ernst zu nehmen.«

In der von ihnen vorgelegten empirischen Untersuchung beschäftigen sie sich vor allem mit den Zuweisungspraktiken im Bildungssystem. Sie versuchen zu klären, warum Kinder und Jugendliche mit Migrationshintergrund sich besonders häufig in Sonder- und Hauptschulen finden oder aber separaten Förder-, Vorbereitungs- oder Auffangklassen zugewiesen werden. Dazu analysierten sie Mitte der 1990er Jahre (zunächst auf einer quantitativen Ebene für die Stadt Bielefeld), welche institutionellen Einflussfaktoren im Grundschulbereich die schulischen Zuweisungsprozesse (Einschulung, Überweisung auf die Sonderschule für Lernbehinderte, Übertritt in die Sekundarstufe I) steuern. Sie zeigten auf der Basis der Daten, dass es bei den schullaufbahnbezogenen Entscheidungen in den untersuchten Aspekten deutliche Benachteiligungen für Kinder mit Migrationshintergrund gibt (Rückstellung von der Einschulung wegen (vermeintlich) mangelnder Schulfähigkeit, Klassenwiederholung, Empfehlungen für die Sonderschule und Art der Grundschulempfehlung im Übergang in die Sekundarstufe I).

Die erhobenen Daten machen zudem deutlich, dass z. B. für das Risiko einer Sonderschulzuweisung eine wichtige Rolle spielt, über welche schuleigenen Aufnahmekapazitäten einzelne Grundschulen verfügen, lernschwache Schülerinnen und Schüler zu betreuen. Die Lehrerinnen orientieren sich also nicht allein am Förderbedarf der Schülerinnen und Schüler, sondern richten ihre entsprechenden »Diagnosen« auch an der Auslastung lokaler Bildungsinstitutionen aus. Die für jeden Grundschüler getroffene Entscheidung über seine weitere schulische Laufbahn basiert demnach nicht ausschließlich auf seinem kognitiven Leistungsvermögen, sondern hängt auch mit den jeweiligen institutionellen Gegebenheiten vor Ort zusammen.

Um solchen Entscheidungsprozessen im Zusammenhang mit der Schülerzuweisung auf bestimmte Bildungsgänge genauer auf die Spur zu kommen, führten Gomolla/Radtke außerdem halbstandardisierte Interviews mit Lehrerinnen, Schulleiterinnen und Vertretern von Schulbehörden durch, die darauf zielten, die hinter den institutionellen Diskriminierungsprozessen stehenden Begründungslogiken zu erhellen. Die Auswertung dieser Interviews zeigt, dass in den zu Beginn der Grundschulphase vorgenommenen pädagogischen Entscheidungsbegründungen (z. B. für eine Rückstellung bei der Einschulung) Annahmen über Defizite hinsichtlich der sprachlichen Voraussetzungen, der kognitiven Leistungsfähigkeit sowie der Arbeitshaltung der Kinder eine wichtige Rolle spielen. Hier begründeten die Lehrerinnen häufig ihre Entscheidung mit dem fehlenden Kindergartenbesuch oder sie deuteten mangelnde Kompetenzen in der deutschen Sprache als Lernbeeinträchtigung oder als allgemeines kognitives Defizit eines Kindes.

Bei den Übergangsempfehlungen in die Sekundarstufe I, bei denen Kinder aus Migrantenfamilien überproportional häufig keine Gymnasialempfehlung erhielten, spielten vor allem Annahmen über vermeintlich zu erwartende schulische Probleme eine Rolle. Neben den Noten als objektiviertes Leistungskriterium wurden außerschulische Einflussfaktoren herangezogen, um die Erfolgswahrscheinlichkeit eher gering einzuschätzen. Dafür diente der einfache schulische Bildungshintergrund der Eltern und die nicht zu erwartende elterliche Unterstützung oder die ungünstige häusliche Lernumgebung als Begründungsargument und das selbst dann, wenn die Lehrerinnen keine genaueren Kenntnisse über die familialen Gegebenheiten eines Kindes hatten.

Gomolla (2008, 22) weist allerdings in Anbetracht solcher Forschungsergebnisse darauf hin, dass es zu kurz greifen würde, hier die Lehrerinnen und Lehrer vorschnell als Schuldige auszumachen. Dem Ansatz der institutionellen Diskriminierung gehe es gerade darum, »die Zusammenhänge zwischen politischen Strategien, institutionalisiertem Wissen und öffentlichen Diskursen sowie der Praxis in Organisationen sichtbar zu machen. Eine verdinglichende Betrachtung der einzelnen Organisationen in Bezug auf das Diskriminierungsgeschehen – statt einer genauen Betrachtung der Beziehungen zwischen unterschiedlichen involvierten Institutionen und zwischen den Individuen, die Teil der Organisation sind, und den Strukturen, in denen sie arbeiten – würde letztlich zu pauschalisierenden Schuldzuweisungen führen.«

Es sind also gerade nicht die einzelnen schulischen Akteure, die mehrheitlich – aktiv und bewusst – eine Benachteiligung der Kinder aus Familien mit Migrationshintergrund herbeiführen oder sich gar von latenter Ausländerfeindlichkeit leiten lassen. Im Gegenteil folgen sie subjektiv eher einer »fürsorglichen« Haltung zum Schutz der Kinder vor einer (aus ihrer Sicht) zu erwartenden schulischen Überforderung. Eine solche Haltung mag auch dazu beitragen, dass Kinder mit Migrationshintergrund selbst dann eine verringerte Chance haben, eine Empfehlung für eine weiterführende Schulform (also Realschule oder Gymnasium) zu erhalten, wenn sie sich hinsichtlich ihrer Noten nicht von Kindern ohne Migrationshintergrund unterscheiden. Allerdings sind derartige Forschungsergebnisse über entsprechende Formen der institutionellen Diskriminierung beim Übergang in die Sekundarstufe I eher uneinheitlich, weil sie in einer Studie in Baden-Württemberg empirisch bestätigt werden konnten, in Hamburg jedoch nicht (siehe den Überblick zum entsprechenden Forschungsstand bei Diefenbach 2009).

In jedem Fall – das sei abschließend mit Ditton (2004, 273) noch einmal betont – gibt es Grund, »davon auszugehen, dass Lehrkräfte gezielt sozial diskriminieren. Von Bedeutung scheinen eher implizite Persönlichkeits- und Begabungstheorien zu sein, teils in Form stereotyper Erwartungshaltungen, die sich auf die Diagnosekompetenz auswirken und in der Notengebung niederschlagen«.

4.6 Ungleichheitsverstärkende Effekte des Bildungssystems

Bei der Suche nach Einflussfaktoren, die zu nachhaltigen herkunftsbedingten Bildungsungleichheiten führen, müssen nicht zuletzt auch einige Besonderheiten des deutschen Bildungswesens berücksichtigt werden, die sichtbar werden, sobald man das Bildungsgeschehen aus einer international vergleichenden Perspektive betrachtet. So haben die schon mehrfach erwähnten PISA-Studien international vergleichend gezeigt, dass es einigen Ländern besser als anderen gelingt, durch die Ausgestaltung des Bildungssystems sowohl eine Verbesserung der Bildungsleistungen für alle Schülerinnen und Schüler als auch eine ausgewogenere Verteilung der Bildungschancen zu erreichen. So zeichnen sich z. B. im internationalen Vergleich Kanada, Finnland und Schweden dadurch aus, dass dort die Schülerinnen und Schüler nicht nur insgesamt relativ hohe Kompetenzwerte erreichen, sondern dass sie auch (im Durchschnitt) nur relativ geringe Kompetenzunterschiede zwischen den verschiedenen sozialen Statusgruppen zeigen. Demgegenüber ergibt sich für die Auswertung der PISA-Daten für Deutschland, dass hier die Schülerleistungen eher im Mittelfeld liegen und gleichzeitig besonders hohe Leistungsunterschiede in Abhängigkeit von der sozialen Herkunft der Schülerinnen und Schüler zu beobachten sind. Solche Unterschiede provozieren die Frage, ob es einen Zusammenhang zwischen den Strukturmerkmalen eines Bildungssystems einerseits und den erzielten schulischen Leistungen und der beobachteten sozialen Selektivität eines Bildungssystems andererseits gibt, der derartige Unterschiede erklären könnte. Unter Verdacht geraten sind hier vor allem die folgenden drei für das deutsche Bildungssystem kennzeichnenden Strukturmerkmale:

- die relativ frühe Aufteilung der Kinder im Alter von zehn Jahren auf die verschiedenen Schulformen der Sekundarstufe I (»Dreigliedrigkeit« des allgemeinbildenden Schulwesens),
- die Struktur der Sekundarstufe I mit ihren getrennten Bildungsgängen mit geringer Durchlässigkeit vor allem »nach oben«,
- die Organisation der schulischen Lernangebote als Halbtagsschule.

In allen Erklärungsansätzen, die bisher skizziert wurden, spielte als Ursache eine Rolle, dass Kinder in Abhängigkeit von ihrer sozialen Herkunft mit sehr unterschiedlichen Voraussetzungen in das Schulsystem eintreten. In diesem Zusammenhang wird immer wieder beklagt, dass das deutsche Bildungssystem (im internationalen Vergleich gesehen) nur sehr eingeschränkt in der Lage ist, diese ungleichen Startbedingungen zu kompensieren. Ein Grund dafür wird der Tatsache zugeschrieben, dass die Schule in Deutschland ganz überwiegend als »Halbtagsveranstaltung« organisiert ist, während die Schule in den Ländern, deren Schulsystem eine deutlich geringere soziale Selektivität aufweist, als Ganztagsschule funktioniert.

Wie der Schulalltag im Vergleich zu Deutschland in Kanada organisiert ist, beschreibt Tillmann (2008, 171) beispielhaft: »Von der 1. Klasse an ist diese kanadische Schule wie selbstverständlich eine Ganztagsschule. Dabei gibt keine Trennung von Unterricht vormittags und Betreuung nachmittags, sondern eine Mischung unterschiedlicher Lernaktivitäten. Und für uns besonders überraschend: Diese Schule ist auch eine Ganztagsschule für die Lehrerinnen und Lehrer. Es besteht bei voller Stelle eine Anwesenheitspflicht von 8:30 Uhr bis etwa 15:30 Uhr, zugleich gibt es aber auch gute Arbeitsmöglichkeiten für die Lehrkräfte: Bibliothek, PC-Ausstattung etc.«

Die Befürworter von Ganztagsschulen kritisieren, dass es unter den Bedingungen von Halbtagsschule an Schulzeit fehle, die dazu genutzt werden könne, die Startnachteile von Kindern aus bildungsfernen Familien auszugleichen. Durch zusätzliche Bildungsangebote am Nachmittag sei es möglich, institutionelle Gelegenheitsstrukturen für Bildungsprozesse zu schaffen, die über den Lehrplan hinausgehen. Allerdings kann hier unter Ungleichheitsgesichtspunkten nicht ausgeschlossen werden, dass solche Angebote sogar zu einer Verschärfung der Bildungsungleichheiten beitragen, wenn das, was dort stattfindet, im Kern eine Verlängerung des schulischen Unterrichts in den Nachmittag hinein darstellt. Ganztagsangebote – so die Konsequenz – können eine kompensatorische Funktion nur dann erfüllen, wenn sie an den Überlegungen Bourdieus zu einer »rationalen Pädagogik« anknüpfen (vgl. dazu Kap. 8.2). Zudem muss sichergestellt sein, dass von der Nutzung der Ganztagsangebote nicht gerade diejenigen ferngehalten werden (z. B. wegen fehlender finanzieller Ressourcen), die am stärksten auf ein kompensatorisches Nachmittagsangebot angewiesen sind.

Stärker noch als fehlende Ganztagsschulen wird die Tatsache als kritische Größe des deutschen Schulsystems gesehen, dass in fast allen Bundesländern eine gemeinsame Schule für alle Schülerinnen und Schüler bereits nach einer vierjährigen Grundschulzeit endet. In diesem Punkt unterscheidet sich das deutsche Schulsystem deutlich von Kanada, Finnland und Schweden, wo in einem Gesamtschulsystem (manchmal auch als Gemeinschaftsschulsystem bezeichnet) alle Kinder bis zum achten oder neunten Schuljahr gemeinsam unterrichtet werden. In Deutschland werden den Lehrern und Eltern dagegen schon relativ früh folgenreiche Übergangsentscheidungen abverlangt, die sie unter Bedingungen von Unsicherheit hinsichtlich der weiteren Entwicklung ihres Kindes treffen müssen.

Erschwerend kommt hinzu, dass einmal eingeschlagene Bildungswege nur schwer korrigiert werden können. Zwar besteht die Möglichkeit in der Sekundarstufe, von der Realschule auf das Gymnasium zu wechseln. Vorliegende Forschungsdaten zeigen jedoch, dass dies ein eher seltenes Ereignis ist. Der ganz überwiegende Anteil vorgenommener Schulformwechsel sind sog. »Abschulungen«, d. h. Wechsel in eine niedrigere Schulform.

Insofern kennt das deutsche Schulsystem vor allem eine Durchlässigkeit »nach unten«. In Ländern mit Gesamtschulsystem werden Jugendliche erst zu einem deutlich späteren Zeitpunkt auf die verschiedenen Schulformen aufgeteilt. Ergeben sich aus diesem strukturbezogenen Unterschied Folgen für das Problem der fortbestehenden sozialen Selektivität des Bildungswesens in Deutschland?

Schaut man auf die internationalen Vergleichsdaten der PISA-Untersuchungen, dann lässt sich feststellen, dass erstens Schülerinnen und Schüler aus Schulsystemen mit Gesamtschulen insgesamt höhere Kompetenzwerte erreichen und dass zweitens der Kompetenzerwerb weniger stark als in Deutschland von der sozialen Herkunft der Schülerinnen und Schüler abhängt. So kommt auch Ditton (2009, 247) zu der bilanzierenden Einschätzung, »dass in Systemen mit einer stark ausgeprägten und frühen Differenzierung und großen Unterschieden zwischen den einzelnen Schulen eher schlechtere Ergebnisse und eine bedeutsam engere Koppelung der schulischen Leistungen an Merkmale der sozialen Herkunft zu erwarten sind.«

Allerdings muss hier einschränkend darauf hingewiesen werden, dass die Betrachtung isolierter Variablen im internationalen Vergleich keine kausalen Schlussfolgerungen zulässt. Die PISA-Studien liefern insofern zunächst einmal nur Hinweise auf bestehende Zusammenhänge. Ob tatsächlich ein Gesamtschulsystem ursächlich zu einer geringeren sozialen Selektivität führt, kann auf der Basis der zitierten Daten nicht eindeutig geklärt werden.

4.7 Schlussbemerkung

Insgesamt muss für die hier vorgestellten Erklärungsansätze konstatiert werden, dass sie auf der Ebene der Schülerinnen und Schüler, ihrer Familien und der Institution Schule wichtige Einflussfaktoren identifizieren, die jeweils bedeutsamen Zusammenhänge herausheben und untersuchen, an welchen Stellen und in welchen Formen die Reproduktion von Bildungsungleichheiten passiert. Woran es aber in besonderem Maße mangelt, sind Studien, die in einer integrierenden Perspektive ihren Blick darauf richten, wie diese verschiedenen Ebenen zusammenwirken, auf denen es zur Reproduktion von Bildungsungleichheiten kommt. »Trotz einer umfangreichen Forschung im Bereich Schule und Familie bestehen noch erhebliche Forschungslücken, die zum Teil auch daraus resultieren, dass die Sozialisations- und Schuleffektivitätsforschung trotz zahlreicher Berührungspunkte in der Regel getrennte Wege gehen. Die Sozialisations- und Bildungsforschung ist häufig nicht besonders stark in der Erfassung spezifischer schulischer Bedingungen und der konkreten Lernkontexte. In der Schuleffektivitätsforschung ist dagegen oftmals das Interesse für soziale Merkmale und Kontextdaten nicht sehr ausgeprägt. Besonders wichtig wären aber gerade längerfristig angelegte Untersuchungen, in denen individuelle, familiale und schulische Erklärungsfaktoren theoretisch begründet einbezogen und gemeinsam berücksichtigt werden« (Ditton 2009, 252).

Die beklagte mangelnde Integration der Forschungsergebnisse bezieht sich aber nicht nur auf die zur Erklärung herangezogenen Einflussfaktoren. Noch problematischer gestaltet sich die bisherige Forschungslandschaft zum Zusammenhang von Bildung und sozialer Ungleichheit, wenn es um das Zusammenwirken der verschiedenen »Achsen der Ungleichheit« (klassischerweise soziale Herkunft, Ethnizität und Geschlecht) geht. Von sozialer Benachteiligung betroffen sind nie Kinder, die z. B. nur einen bestimmten Migrationshintergrund mitbringen. Immer sind Kinder gleichzeitig auch Mitglieder einer Familie mit bestimmten sozioökonomischen Ressourcen, immer sind sie gleichzeitig auch Mädchen oder Jungen. Die hieraus sich ergebenden Wechselwirkungen zwischen diesen ungleichheitsrelevanten gesellschaftlichen Strukturzusammenhängen sind bisher noch weitgehend ungeklärt und stellen eine der wesentlichen zukünftigen Herausforderungen der empirischen Bildungsforschung dar.

5 Bildung und soziale Herkunft

Der hohe Stellenwert, den das Thema Bildung und soziale Ungleichheit seit Mitte der 1990er Jahre in den gesellschaftlichen und bildungspolitischen Debatten einnimmt, stellt kein Novum in der Nachkriegsgeschichte der Bundesrepublik Deutschland dar (siehe Kap. 2). Besonders in der zweiten Hälfte der 1960er Jahre war die ungleiche Verteilung von Bildungschancen zwischen den Kindern aus unterschiedlichen sozialen Herkunftsgruppen Teil einer kontrovers geführten Bildungsreformdebatte, die in der Öffentlichkeit, der Politik und der Bildungsforschung auf der Grundlage von empirischen Forschungsergebnissen geführt wurde. Im Gegensatz zur heutigen Bildungsdebatte um verstärkte Reformbemühungen im Bildungssystem ging es der damaligen »aktiven Bildungspolitik« um mehr als lediglich eine Optimierung des bestehenden Bildungssystems. Mit der neu auszurichtenden Bildungspolitik verband sich die Hoffnung auf eine insgesamt demokratischere und weniger von sozialen Hierarchien bestimmte Gesellschaft.

Auch wenn der Reformoptimismus jener Jahre nicht immer zu konkreten Maßnahmen führte, wurden doch eine Reihe von bildungspolitischen Reformvorhaben auf den Weg gebracht (z. B. Einführung der Orientierungsstufe in einigen Bundesländern, Fördermöglichkeiten mit Hilfe des BAföG, Gesamtschulversuche, Ausweitung der Hochschulzugangsberechtigung über nicht-gymnasiale Ausbildungsgänge, Ausbau vorschulischer Bildungsangebote, deutlicher Ausbau des Fachhochschulwesens u. a. m.). Was haben nun die damals entwickelten Reformvorschläge hinsichtlich ihrer zentralen Zielperspektive von mehr Bildungsgerechtigkeit gebracht? Wie haben sich die wesentlich von Dahrendorf problematisierten, herkunftsbedingt ungleich verteilten Bildungschancen seitdem entwickelt? Wie steht es heute um den damals von Picht (1964) angesichts niedriger Abiturientenquoten heraufbeschworenen Mangel an akademisch gebildeten Facharbeitskräften?

5.1 Bedeuten mehr Bildungschancen auch mehr Bildungsgerechtigkeit?

Was den im Zuge der ausgerufenen Bildungskatastrophe beklagten Akademikermangel betrifft, konnten vergleichsweise schnelle Erfolge erreicht werden: In der relativ kurzen Zeitspanne von zehn Jahren (1970–1980) kam es zu einer Verdopplung der Studierendenzahlen. Während 1960 die Zahl der Studierenden noch bei etwa 250 000 gelegen hatte, betrug sie 1970 bereits 420 000, um sich dann bis 1980 erneut auf 840 000 zu verdoppeln (Leschinsky 2004, 74). Während in diesem Punkt also bemerkenswerte Fortschritte zu verzeichnen waren, stellte sich die Angleichung der Bildungschancen zwischen unterschiedlichen sozialen Herkunftsgruppen als eine deutlich größere bildungspolitische Herausforderung dar. So heißt es bei der Arbeitsgruppe Bildungsbericht am Max-Planck-Institut für Bildungsforschung (1994, 282 f.), *dass »an der Öffnung und Expansion der weiterführenden Schulen (...) die Hoffnung auf sozialen Ausgleich geknüpft (war). Umso enttäuschender waren die ersten Analysen des Mikrozensus, die Anfang der achtziger Jahre vorgelegt wurden. Soziale Disparitäten der Bildungsbeteiligung erwiesen sich als außerordentlich zäh. Von der Bildungsexpansion profitierten alle Sozialschichten in ähnlicher Weise, ohne dass sich die Struktur der Ungleichheit durchschlagend veränderte. Die Chancen, einen höheren Bildungsabschluss zu erreichen, stiegen, während das Verhältnis der schichtspezifischen Bildungschancen weitgehend stabil blieb«.*

Ganz offensichtlich hatte sich also das Versprechen des Sozialstaates, wonach jedem seiner Mitglieder Bildungschancen unabhängig von seiner sozialen Herkunft in Aussicht gestellt worden waren, nicht einlösen lassen. Diese sich hier abzeichnende Entwicklung wurde von Geißler (2008, 282 ff.) als das Paradox der Bildungsexpansion beschrieben: mehr Bildungschancen, aber weniger Bildungsgerechtigkeit.

Die Entwicklungen im Bildungswesen seit den 1960er Jahren lassen sich in diesem Sinne auf der einen Seite als ungeheure

Ausweitung der höheren Bildungsgänge charakterisieren: So besucht mittlerweile (im Jahr 2008) der größte Teil der Schülerinnen und Schüler der Klassenstufe 8 das Gymnasium (ein Drittel), gefolgt von den Besucherinnen und Besuchern von Realschulen (ein Viertel), von Hauptschulen (ein Fünftel) und von Integrierten Gesamtschulen (ein Zehntel). Vor allem an der Entwicklung der Hauptschulbesuchsquoten wird die in diesem Zeitraum enorm veränderte Verschiebung der relativen Schulbesuchsquoten zugunsten höherer Bildungsgänge deutlich: War in den 1960er Jahre die Hauptschule tatsächlich noch eine Hauptschule in dem Sinne, dass sie vom Großteil der Schülerinnen und Schüler besucht wurde (nämlich von mehr als 70 %), besuchen gegenwärtig nur noch rund 20 % der Schülerinnen und Schüler die Hauptschule. In diesem Sinne haben sich also die Bildungschancen erheblich verbessert. Wie aber sieht es mit der Bildungsgerechtigkeit aus? Was lässt sich über die schon vor vierzig Jahren beklagte ungleiche Chancenverteilung zwischen den Kindern aus unterschiedlichen Herkunftsfamilien sagen?

Dem Thema Bildungsgerechtigkeit haben vor allem die Mitte der 1990er Jahre einsetzenden großen Schulleistungstests wie IGLU (Bos u. a. 2003), TIMMS (Bos u. a. 2008) und PISA (Deutsches PISA-Konsortium 2001) neue Schubkraft verliehen. In der Folge dieser Untersuchungen kam es zu einer »Wiederentdeckung der Ungleichheit« (Büchner 2003, 6), die neben der von der sozialen Herkunft abhängigen schulformbezogenen Bildungsbeteiligung einen weiteren Aspekt von sozialer Bildungsungleichheit herausstellte: die von der sozialen Herkunft abhängigen Chancen des Kompetenzerwerbs. Bevor die wichtigen Ergebnisse dieser Studien zur Ungleichheitsdebatte näher betrachtet werden, soll an dieser Stelle bereits ihr zentrales Ergebnis vorweggenommen werden: »Die Analysen belegen einen straffen Zusammenhang zwischen Schichtzugehörigkeit und erworbenen Kompetenzen über alle Domänen hinweg (…). Die Entwicklung des Zusammenhangs von sozialer Herkunft und Leistung scheint ein kumulativer Prozess zu sein, der lange vor der Grundschule beginnt und an Nahtstellen des Bildungssystems verstärkt wird« (PISA 2001, 37).

Grundsätzlich ist also davon auszugehen, dass sich die im Bildungssystem beobachtbaren sozial bedingten Disparitäten über die Bildungskarriere hinweg addieren. Je weiter jemand in seiner oder ihrer Bildungskarriere voranschreitet, desto öfter sind Übergänge zu bewältigen, die alle mehr oder weniger sozialselektiven Charakter haben. Insofern müssen wir von kumulativen Effekten ausgehen, die im Verlauf einer Bildungslaufbahn zu einer schrittweisen Vergrößerung von sozial bedingten Disparitäten führen (Baumert et al. 2001). Wie sich dies im Einzelnen an den verschiedenen Stationen einer Bildungsbiographie aufzeigen lässt, soll nun im Folgenden (angefangen bei der vorschulischen Bildung bis hin zum Zugang zu tertiärer Bildung) empirisch nachvollzogen werden.

5.2 Von Anfang an – Bildungsungleichheiten im Vorschulalter

Bildung und Lernen beginnen nicht erst in der Schule. Schülerinnen und Schüler haben in ihrer individuellen Bildungsbiographie zum Zeitpunkt ihrer Einschulung bereits eine erste wichtige Wegstrecke hinter sich gebracht. Dies bezieht sich sowohl auf die vielfältigen Bildungsprozesse, die im Kontext des familialen Zusammenlebens ihren Ort haben, als auch auf die vorschulische Bildung, die in den letzten Jahren in ihrer Bildungsrelevanz in besonderem Maße »entdeckt« worden ist.

5.2.1 Die Ungleichheitsrelevanz des Bildungsorts Familie

Im konkreten Lebenszusammenhang der Familie und im Kontext des jeweiligen familialen Mikromilieus im Rahmen der gelebten familialen Alltagspraxis werden vielfältige eigenständige genuin familiale Bildungsleistungen erbracht, die für die einzelnen Familienmitglieder und deren kulturelle Teilhabechancen und soziale Anschlussfähigkeit ebenso von Bedeutung sind wie für den Fortbestand und die Weiterentwicklung des Humanvermögens einer Gesellschaft insgesamt (vgl. Wiss. Beirat des BMFSFJ 2002).

Mit welcher Neugierde-Haltung, mit welchen sprachlichen Ausdrucksmöglichkeiten, mit welcher Ausdauer und Bereitschaft sich Schülerinnen und Schüler dem unterrichtlichen Lernen in der Schule zuwenden können, hängen von den kindlichen Handlungs- und Gestaltungsspielräumen ab, deren Fundament wesentlich bereits in der Herkunftsfamilie gelegt wird. So sind es die (mehr oder weniger vorhandenen) Gelegenheitsstrukturen für die Aneignung solcher im Unterricht bedeutsamen Voraussetzungen, die den Bildungsort Familie ausmachen. Dabei ist jedoch wichtig, darauf hinzuweisen, dass sich die Bildungsleistungen der Familie nicht auf derartige »Zulieferfunktionen« beschränken. Vielmehr handelt es sich um mehr als »nur« Vorbereitungs-, Begleitungs- und Unterstützungsleistungen für Bildungsprozesse an anderen Orten wie z. B. in der Schule oder anderen institutionalisierten Bildungszusammenhängen.

Insofern wäre es eine Verkürzung der Betrachtungsperspektive, den familialen Kontext lediglich als Rahmenvariable schulischer Bildung zu thematisieren, in dem die Voraussetzungen geschaffen werden, damit das Kind mit Gewinn am schulischen Unterricht teilnehmen kann und dort gute Leistungen erzielt (Brake 2003). Die im Modell rationaler Bildungswahl thematisierten primären Herkunftseffekte (siehe Kap. 4.4) unterschätzen also systematisch die Bildungsrelevanz der Herkunftsfamilie, indem sie lediglich die ungleichen ökonomischen, sozialen und kulturellen Ausgangsbedingungen und deren direkte Folgen für die schulische Leistungsfähigkeit eines Kindes adressieren (z. B. im Hinblick darauf, dass Eltern Nachhilfeunterricht finanzieren oder sich die Zeit nehmen, mit ihren Kindern für bevorstehende Klassenarbeiten zu lernen). Die Bildungsbedeutsamkeit der Familie erschöpft sich demgegenüber bei weitem nicht in der Sicherung der schulischen Leistungsfähigkeit der Kinder. So wie Bildung nicht nur in der Schule stattfindet, erschöpft sich die Bildungsbedeutsamkeit der Familie nicht nur in ihrer Einflussnahme auf den Schulerfolg der Kinder.

Vielmehr ist es wichtig zu beachten, dass Familien spezifische Bildungsleistungen erbringen, die wesentlich mit den intergenerational vermittelten und angeeigneten Zugangsmöglichkeiten zu Kultur und Bildung in einem weiteren Sinne zu tun haben. So zeigen etwa die Daten der PISA-Studie, dass sich beträchtliche Unterschiede zwischen den Jugendlichen im Hinblick auf die Frage ergeben, ob sie freiwillig und zum Vergnügen lesen (Baumert u. a. 2002, 79). Eine aktuelle Studie zur Lesesozialisation von Kindern in der Familie zeigt zudem, dass die Sprach- und Leseförderung im familialen Kontext der entscheidende Faktor für die Praxis des kindlichen Leseverhaltens ist (Kreibich/Ehmig 2010). Der Zugang zu Büchern und zum Lesen wird demnach wesentlich über die entsprechenden alltagskulturellen Gewohnheiten und Lebensstile in der Herkunftsfamilie vermittelt.

Dass dies nicht ohne Folgen für die gemessene Lesekompetenz bleibt, wie sie in den IGLU- und PISA-Untersuchungen dokumentiert werden, und dass die Lesekompetenz ihrerseits eine hochrelevante Größe für das schulische Abschneiden der einzelnen Schülerinnen und Schüler darstellt, ändert nichts daran, dass der Zugang zur Schrift-, Erzähl- und Buchkultur auch jenseits der Schule von erheblicher Bildungsrelevanz ist. Gleichwohl besteht im Hinblick auf die Frage, wie spezifische Gelegenheitsstrukturen in unterschiedlichen Familien zur Vermittlung und Aneignung von Lesekompetenz beitragen und wie diese Gelegenheitsstrukturen individuell und auch kollektiv in der sozialen Alltagspraxis ihre Wirksamkeit entfalten, noch erheblicher Forschungsbedarf. Der »uneinheitliche und fragile Kenntnisstand zum Verhältnis von Familie und Bildung" (Böhnisch, 2002, 290) verweist auf die Notwendigkeit einer sozialwissenschaftlichen Bildungsforschung, die im Wesentlichen nicht auf institutionelle Bildung und auf die (zweifelsohne wichtige) Rolle des Elternhauses für die schulischen Bildungschancen der Kinder beschränkt bleibt.

Um den grundlegenden Beitrag der Familie für die Bildungsprozesse der Familienangehörigen einschätzen zu können, ist es zunächst wichtig, sich die »Besonderheiten« des Bildungsorts Familie zu vergegenwärtigen. So spielt z. B. eine besondere Rolle, dass die Familie die zeitlich erste Bildungsinstanz im Lebensverlauf eines Kindes ist. Alle nachfolgenden Bildungsprozesse gehen von diesen frühen grundlegenden Bildungserfahrungen in der Familie aus und bauen auf diesen auf, indem sie diese ergänzen oder sie modifizieren. Daraus ergibt sich, dass spätere schulische Lern- und Bildungsprozesse je nach Herkunftskultur eines Kindes auf sehr unterschiedliche bildungsbezogene Ausgangslagen treffen.

Hinzu kommt, dass der Bildungsort Familie nicht nur als früheste, sondern auch als zeitlich langandauerndste Instanz anzusehen ist und für alle Familienmitglieder in gewisser Weise lebenslang bildungsrelevant bleibt. Andere Lern- und Bildungsorte (wie etwa der Fußballverein oder die Theater-AG) stellen zumeist vorübergehende Erfahrungszusammenhänge bereit, während die Familie in der großen Mehrzahl der Fälle als biographisches Zentrum über die gesamte Lebensspanne erhalten bleibt. Auch wenn Kinder erwachsen werden, das Elternhaus verlassen und eine eigene Familie gründen, verliert die Herkunftsfamilie nur selten ihre Bedeutsamkeit im Kontext der wechselseitigen Teilnahme am Leben der jeweils anderen Familienmitglieder. Sowohl das lebensgeschichtlich frühe Einsetzen familialer Bildungsprozesse als auch ihre generationenübergreifende Fortdauer begründen die besondere biographische Nachhaltigkeit der in Familien gemachten Bildungserfahrungen.

Ein weiterer wichtiger Unterschied zu anderen, vor allem institutionellen Bildungskontexten (wie etwa Schule) besteht darin, dass die Mitglieder einer Familie sich wechselseitig in ihrer individuellen Ganzheitlichkeit adressieren. Die Familie als ein auf Intimität ausgerichtetes Beziehungsgeflecht zielt auf die ganze Person der jeweiligen Familienmitglieder. In allen anderen sozialen Systemen, die wir kennen, ist es nicht in dieser konsequenten Weise die ganze Person, die Bezugspunkt für Interaktionen der unterschiedlichsten Art ist, sondern es sind einzelne personenbezogene Teilbelange, auf die sich die entsprechenden Interaktionen beziehen. Für die Schule gilt dies vielleicht in besonderer Weise, weil die Orientierung des schulischen Lernens am Leistungsprinzip objektivierbare, personunabhängige Kriterien ins Zentrum von Bildungsprozessen rückt.

In der Familie hingegen werden die Familienmitglieder in allen Dimensionen ihrer leiblichen, sozialen, emotionalen und kognitiven Entwicklung adressiert. Dieser ganzheitlich- personbezogene Charakter der Familienbeziehungen bestimmt auch die spezifische Form der Bildungsabläufe im Rahmen der Familie. Es handelt sich hier ganz überwiegend um informelles, situationsabhängiges Lernen, das weniger durch bewusste Zielgerichtetheit oder gar besondere Förderung motiviert ist, als vielmehr durch die Teilnahme am gemeinsamen Lebensalltag und durch die von den Familienmitgliedern wechselseitig vorgelebten Verhaltensweisen und Werte bestimmt ist, die sich in bestimmten Phasen des Lebensalltags als bedeutsam erweisen. Schülerinnen und Schüler unterscheiden sich also, sobald sie in Bildungsprozesse außerhalb der Familie eintauchen, nicht nur in dem Ausmaß, in dem sie in ihrer Herkunftsfamilie spezifische Kulturtechniken wie etwa das Lesen oder bestimmte Formen des sprachlichen Ausdrucks bereits erworben haben, sondern sie sind auch in sehr viel grundlegender Art und Weise verschieden, je nachdem, wie ihnen im Rahmen ihres Familienalltags Möglichkeiten des eigenständigen Erschließens der Welt eröffnet wurden und werden.

Bildungsprozesse in Familien sind also in den Vollzug des gemeinsamen Alltags eingelassen, der je nach materiellen, räumlichen, zeitlichen, sozialen und kulturellen Ressourcen der Familie eine spezifische Ausgestaltung und Prägung erfährt. Dieser »beiläufige« Charakter familialer Bildungsprozesse ist auch daran erkennbar, dass sich die Familienmitglieder häufig gar nicht der Bildungsrelevanz ihres gemeinsamen Tuns bewusst sind. Vordergründig geht es darum, Freizeit miteinander zu verbringen, Spaß zu haben, oder einfach den gemeinsamen Familienalltag mit seinen Gewohnheiten und Routinen auszuleben. Dieser häufig als inzidentell gekennzeichnete Modus der Aneignung von Bildung im Kontext des familialen Miteinanders ergibt sich

- zum einen aus dem unmittelbaren Bezug zu den Lebens- und Erfahrungszusammenhängen einer Familie
- und zum anderen durch das Fehlen eines explizit didaktisch-intentionalen Kontextes, in dem die Bildungs- und Lernprozesse angeleitet werden.

Die im alltäglichen Miteinander der Familie eingebetteten Vermittlungs- und Aneignungsprozesse von grundlegenden Orientierungen, Einstellungen, Verhaltensmustern, Kenntnissen, Fertigkeiten und Fähigkeiten sind in bildungssoziologischer Hinsicht vor allem deshalb hochrelevant, weil sie im Zusammenhang mit ungleichen Bildungschancen von großer Bedeutsamkeit sind. Um dies zu verdeutlichen, soll hier nur zu Illustrationszwecken der Bildungsgehalt familialer Freizeit an einem Beispiel verdeutlicht werden. So beschreibt der Großvater aus einer Familie[12], die wir

12 Bei dieser Familie, die hier nicht im Detail vorgestellt werden kann (siehe dazu Brake 2006), handelt sich um eine »famille éducogène« (Floud 1961), eine Familie also, die durch ihre (schul-)bildungsaffinen

im Rahmen unserer Marburger Drei-Generationenstudie (Büchner/Brake 2006) untersucht haben, das regelmäßige Angeln-Gehen mit seinen zwei Enkeln mit folgenden Worten:

»Ja, das tun sie furchtbar gerne. Das ist einfach für die Freude, dahin zu gehen. Und dann wird bei uns, das ist auch ein Grundsatz, der in der Familie steckt, der erste Fisch wird gefangen und dann wird der ordnungsgemäß getötet. Wie man das machen muss, das kriegen die gezeigt, so hat man das zu tun und das hat man dabei zu haben und nicht dann da zu stehen und hat einen Fisch. Und dann wird der Fisch ausgenommen und wird zurechtgemacht und wird daheim sauber geschuppt und ordentlich in der Küche abgeliefert. Und ein anderer Fisch wird nicht gefangen. Es wird nur der Fisch gefangen, der auch gegessen wird. Da darf man dran Spaß haben, aber das Ding muss ein Ende und einen Grund und einen Sinn haben.«

Es ist offensichtlich, dass bei einer solchen Heranführung an das Angeln nicht nur die Technik des Angelns gelernt wird, sondern auch vieles, das über die konkrete Beschäftigung mit dem Angeln hinausgeht und »en passant« angeeignet werden kann: Dass etwas nach den Regeln der Kunst betrieben werden muss, dass Sorge zu tragen ist für eine angemessene Ausrüstung, dass das eigene Vergnügen nicht alleiniges Kriterium für das Handeln ist usw. Gleiches gilt auch für das in dieser Familie selbstverständliche Erlernen eines klassischen Musikinstruments. Auch hier eignen sich die Kinder sehr viel mehr an als lediglich die Fähigkeit, dem Instrument Töne zu entlocken. Sie haben (neben den sozialen Distinktionsgewinnen) darüber hinaus die Möglichkeit, zu erfahren, dass es sich lohnen kann, über lange Zeit in etwas zu investieren, auch wenn die Belohnung (hier etwa erstmalig ein Stück wohlklingend spielen zu können) bei anspruchsvollen

---

Haltungen und einen hohen kulturellen Anregungsgehalt des familialen Umfelds geprägt ist. Bücher und die Instrumente der klassischen Hochkultur (Geige und Klavier) haben in der hier betrachteten Familie ebenso einen selbstverständlichen Stellenwert wie gemeinsame Museumsbesuche oder Besichtigungen kultureller Sehenswürdigkeiten während des Urlaubs. Auch in der familialen Freizeit wird sehr viel Wert darauf gelegt, nicht nur gemeinsam etwas zu unternehmen, sondern auch diese gemeinsame Zeit mit vielfältigen Lern- und Bildungsgelegenheiten anzureichern.

Instrumenten durchaus lange Zeit auf sich warten lässt. Eine solche Befähigung zum Belohnungsaufschub kann auch in anderen Kontexten ein wichtiges »Kapital« darstellen, etwa durch die Erhöhung der Frustrationstoleranz und die Stärkung der Selbststeuerungsfähigkeit.

Aus dieser Perspektive stellt sich die in der Familie gemeinsam verbrachte Zeit also als spezifische Gelegenheit für die Aneignung von ganzheitlichen Handlungskompetenzen dar, die die Familienmitglieder über die Familie hinaus befähigen, den komplexen Anforderungen auch in anderen Lebensbereichen gerecht werden zu können.

5.2.2 Die Ungleichheitsrelevanz des Besuchs vorschulischer Bildungseinrichtungen

Beim Besuch von Kindertageseinrichtungen besteht vor allem für Kinder aus Familien mit geringen kulturellen, ökonomischen und sozialen Ressourcen die Hoffnung, dass ungünstige Startbedingungen in der Herkunftsfamilie kompensiert werden können. Bestehende Sprachdefizite können gemildert, das Sozialverhalten positiv beeinflusst und die kognitive Entwicklung gefördert werden, wenn Kinder bereits im Vorschulalter spielerisch die Möglichkeit erhalten, sich Bildungselemente anzueignen, die später das schulische Lernen unterstützen. Der Ausbau der vorschulischen Bildung (z. B. durch den 1996 eingeführten gesetzlich garantierten Anspruch auf einen Kindergartenplatz) kann also – so die Hoffnung – zu einem wirksamen Instrument der Verringerung von herkunftsbedingt ungleich verteilten Bildungschancen werden. Dabei ist der Kindergartenbesuch im Hinblick auf die Entstehung von ungleichen Startbedingungen beim schulischen Lernen unter drei Aspekten von Bedeutung (Rauschenbach/Züchner 2008, 239): In Abhängigkeit vom sozialen Status der Herkunftsfamilie können bildungsrelevante Ungleichheiten entstehen bei

- der Inanspruchnahme der Kindertageseinrichtungen,
- den in den Kita-Einrichtungen ablaufenden Bildungsprozessen selbst und
- den Auswirkungen der institutionellen Frühförderung.

In Deutschland besuchen seit 2008 mehr als 95 % der Vier- und Fünfjährigen eine Tageseinrichtung bzw. sind in Tagespflege. Damit ist die »Bildungsbeteiligung« in dieser Altersgruppe der Regelfall geworden. Wie der Bildungsbericht 2010 (49) ausweist, hat auch die Beteiligungsquote bei den Unterdreijährigen in den letzten Jahren kontinuierlich zugenommen, wobei sich deutliche Unterschiede zwischen den alten und den neuen Bundesländern zeigen. Während in Ostdeutschland 45 % dieser Altersgruppe eine Kindertageseinrichtung oder Tagespflege in Anspruch nehmen, beträgt der entsprechende Anteil in Westdeutschland lediglich 15 %. Allerdings sind hier sehr deutliche regionale Disparitäten zu erkennen, die z. B. von 36 % in Universitätsstädten wie Heidelberg bis hin zu unter 10 % in ländlichen Regionen Südbayerns und Niedersachsens reichen.

Schaut man auf die nach sozialer Herkunft spezifizierten Besuchsquoten, so liefert die Studie von Kreyenfeld (2008, 118 ff.) wichtige Befunde. Insgesamt wird auf der Basis der Mikrozensusdaten aus dem Jahr 2004 deutlich, dass sich der Familienstand sowie der Bildungshintergrund und der Erwerbsstatus der Mutter als zentrale Determinanten bei der Nutzung einer Kindertageseinrichtung erweisen. Danach zeigt sich, dass Kinder von Eltern mit Hochschulabschluss den Kindergarten im Vergleich zu Kindern von Eltern mit niedrigeren Bildungsabschlüssen häufiger nutzen. Dies gilt auch für den Besuch einer Krippe oder eines Horts. Auch bei unter den unter dreijährigen Kindern findet sich also in Akademikerfamilien eine ausgeprägtere Neigung, die Kinder an vorschulischer Bildung teilnehmen zu lassen. Zudem könnte man vermuten, dass diese Bereitschaft zur Nutzung von entsprechenden Angeboten mit der Erwerbstätigkeit der Mütter in Zusammenhang steht. Die Daten für Westdeutschland zeigen jedoch, dass die hohe Bedeutung des Bildungshintergrundes auch dann bestehen bleibt, wenn man den Erwerbsstatus der Mütter kontrolliert. In den neuen Bundesländern hingegen reduziert vor allem die Erwerbslosigkeit der Mütter die Chancen auf den Besuch einer Kindertageseinrichtung. Dieser Befund ist zumindest für die unter dreijährigen Kinder wenig erstaunlich, da die Vergabe von Krippen- und Hortplätzen bislang von der elterlichen Erwerbstätigkeit abhängig ist. Die Daten zeigen allerdings, dass ein solcher Verzicht auf vorschulische Bildung und Betreuung auch bei der Nutzung von Kindergartenplätzen beobachtbar ist.

Welche Gründe spielen eine Rolle, wenn Eltern gänzlich auf einen Kindergartenbesuch ihrer Kinder verzichten? Dazu wurden in einer Untersuchung des Instituts für angewandte Familien-, Kindheits- und Jugendforschung 102 Haushalte aus vier ausgewählten Landkreisen Brandenburgs befragt, deren Kinder bis zur Einschulung nie eine Kindertageseinrichtung besucht hatten, obwohl in Brandenburg ein gesetzlich fixierter Rechtsanspruch auf einen Kindergartenplatz besteht (dies sind 5 % aller Schülerinnen und Schüler der Einschulungsjahrgänge 2004 und 2005). Die Daten zeigen, dass knapp ein Drittel dieser Kinder in Haushalten mit mehr als fünf Personen leben und ein Fünftel der Kinder Mütter hat, welche die Schule ohne einen qualifizierten Abschluss verlassen haben. Mehr als die Hälfte dieser Familien (52 %) erhielten staatliche Transferleistungen (Arbeitslosengeld I und II). Bei der Frage nach den Gründen für den Verzicht auf Kindertagesplätze wurden am häufigsten finanzielle Gründe genannt. Fast die Hälfte (45 %) der Befragten bewerteten die Kindertagesbetreuung als zu teuer. Vor allem in den Familien, die im öffentlichen Leistungsbezug stehen, wird dieser Aspekt als sehr wichtig bezeichnet (IFK 2005, 11 ff.).

Aus ungleichheitstheoretischer Perspektive ist die Frage der sozial ungleich verteilten Nutzung von vorschulischen Bildungs- und Betreuungsangeboten vor allem relevant hinsichtlich der Folgen, die sich daraus für die weitere schulische Bildungsbiographie der Kinder ergeben. Hier ist also danach zu fragen, welche ungleichheitsreduzierende Wirkung mit einer institutionellen Frühförderung einhergehen. Wenn die Annahme berechtigt ist, dass es zu einer Angleichung der Bildungschancen für Kinder aus unterschiedlichen sozialen Herkunftsmilieus kommt, wenn geeignete Frühfördermaßnahmen wahrgenommen werden, müssten im internationalen Vergleich diejenigen Länder eine weniger starke Kopplung von Bildungserfolg und sozialer Herkunft aufweisen, die bereits zu einem frühen Zeitpunkt hohe Beteiligungsquoten bei der vorschulischen Bildung aufweisen. Demgegenüber müssten Länder mit geringen Vorschulbesuchsquoten und geringerer Dauer der vorschulischen Bildung diesbezüglich einen weniger straffen Zusammenhang erkennen lassen. Schütz/Wössmann

(2005) zeigen auf der Basis der TIMSS-Daten, dass sich die erwarteten Ergebnisse tatsächlich empirisch bestätigen lassen. Sie fassen ihre Ergebnisse folgendermaßen zusammen: »Je länger der Vorschulzyklus, desto geringer ist also die Chancenungleichheit« (Schütz/Wössmann 2005, 20). Daraus kann allerdings nicht die Schlussfolgerung abgeleitet werden, dass ein vorgezogenes Einschulungsalter eine geeignete Lösung für dieses Problem darstellt. In den Ergebnissen wird deutlich, dass sich zwischen Einschulungsalter und Chancengleichheit bei kontrolliertem Einfluss der Teilnahmedauer an vorschulischer Bildung keine Zusammenhänge ergeben.

Kratzmann/Schneider (2008) gehen auf der Basis der SOEP-Daten[13] der Jahre 1995–2004 der Frage nach, inwieweit ein früher Eintritt in den Kindergarten das Risiko der Zurückstellung bei der Einschulung in die Grundschule reduziert. Sie interessieren sich dabei vor allem auch dafür, inwieweit die Kinder in Abhängigkeit von ihrer sozialen Herkunft[14] von einem frühen Kindergartenbesuch profitieren können. Die Auswertungen zeigen ein klares Bild: Die Hälfte aller Kinder, die im Alter von drei Jahren keine Kita-Einrichtung besucht haben und zudem aus einer Familie mit geringem Bildungskapital stammen, wird später beim Eintritt in die Grundschule zurückgestellt. Wenn die Eltern über einen mittleren Bildungsabschluss verfügen, liegt das Risiko nur noch bei 28 % und in Akademikerfamilien schließlich reduziert es sich auf 8 %.

Für die Frage nach den herkunftsabhängigen Bildungschancen ist nun vor allem die Frage interessant, inwieweit ein Kindergartenbesuch das eben beschriebene herkunftsbezogene Bildungsgefälle abzumildern vermag. Vergleicht man die Kinder, die bereits im Alter von drei Jahren eine Kita-Einrichtung besucht haben,

---

13 Das Sozioökonomische Panel (SOEP) ist eine repräsentative Wiederholungsbefragung privater Haushalte und Personen, die seit 1984 durchgeführt wird. Es enthält unter anderem Daten zu Haushaltszusammensetzung, Erwerbsbeteiligung und Erwerbs- und Familienbiographie. Die Befragungen erfolgen in jährlichen Abständen.

14 Der sozioökonomische Status der Herkunftsfamilie wird in dieser Studie anhand des Bildungshintergrunds der Eltern und des Haushaltsnettoeinkommens bestimmt.

verschwinden diese herkunftsabhängigen Unterschiede beim Rückstellungsrisiko fast vollständig. Dann nämlich beträgt die Differenz des Rückstellungsrisikos nur noch 5 % zwischen den Familien mit höchstem und niedrigstem Bildungsabschluss der Eltern. Insofern liefern diese Ergebnisse klare Hinweise darauf, dass ein frühzeitiger und mehrere Jahre andauernder Besuch vorschulischer Bildungseinrichtungen dazu beitragen kann, die Bildungschancen von Kindern aus Familien mit geringerem elterlichen Bildungskapital zu verbessern und das Risiko einer zeitlich verzögerten Einschulung deutlich zu verringern.

Die Frage allerdings, wie genau dieser Abbau von herkunftsbedingter Bildungsungleichheit mit Hilfe der Teilhabe an vorschulischen Bildungsangeboten bewirkt wird, ist in Anbetracht der Forschungslage nur schwer zu beantworten. Sind es in erster Linie die kognitiven und sozialen Kompetenzzuwächse, die das Kind durch den Besuch von Kindertageseinrichtungen realisieren kann und wirkt das insofern kompensierend im Hinblick auf die ungünstigeren familialen Ausgangsbedingungen der Kinder? Oder bezieht die Amtsärztin/der Amtsarzt oder die Schulleitung die Tatsache und Dauer des Kindergartenbesuchs bei der Entscheidungsfindung über die Schulfähigkeit eines Kindes mit ein und kommt so zu günstigeren Prognosen für ein Kind?

In jedem Fall scheinen es nicht nur kurzfristige (positive) Effekte zu sein, die mit dem Kindergartenbesuch verbunden sind. Wie Becker (2008, 75) auf der Basis der Daten des Sozioökonomischen Panels der Jahre 1992–2003 zeigt, reduziert sich das Risiko für Arbeiterkinder (aus den alten Bundesländern), sich mit 14 Jahren in der Hauptschule wiederzufinden, deutlich, wenn diese zuvor einen Kindergarten besucht haben (39 % der Kinder mit gegenüber 71 % der Kinder ohne Kindergartenbesuch). Auch der Anteil derjenigen, die es auf ein Gymnasium geschafft haben, ist mit 27 % deutlich größer unter denjenigen, die zuvor im Kindergarten waren. Diese positiven Effekte vorschulischer Bildung auf die spätere schulische Bildungsbeteiligung schwächen sich jedoch ab, wenn die Kinder aus Familien von un- und angelernten Arbeitern betrachtet werden.

Tab. 5.1: Bildungsbeteiligung von 14-jährigen Jugendlichen nach sozialer Herkunft und Vorschulbildung (Becker 2008, 75)

	Hauptschule	Realschule	Gymnasium
	in %		
Westdeutsche Kinder			
Arbeiterkinder			
Kindergartenbesuch	39	35	27
Kein Kindergarten-besuch	71	23	7
Kinder un- und angelernter Arbeiter			
Kindergartenbesuch	53	28	18
Kein Kindergarten-besuch	71	18	12
Kinder aus der oberen und unteren Dienstklasse			
Kindergartenbesuch	13	27	61
Kein Kindergarten-besuch	0	36	64

Dass mit dem Besuch eines Kindergartens auch langfristige Wirkungen verbunden sein können, zeigen auch die PISA-Daten. Der Kompetenzunterschied zwischen Kindern, die keinen Kindergarten besucht haben, und Kindern, die mehr als ein Jahr lang im Kindergarten waren, kommt in allen drei Kompetenzbereichen mit mehr als 70 PISA-Punkten zum Tragen. Das entspricht in etwa einem Vorsprung von ein bis zwei Schuljahren (Anger/Plünnecke 2006). Allerdings kann dieser Unterschied nicht notwendigerweise vollständig auf den Kindergartenbesuch zurückgeführt werden, da davon auszugehen ist, dass vor allem Eltern, denen die schulische Bildung ihrer Kinder wichtig ist, dazu tendieren, ihre Kinder in einem Kindergarten anzumelden. Das heißt, dass die Kompetenzvorsprünge nicht notwendigerweise allein auf den Kindergartenbesuch selbst zurückzuführen sind, sondern damit zusammenhängen, dass diese Eltern ihre Kinder insgesamt in höherem Maße auch in der Familie fördern und unterstützen.

Insgesamt zeigen die dargestellten Befunde sehr deutlich, dass bei der Rückstellung von der Einschulung zwar herkunftsbedingt ungleiche Bildungschancen eine Rolle spielen, diese aber durch vorschulische Bildungsangebote zumindest teilweise ausgeglichen werden können. Darüber hinaus sind auch für die gesamte schulische Bildungsbiographie (schulformbezogene Bildungsbeteiligung, Kompetenzentwicklung) langfristig positive Einflüsse zu beobachten, wenn eine Teilnahme an vorschulischen Bildungsangeboten vorliegt.

In bildungspolitischer Sicht ist daraus zu schlussfolgern, dass ein weiterer Kita-Ausbau auch für Kinder unter drei Jahren eine geeignete Maßnahme darstellt, um herkunftsabhängige Bildungsbenachteiligungen schon von Anfang an abzumildern. Wenn nicht diejenigen Familien, die am stärksten von dieser Förderung profitieren, aus finanziellen Gründen ausgeschlossen bleiben sollen, müssen Möglichkeiten gefunden werden, damit diese Familien beitragsfrei gestellt werden können.[15]

5.3 Herkunftsbezogene Bildungsbenachteiligung in der Primarstufe

Wie wir gesehen haben, unterscheiden sich Kinder beim Eintritt in die Grundschule dadurch, ob und wie lange sie zuvor an vorschulischen Bildungsangeboten teilgenommen haben. Dies hat nicht nur Folgen für die spätere Bildungsbiographie in der Sekundarstufe I, sondern äußert sich auch bereits in der Grundschule in Form von Kompetenzunterschieden, mit denen Kinder ihre Schullaufbahn beginnen. Aus ungleichheitstheoretischer Perspektive ist dabei besonders interessant, wie sich diese Kompetenzunterschiede in Abhängigkeit von der sozialen Herkunft ent-

15 Der Autorengruppe Bildungsberichterstattung (2010, 59) zufolge werden außerdem Kinder aus Familien mit hohem sozioökonomischen Status häufiger vorzeitig eingeschult. Dieser Aspekt von (indirekter) Bildungsbenachteiligung ist deshalb besonders zu beachten, weil hier die Eltern im Gegensatz zur Rückstellung vom Schulbesuch einen größeren Entscheidungsspielraum haben. Das Elternrecht spielt somit auch in dieser Hinsicht eine wichtige Rolle.

wickeln. Gelingt es in der zumeist vierjährigen Grundschulzeit, diese unterschiedlichen Eingangsvoraussetzungen zu nivellieren, indem vor allem Kindern aus Familien mit niedrigem elterlichen Bildungshintergrund ermöglicht wird, Kompetenzzuwächse zu erzielen? Oder lässt sich im Gegenteil ein Schereneffekt beobachten, wonach vor allem diejenigen Kinder vom Grundschulunterricht profitieren können, die bereits Kompetenzvorsprünge mitbringen (nach dem Matthäus-Prinzip: »Wer schon hat, dem wird gegeben«)? Oder zeigen sich insgesamt unter Berücksichtigung der Eingangsleistungsfähigkeit parallele Kompetenzzuwächse unabhängig von der sozialen Herkunft?

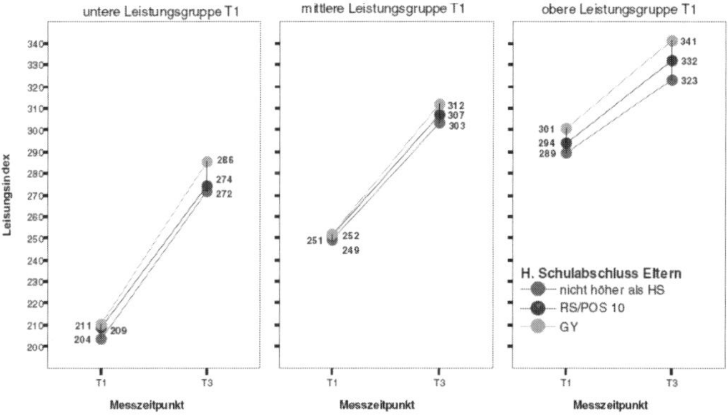

Abb. 5.1: Schülerleistungen am Messzeitpunkt T1 und T3 in Abhängigkeit von der Eingangsleistung und dem Bildungsstatus der Eltern (Ditton/Krüsken 2009, 53)

Ditton/Krüsken (2009) haben zu diesen Fragen eine wichtige Untersuchung vorgelegt. In Sachsen und Bayern untersuchten sie insgesamt etwa 1400 Schülerinnen und Schüler in Grundschulen zu drei Messzeitpunkten: am Ende der zweiten Jahrgangsstufe (T1), am Ende der dritten Jahrgangsstufe (T2) und am Ende der vierten Jahrgangsstufe (T3). Um genauere Aussagen über die Leistungsentwicklung der Schülerinnen und Schüler im Untersuchungszeitraum von zwei Jahren machen zu können, bildeten sie auf der Basis der ermittelten Kompetenzwerte des ersten Messzeitpunkts drei Leistungsgruppen (geringe/mittlere/hohe Schulleistung). Dazu diente ihnen ein Leistungsindex, der aus den gezeigten Werten in der Rechtschreibfähigkeit, im Leseverständnis und in den mathematischen Fähigkeiten ermittelt wurde. Was lässt sich über die Lernfortschritte in den so definierten Gruppen sagen und wichtiger: Welche Rolle spielt die soziale Herkunft der Schülerinnen und Schüler für ihre jeweiligen Lernzuwächse?

In den Daten zeigt sich zunächst, dass alle drei Schülergruppen erfreuliche Kompetenzzuwächse in den beiden letzten Grundschuljahren zeigen. Darüber hinaus wird deutlich, dass dieser Zuwachs in der unteren Leistungsgruppe besonders hoch ausfällt. Diese Kinder, die am Ende der zweiten Klasse nur vergleichsweise geringe Fähigkeiten im Leseverständnis, in der Rechtschreibung und in Mathematik zeigen, können also vom Grundschulunterricht in besonderer Weise profitieren. Da sich diese Gruppe zu einem großen Teil (40 %) aus Schülerinnen und Schülern mit niedrigem elterlichen Bildungsstatus zusammensetzt (demgegenüber sind Eltern mit Gymnasialabschlüssen nur zu 15 % vertreten), können diese Daten als Hinweis darauf gelesen werden, dass die aus der Sekundarstufe I bekannten Schereneffekte der Leistungsentwicklung in der Grundschule noch nicht sehr ausgeprägt sind. Hier erweist sich das Niveau der Eingangsleistung am Ende der zweiten Klasse für den Lernzuwachs als relevanter als der Bildungshintergrund der Eltern. Gleichwohl zeigen die Daten aber auch sehr deutlich, dass die Kinder der unteren Leistungsgruppe trotz der erfreulichen Lernzuwächse am Ende der vierten Klasse noch unterhalb des Leistungsniveaus angesiedelt sind, auf dem sich die leistungsstarken Kinder befinden, die zu einem großen Teil aus Familien mit hohem Bildungsstatus (Eltern mit Gymnasialabschluss) stammen.

In eine solche Richtung weisen auch die 2001 und 2006 durchgeführten Internationalen Grundschul-Lese-Untersuchungen (IGLU), die ebenfalls klar erkennen lassen, dass die erreichten Lesekompetenzwerte der Kinder am Ende der Grundschulzeit in einem deutlichen Zusammenhang mit deren sozialer Herkunft stehen (zu den verwendeten EGP-Klassen siehe Kap. 3.3.1).

Hier zeigt sich am Ende der Grundschule zwischen den Kindern der oberen Dienstklasse und Kindern von un- und angelernten Arbeitern eine mittlere Differenz in der Leseleistung, die mit gut 50 Punkten fast dem entspricht, was Kinder in einem

Jahr hinzulernen. Damit finden wir bereits bei zehnjährigen Kindern erhebliche herkunftsbedingte Disparitäten beim Bildungserfolg.

Tab. 5.2: Mittlere Lesekompetenz nach sozialer Herkunft (EGP-Klassen) (Stubbe/Bos/Hornberg 2007, 107)

	2001			**2006**		
	M	**(SE)**	**SD**	**M**	**(SE)**	**SD)**
Obere Dienstklasse (1)	574	2,3)	57	581	(2,7)	56
Untere Dienstklasse (II)	**564**	**(3,1)**	**62**	**571**	**(3,5)**	**56**
Routinedienstleistungen (III)	543	(3,1)	61	551	(3,5)	61
Selbständige (IV)	**549**	**(4,0)**	**62**	**557**	**(3,6)**	**56**
Facharbeiter und leitende Angestellte (V, VI)	532	(2,2)	62	541	(3,0)	61
Un- und angelernte Arbeiter, Landarbeiter (VII)	**518**	**(2,8)**	**67**	**529**	**(2,4)**	**64**

Allerdings – und hier unterscheiden sich die Ergebnisse deutlich von den Resultaten der PISA-Studien – sind die Disparitäten noch nicht so massiv ausgeprägt wie später bei den 15-jährigen Schülerinnen und Schüler am Ende der Sekundarstufe I, bei denen diese Differenz in einer Größenordnung liegt, die den Lernfortschritten von etwa eineinhalb Jahren entspricht (siehe unten). Vielmehr liegen die für Deutschland beobachteten Werte in der IGLU-Untersuchung in einer Größenordnung, wie sie für viele andere europäische Länder auch beobachtet werden.

Auch wenn also in dieser Phase des schulischen Bildungserwerbs im Grundschulalter die Kopplung von sozialer Herkunft und Lesekompetenz noch vergleichsweise moderat ausfällt, haben die Ergebnisse der IGLU-Untersuchungen den Blick auf einen anderen Aspekt der Herstellung von herkunftsbedingten Bildungsungleichheiten gelenkt: Die in der Grundschule von Lehrerseite abgegebene Empfehlung für den Besuch weiterführender Schulen. Diese spielt – wie wir sehen werden – eine wichtige Rolle für den je unterschiedlichen Verlauf der weiteren Bildungsbiographie und basiert keineswegs allein auf den gezeigten schulischen Leistungen der Schülerinnen und Schüler.

5.4 Herkunftsbezogene Bildungsbenachteiligung beim Übergang in die Sekundarstufe I

In der empirischen Bildungsforschung besteht weitgehende Einigkeit darüber, dass den im deutschen Bildungssystem vorgegebenen schulischen Übergängen eine entscheidende Bedeutung bei der Entstehung und Aufrechterhaltung von herkunftsbedingten Bildungsungleichheiten zukommt. Vor allem der Übergang von der Grundschule in die Sekundarstufe I wird dabei als zentrale Gelenkstelle für den weiteren Bildungsbiographieverlauf von Schülerinnen und Schülern erkannt. Die besondere Ungleichheitsrelevanz ergibt sich daraus, dass die sich im weiteren Lebensverlauf anschließenden Bildungschancen in hohem Maße von dieser ersten und frühen schulischen Aufteilung der Kinder auf die verschiedenen Bildungsgänge in der Sekundarstufe I abhängen.

Die sich hier ergebenden sozialen Disparitäten in den schulformbezogenen Bildungsbeteiligungsquoten standen bereits in der zweiten Hälfte der 1960er Jahre im Mittelpunkt des Interesses der bildungsbezogenen Ungleichheitsdebatten. Hier ging es vor allem um den erschwerten Zugang der Kinder aus Arbeiterfamilien zu gymnasialer Bildung und zu Hochschulen, der die Vorstellung einer bildungsgerechten Gesellschaft nachhaltig erschütterte. In den nachfolgenden Jahrzehnten wurden deshalb eine Reihe institutioneller Veränderungen auf den Weg gebracht, die zu einer Angleichung der herkunftsbedingt ungleichen Bildungschancen führen sollten: die Verlängerung der Pflichtschulzeit auf neun Jahre, die Lockerung bzw. Abschaffung von Aufnahmeprüfungen an weiterführenden Schulen, der Verzicht auf Schulgeld, der Ausbau von Realschulen und Gymnasien in ländlichen Regionen oder die Einrichtung von Stipendienprogrammen für Kinder aus Elternhäusern mit niedrigem Einkommen. Was haben diese Maßnahmen in den nachfolgenden Jahrzehnten dazu beitragen können, den nach sozialer Herkunft ungleich verteilten Zugang zu höherer Schulbildung anzugleichen?

Die entsprechenden, sich über mehrere Jahrzehnte erstreckenden Untersuchungen zur herkunftsspezifischen Bildungsbeteiligung zeigen – wie Maaz (2006, 231) resümiert – »dass der

Zusammenhang zwischen Herkunft und Bildungsgang in einzelnen Segmenten schwächer geworden ist (Henz & Maas 1995; Müller & Haun 1994; Müller & Pollack 2004; Schimpl-Neimanns 2000). Die Einflüsse des sozialen Hintergrunds sind bei der Entscheidungsalternative zwischen Haupt- und Realschule zurückgegangen, während soziale Disparitäten des Gymnasialbesuchs oder der universitären Ausbildung weitgehend stabil geblieben sind.« Demnach hat die seit den 1960er Jahren fortschreitende Bildungsexpansion also vor allem dazu beigetragen, Kindern aus Familien mit niedrigem elterlichen Bildungshintergrund den Zugang zur Realschule zu erleichtern, wohingegen das Gymnasium in weiten Teilen seine soziale Exklusivität wahren konnte.

Tab. 5.3: Gruppenspezifische Standards (»kritische Werte«) für die Gymnasialpräferenzen der Lehrkräfte und der Eltern – Gesamtskala Lesen (Werte für 2001 in Klammern) (Arnold u.a. 2007, 286)

	Gruppenspezifischer Standard (›kritischer Wert‹) für eine Gymnasialpräferenz der Lehrkräfte	**Gruppenspezifischer Standard (›kritischer Wert‹) für eine Gymnasialpräferenz der Eltern**
Obere Dienstklasse (I)	537 (551)	498 (530)
Untere Dienstklasse (II)	569 (565)	559 (558)
Routinedienstleistungen (III)	582 (590)	578 (588)
Selbstständige (IV)	580 (591)	556 (575)
Facharbeiter und leitende Angestellte (V, VI)	592 (603)	583 (594)
Un- und angelernte Arbeiter, Landarbeiter (VII)	614 (601)	606 (595)
Gesamt	580 (581)	565 (572)

Einen wichtigen Beitrag zur fortbestehenden herkunftsbedingten Ungleichheit beim Zugang zum Gymnasium leisten die am Ende der vierten Grundschulklasse ausgesprochenen Empfehlungen der

Lehrerinnen und Lehrer für die weitere Schullaufbahn der Kinder. Die IGLU-Untersuchungen 2001 und 2006 zeigen nicht nur, dass die Chancen auf Erwerb von Lesekompetenz bis zum Ende der Grundschulzeit in einem deutlichen Zusammenhang zur sozialen Herkunft der Kinder stehen. Deutlich wird darüber hinaus, dass ein gleiches Ausmaß an Lesekompetenz ganz offensichtlich – je nach Herkunftsfamilie, aus der das Kind stammt – aus der Perspektive von Lehrerinnen und Lehrern durchaus etwas Ungleiches bedeutet. So zeigt die nachfolgende Tabelle, ab welchem kritischen Wert bei der Lesekompetenz Schülerinnen und Schüler von den Lehrkräften an Grundschulen eine Gymnasialempfehlung erhalten. Wäre tatsächlich – so wie es die meritokratische Grundidee beinhaltet – das schulische Leistungsvermögen der Schülerinnen und Schüler für den weiteren Weg auf das Gymnasium ausschlaggebend, so dürften sich die Kompetenzwerte der Schülerinnen und Schüler mit Gymnasialempfehlung in den verschiedenen sozialen Herkunftsgruppen nicht wesentlich unterscheiden. Die Daten indes zeigen hier ein deutlich anderes Bild.

Diesen Ergebnissen zufolge muss ein Facharbeiterkind im Durchschnitt 592 Kompetenzpunkte aufweisen, um von den Lehrkräften eine Gymnasialempfehlung zu erhalten, während bei Kindern von höheren Beamten oder Spitzenmanagern (obere Dienstklasse) dafür bereits 537 Kompetenzpunkte ausreichen. Mit anderen Worten: Kinder aus Herkunftsfamilien mit geringem sozioökonomischem Status müssen deutlich bessere Leistungen aufweisen, um von ihren Grundschullehrerinnen und -lehrern für ein Gymnasium empfohlen zu werden.

Dass also neben den Kompetenzen der Schülerinnen und Schüler noch andere Aspekte eine Rolle spielen, wenn es um die Schullaufbahnempfehlung eines Kindes geht, zeigt auch der Befund aus der ersten IGLU-Untersuchung aus dem Jahr 2001, wonach sich nur etwa 40 % der Unterschiede bei der ausgesprochenen Empfehlung über die Testleistungen in Mathematik und im Lesen erklären lassen (Arnold u. a. 2007, 281). Das heißt mit anderen Worten, dass noch andere Einflussfaktoren maßgeblich am Zustandekommen der Grundschulempfehlung beteiligt sein müssen.

Natürlich haben auch die Präferenzen der Eltern hinsichtlich der weiteren Schullaufbahn ihrer Sprösslinge eine wesentliche Bedeutung. Hier ergibt sich eine Art »stille Komplizenschaft« von

Elternhaus und Schule bei der Herstellung von ungleichen Zugangschancen zum Gymnasium. Das verdeutlicht die rechte Spalte von Tab. 5.3 (auf Seite 141). Dort ist dargestellt – wiederum in Abhängigkeit von der familialen Herkunftsgruppe –, ab welcher Lesekompetenz die Eltern für ihre Kinder eine gymnasiale Laufbahn anstreben. Während den Eltern der oberen Dienstklasse hier bereits 498 Kompetenzpunkte ausreichen, können sich Eltern mit Facharbeiterhintergrund offensichtlich erst bei 583 Kompetenzpunkten eine gymnasiale Laufbahn für ihr Kind vorstellen. Dabei hat sich diese Diskrepanz im Vergleich der beiden IGLU-Untersuchungen inzwischen sogar noch verstärkt. So liegt bei Eltern der oberen Dienstklasse der kritische Wert im Jahr 2006 um mehr als 30 Kompetenzpunkte niedriger als noch 2001, während die Schwelle zum Gymnasium bei un- und angelernten Arbeitern 2006 noch einmal weiter um etwa zehn Kompetenzpunkte angestiegen ist im Vergleich zu 2001.

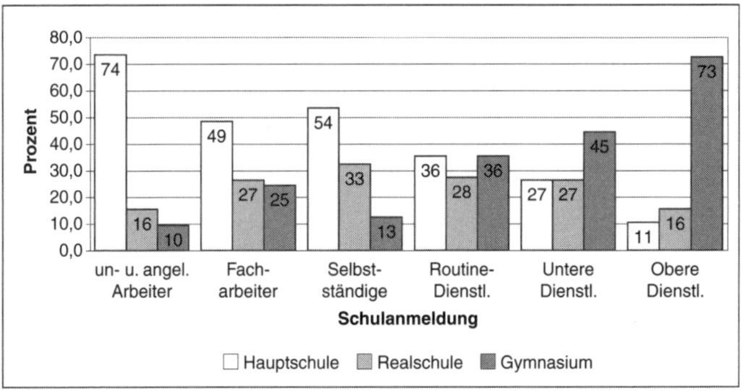

Abb. 5.2: Schulanmeldungen nach EGP-Klassen in Bayern (Ditton 2007, 73)

Vor diesem Hintergrund ist von Interesse, wie Eltern in Abhängigkeit von ihrem sozialen Status mit den Grundschulempfehlungen umgehen, d. h. welche Verbindlichkeit sie den von den Lehrerinnen und Lehrern ausgesprochenen Empfehlungen zumessen. Hierzu hat eine Arbeitsgruppe um Ditton (2007) eine wichtige Studie zu Kompetenzaufbau und Laufbahnen im Schulsystem (KOALA-S) vorgelegt. Es handelt sich um eine Längsschnittstudie über Kinder vom Ende der dritten bis zum Ende der vierten Klasse, die in den Jahren 2003 bis 2004 an Grundschulen in Bayern durchgeführt wurde. Ein zentrales Forschungsinteresse richtete sich dabei auf das Zusammenwirken von Bildungsaspirationen der Eltern, den Übertrittsempfehlungen der Lehrkräfte und den tatsächlich vorgenommenen Anmeldungen an weiterführenden Schulen im Anschluss an die Grundschule.

Schaut man auf die Befunde zum letztgenannten Punkt, dann ergibt sich das erwartete Bild. Mit steigendem Sozialstatus der Herkunftsfamilie erhöht sich der Anteil der Eltern, die ihr Kind auf einem Gymnasium anmelden. Sind dies unter den Facharbeitereltern ein Viertel, so beträgt der entsprechende Anteil in den Familien aus der oberen Dienstklasse fast drei Viertel aller Familien. So wie der Anteil der Gymnasialanmeldungen nahezu kontinuierlich ansteigt, geht entsprechend der Anteil der Anmeldungen an Hauptschulen zurück. Doch in welchem Verhältnis steht dieses Anmeldeverhalten zu den Grundschulempfehlungen, die die Kinder erhalten haben? Die Daten zeigen deutlich eine insgesamt geringere Bereitschaft auf Seiten der statushohen Eltern, die ausgesprochene Übergangsempfehlung von Lehrerseite zu akzeptieren.

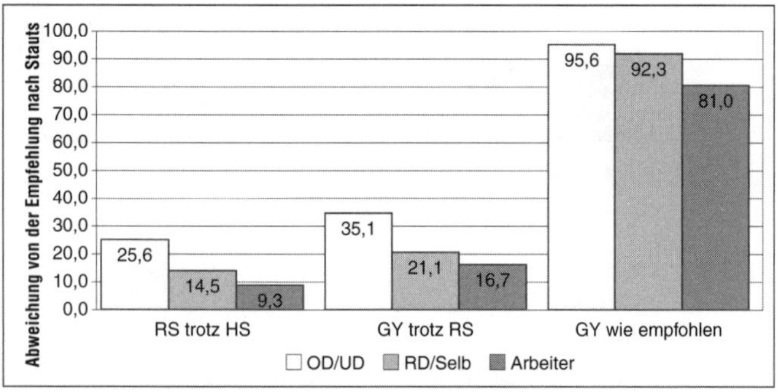

Abb. 5.3: Anteile von abweichenden Schulanmeldungen gegenüber der Grundschulempfehlung nach EGP-Klassen in Bayern (Ditton 2007, 76)

Eltern aus der unteren und oberen Dienstklasse nehmen zu einem beträchtlichen Teil bei der tatsächlichen Schulanmeldung ihrer

Kinder Korrekturen nach oben vor. Erhalten ihre Kinder lediglich eine Hauptschulempfehlung, so melden ein Viertel der Eltern die Kinder dennoch an einer Realschule an. Noch deutlich tritt eine solche Nicht-Akzeptanz der Übergangsempfehlung zutage, wenn das Kind lediglich eine Realschulempfehlung erhält. Dann entscheidet sich mehr als ein Drittel der Eltern aus dieser Herkunftsgruppe trotzdem für eine Anmeldung in einem Gymnasium. Die erkennbare Bereitschaft, auch gegen eine abweichende Grundschulempfehlung höhere Bildungsgänge in der Sekundarstufe I für ihre Kinder zu realisieren, wie es Eltern aus der unteren und oberen Dienstklasse häufig tun, erhält hier vor allem dann noch einmal ein besonderes Gewicht, wenn man berücksichtigt, dass in Bayern die Hürden relativ hoch sind, Bildungsentscheidungen gegen die Vorgaben der Grundschule zu treffen. Hier muss das Kind in der Folge einen Probeunterricht an der Realschule oder einem Gymnasium erfolgreich bestehen.

In einem krassen Missverhältnis dazu steht das Übergangsverhalten in Facharbeiterfamilien. Obwohl ein Kind eine Gymnasialempfehlung erhalten hat, geben sich fast 20 % der Eltern und Kinder mit einer niedrigeren Schulform zufrieden. Auch wenn bei solchen Befunden »bayerische Besonderheiten« (insgesamt geringe Übergangsquoten auf das Gymnasium, hohe Verbindlichkeit der Grundschulempfehlung, relativ gutes Ansehen von Hauptschulen) in Rechnung zu stellen sind, zeigt sich hier dennoch deutlich ein Muster, das auch durch andere Studien bestätigt worden ist: Die Bereitschaft der Eltern zu Korrekturen der Schullaufbahnempfehlung für ihre Kinder ist in Familien mit hohem sozioökonomischen Status deutlich stärker ausgeprägt (van Ophuysen/Harazd 2008).

In der Summe zeigen solche Ergebnisse sehr deutlich, dass sowohl auf Seiten der Lehrkräfte an Grundschulen als auch auf Seiten der Eltern leistungs*un*abhängige Kriterien Eingang finden, wenn es um die Frage geht, auf welche Schule ein Kind im Anschluss an die Grundschule wechseln soll. An dieser wichtigen Gelenkstelle des Bildungssystems greifen also gleich mehrere Mechanismen bei der sozialen Benachteiligung der Kinder aus Familien mit geringem sozioökonomischem Status. Sie starten im Durchschnitt nicht nur mit geringeren Ausgangskompetenzen in ihre schulische Laufbahn, sondern sie werden zusätzlich selbst dann benachteiligt, wenn sie trotz dieser schlechteren Startbedingungen eine positive Leistungsentwicklung zeigen. Ihre Leistungen müssen deutlich besser sein als bei Kindern aus statushohen Familien, wenn sie vergleichbare Bildungschancen (in Form des Zugangs zum Gymnasium) haben wollen. Im Ergebnis spiegeln sich hier die herkunftsbedingt ungleichen Bildungsbeteiligungsmuster in den jeweiligen Schulformen der Sekundarstufe I wider, die wir seit vielen Jahrzehnten kennen.

5.5 Herkunftsbezogene Bildungsbenachteiligung in der Sekundarstufe I

Wie sich die tatsächlichen Chancen eines Jugendlichen darstellen, der ein Gymnasium (statt einer Realschule) besuchen möchte, lässt sich in Abhängigkeit von seiner sozialen Herkunft gut mit Hilfe der PISA-Daten zeigen. In Tab. 5.4 wird deutlich, um welchen Faktor sich die Wahrscheinlichkeit eines Gymnasialbesuchs erhöht bzw. verringert, wenn das Kind einer bestimmten Herkunftsgruppe angehört. Außerdem zeigt die Tabelle, wie sich das soziale Ungleichheitsgefüge beim relativen Schulbesuch zwischen der ersten und der zweiten PISA-Untersuchung entwickelt hat.

Tab. 5.4: Relative Chancen des Gymnasialbesuchs in Abhängigkeit von der Sozialschichtzugehörigkeit am Beispiel von PISA 2000 und 2006 (Baumert/Maaz 2010, 35)

Sozialschichtzugehörigkeit der Eltern	**Bildungsgang (Ref. Realschule)**			
	2000		**2006**	
	I	**II**	**I**	**II**
Obere Dienstklasse (I)	4,3	2,9	2,7	2,2
Untere Dienstklasse (II)	3,3	2,4	2,1	1,9
Routinedienstleistungen (III)	1,8	1,8	1,6	1,3
Selbstständige (IV)	1,9	1,6	n. s.	n. s.
Facharbeiter (V, VI)	**1**	**1**	**1**	**1**
Un- und Angelernte Arbeiter (VII)	n. s.	n. s.	0,7	0,8

I = ohne Kontrolle von Kovariaten, II = Kontrolle von kognitiven Grundfähigkeiten und Lesekompetenz, n. s. = nicht signifikant.

Um die Ergebnisse angemessen verstehen zu können, ist es zunächst wichtig, dass die angegebenen Chancen für den Besuch eines Gymnasiums hier als Chancenverhältnis dargestellt sind. Die Zahlen geben also Auskunft darüber, um welchen Faktor sich diese Chance z. B. für Kinder aus einer Familie der unteren Dienstklasse im Vergleich zu Kindern aus einer Facharbeiterfamilie erhöht, die als Referenzgruppe dienen. Dabei werden in der Tabelle zwei Fälle unterschieden: In der ersten und dritten Spalte (Modell I) ist angegeben, wie sich hier allein die Tatsache auswirkt, einer Familie aus einer bestimmten Herkunftsgruppe anzugehören. Wenn z. B. für die PISA-Daten aus dem Jahr 2000 ersichtlich wird, dass Kinder aus Familien der oberen Dienstklasse im Vergleich zu Facharbeiterkindern eine 4,4-fach höhere Chance auf einen Gymnasialbesuch haben, dann drückt sich darin noch nicht notwendigerweise eine Bildungsbenachteiligung aus. Wenn man der Vorstellung folgt, dass es bildungsgerecht ist, dass die schulisch Leistungsfähigsten ein Gymnasium besuchen können sollen, dann ist zu berücksichtigen, dass die Kinder aus der oberen Dienstklasse deshalb eine deutlich höhere Chance haben könnten, weil sie kognitiv leistungsfähiger sind.

Unter Ungleichheitsgesichtspunkten sind daher die Spalten zwei und vier (Modell II) besonders interessant. Hier wird nämlich angegeben, wie sich die Chancen auf einen Gymnasialbesuch in Abhängigkeit von der sozialen Herkunft darstellt, wenn man die kognitive Leistungsfähigkeit als wichtigen Einflussfaktor kontrolliert (konstant hält). Im Modell II zeigt sich mit anderen Worten der *leistungsunabhängige* Einfluss der sozialen Herkunft auf die schulformbezogenen Bildungsbeteiligungschancen.

Welche zentralen Ergebnisse lassen sich dieser Tabelle nun entnehmen? Zum einen wird deutlich, dass in beiden PISA-Untersuchungen ein klarer Einfluss der sozialen Herkunft auf die Chance für eine Gymnasialbildung erkennbar wird, selbst wenn sich die Schülerinnen und Schüler in ihren Kompetenzen nicht unterscheiden. So haben Kinder aus der unteren Dienstklasse im Vergleich zu Facharbeiterkindern eine ungefähr zweieinhalbfach höhere Chance (2,4). Kinder aus der oberen Dienstklasse haben im Vergleich dazu eine fast dreifach höhere Chance (2,9), auch bei gleichen kognitiven Grundfähigkeiten (Lesekompetenz) ein Gymnasium besuchen zu können (Ergebnisse 2000).

Schaut man sich die PISA-Ergebnisse aus den Jahren 2000 und 2006 vergleichend an, wird zudem deutlich, dass sich die herkunftsabhängigen Bildungsbeteiligungschancen nicht grundlegend verändert haben, auch wenn sich insgesamt die sozialen Disparitäten bei den relativen Chancen für einen Gymnasialbesuch leicht verringert haben. Noch immer haben Kinder aus der oberen Dienstklasse im Vergleich zu Facharbeiterkindern eine mehr als doppelt so hohe Chance (2,2), ein Gymnasium besuchen zu können (auch hier gilt: bei vergleichbaren kognitiven Kompetenzen!).

Diese herkunftsabhängige Zugangschance zum Gymnasium zeigt sich spiegelbildlich im Hinblick auf die Wahrscheinlichkeit zum Besuch einer Hauptschule, die in den letzten Jahrzehnten – wenn es sie als Schulform in den Bundesländern überhaupt noch gibt[16] – zunehmend weniger Schülerinnen und Schüler anzieht und mittlerweile alles andere als – quantitativ gesehen – eine *Haupt*schule ist. Besuchten im Jahr 1992 noch 26 % der Jugendlichen in Jahrgangsstufe 8 eine Hauptschule, so ist dieser Anteil bis 2008 weiter abgesunken auf 20,4 %, wobei sich hier deutliche Unterschiede zwischen den Bundesländern zeigen (Autorengruppe Bildungsbericht 2010, 66f.). Auch wenn sich vor diesem Hintergrund der regionalen Unterschiede (in Bayern etwa besuchen noch mehr als 30 % eines Jahrgangs eine Hauptschule) verbietet, von der Hauptschule pauschal als Restschule zu sprechen, so ist andererseits doch unübersehbar, dass mittlere Schulabschlüsse (Realschule) in den letzten Jahrzehnten zunehmend zum Mindeststandard schulischer Bildung geworden sind.

Für diejenigen, die diesem Mindeststandard nicht entsprechen (können), kann dies mit Stigmatisierungsprozessen verbunden sein (»nur Hauptschule«), die auch dadurch verstärkt werden können,

16 Die Autorengruppe Bildungsberichterstattung (2010, 64) resümiert die Entwicklungen im Bereich der Hauptschule in der Weise, dass mittelfristig in elf der sechzehn Länder im Sinne eines »Zwei-Säulen-Modells« neben dem Gymnasium (mit dem Abitur nach zwölf Schuljahren) nur noch eine Schulart mit mehreren Bildungsgängen (zum Teil mit dem Abitur nach 13 Jahren) sowie in einer Reihe von Ländern die Integrierte Gesamtschule (überwiegend mit dem Abitur nach 13 Jahren) existieren wird.

dass Hauptschulen in der öffentlichen Wahrnehmung zunehmend mit dem Etikett »Problemschule« versehen sind. Hier spielt eine wichtige Rolle, dass sich in einem beträchtlichen Teil der Hauptschulen (wiederum mit großen Unterschieden zwischen den Bundesländern) ein hoher Anteil von Schülerinnen und Schülern findet, der ungünstige Voraussetzungen für eine erfolgreiche schulische Laufbahn mitbringt (elterliche Arbeitslosigkeit, geringes Bildungsniveau der Eltern, Migrationshintergrund). Dabei erweisen sich solche herkunftsabhängigen Merkmale bei der Zusammensetzung der Schülerschaft als durchaus bedeutsam für die Chancen einer positiven Leistungsentwicklung der Kinder.

Bei der Frage, wie die Hauptschule soziale Ungleichheiten verstärkt, machen Trautwein/Baumert/Maaz (2007, 6) zwei Mechanismen aus. Zum einen sind – wie oben gesehen – Kinder aus bildungsfernen Elternhäusern selbst bei Berücksichtigung ihres Leistungsstands an Hauptschulen überrepräsentiert und zweitens kommt es infolge unterschiedlicher Lernzuwächse an den verschiedenen Schulformen zu einem zunehmenden Auseinanderklaffen der Schulleistungen im weiteren Verlauf der Schulbiographie. Mit anderen Worten: Wenn man Schülerinnen und Schüler, die am Ende der Grundschulzeit ein vergleichbares Kompetenzprofil aufweisen, auf ihrem weiteren schulischen Weg verfolgt, dann werden Kinder bzw. Jugendliche im Schnitt dann größere Leistungszuwächse zeigen, wenn sie eine höhere Schulform besuchen (trotz ihrer vergleichbaren Ausgangssituation). Zur Erklärung des Zustandekommens dieser auch als Schereneffekt bezeichneten Vergrößerung der Leistungsabstände in Abhängigkeit von der besuchten Schulform werden häufig die folgenden vier Wirkungsmechanismen herangezogen, für die sich empirische Hinweise finden (Trautwein/Baumert/Maaz 2007, 6):

1. Die in den Schulformen beobachtbaren unterschiedlichen Leistungsentwicklungen spiegeln lediglich Leistungsunterschiede wider, die bereits vor der Sekundarstufe vorhanden waren. Der Schereneffekt ist also eine Folge der Eingangsselektivität der unterschiedlichen Schulformen.
2. Institutionelle Effekte in Form spezifischer Förderrahmenbedingungen sind verantwortlich zu machen, die z. B. über unterschiedliche Stundentafeln, Lehrpläne oder Ausbildungsmerkmale der Lehrkräfte wirksam werden.

3. Es ist die unterschiedliche leistungsbezogene, soziale und kulturelle Zusammensetzung der Schülerschaften an den verschiedenen Schulformen, die am Zustandekommen der unterschiedlichen Leistungsverläufe beteiligt sind.
4. Die Unterrichtsqualität und die sozialen und kulturellen Eigenheiten des jeweiligen schulischen Einzugsgebiets spielen für die Entstehung von Schereneffekten eine wichtige Rolle.

Für die Erklärung der Folgewirkungen herkunftsbedingter Bildungsungleichheiten sind der Nachweis von Schereneffekten nicht nur wichtig, weil die Zuweisung zu unterschiedlichen Schulformen mit unterschiedlichen Chancen für Lernfortschritte und Leistungszuwächse verbunden ist. Sie sind auch deshalb bedeutsam, weil sie auf die eingeschränkten Möglichkeiten »nachholender Bildung« verweisen, insofern die sich auseinander entwickelnden Leistungsprofile schulische Anschlussoptionen erschweren (wenn z. B. Schülerinnen und Schüler im Anschluss an die Hauptschule einen Realschulabschluss erwerben wollen).

Hier spielen neben leistungsbezogenen auch motivationale Faktoren eine wichtige Rolle. So ist z. B. bekannt, dass eine Konzentration von Schülerinnen und Schülern mit schulischen Misserfolgen (z. B. in Form von Klassenwiederholungen, wie sie häufiger in Hauptschulen beobachtet werden) ungünstige Folgen für die Selbstwirksamkeitsüberzeugungen der Schülerinnen und Schüler haben und zwar unabhängig von der eigenen erfolgreichen oder weniger erfolgreichen individuellen Schulbiographie (Trautwein/Baumert/Maaz 2007, 7). Wenn sich in einer Schulklasse also viele Schülerinnen und Schüler finden, die eine Klasse wiederholt haben, kann dies offensichtlich die Erwartung auf Schülerseite mindern, durch individuelle Anstrengung die eigene Schullaufbahn positiv beeinflussen zu können. Damit kommen wir zu einem weiteren Aspekt sozial ungleich verteilter Bildungschancen: dem Risiko verzögerter Schullaufbahnen.

5.6 Klassenwiederholungen und Rückstufungen

Die herkunftsbedingten Disparitäten beim Übergang in die Sekundarstufe I werfen zunächst nur einen punktuellen Blick auf schulische Laufbahnen. Nach der Grundschule auf eine bestimmte Schulform zu wechseln, sagt nichts darüber aus, wie groß die Chancen sind, sich dort auch behaupten zu können. Wie die PISA-Daten zeigen, ist ein erheblicher Anteil der Schülerinnen und Schüler im Verlaufe der Sekundarstufe von Rückstufungserfahrungen betroffen, d. h. sie müssen ihre Schule verlassen, um auf eine niedrigere Schulform zu wechseln. Dies trifft immerhin für 15 % aller 15-jährigen Realschülerinnen und -schüler und sogar für ein Fünftel aller Hauptschülerinnen und -schüler zu (vgl. Tillmann/Meier 2001, 476).

Häufig gehen solche »Abschulungen« mit Klassenwiederholungen einher, die eine weitere Maßnahme darstellen, um leistungsschwächere Schülerinnen und Schüler auszusondern, um auf diese Weise Leistungshomogenität in der Schulklasse zu gewährleisten. Auch hier ist die Anzahl der Schülerinnen und Schüler, die im Verlaufe ihrer schulischen Biographie »eine Ehrenrunde drehen«, ganz erheblich. Die PISA-Studie 2001 weist hier einen Anteil von fast einem Viertel aller 15-Jährigen aus, wobei Schülerinnen und Schüler aus der Hauptschule besonders häufig von einer solchen Verlängerung ihrer Schulzeit betroffen sind (Schümer 2004, 76). Damit gehört Deutschland (zusammen mit Frankreich) im OECD-Vergleich zu den Ländern mit den höchsten Wiederholeranteilen. Dieser Befund ist nicht zuletzt deshalb alarmierend, weil insgesamt nur wenige Schülerinnen und Schüler bei ihrer Leistungsentwicklung von einer Klassenwiederholung nachhaltig profitieren können.[17] Wie Ehmke/Drechsel/Carstensen (2008) in

17 Dass »Sitzenbleiben« auch eine psychosoziale Kostenseite in Form von Versagenserfahrungen und Beschämung hat, wird auch daran erkennbar, dass die Selbstauskunft der Schülerinnen und Schüler eine geringere Klassenwiederholungsquote erbringt als die Auswertung der verlaufsbezogenen Schuldaten (Einschulungsjahr, erreichte Klassenstufe) (Krohne/Meier 2004, 120).

der Analyse der PISA I Plus-Daten[18] zeigen, liegt der Anteil der Klassenwiederholer, die trotz der zusätzlichen Lernzeit keinen bedeutsamen Lernzuwachs in Mathematik zeigen oder sich sogar verschlechtern, bei fast 40 %. Dennoch sind Lehrerinnen und Lehrer zu einem großen Teil von der Wirksamkeit dieser Rückstufungsmaßnahme überzeugt.

Was lässt sich nun über das Risiko einer Rückstufung bzw. einer Klassenwiederholung sagen, wenn man die soziale Herkunft der Schülerinnen und Schüler einbezieht? Wie bereits erwähnt ist im Vergleich der Schulformen das Wiederholungsrisiko für Hauptschülerinnen und -schüler am größten: Krohne/Meier (2004, 121) berechnen auf der Basis der PISA-Daten unter den 15-jährigen Hauptschülerinnen und -schülern einen Wiederholeranteil von 42 %. Dieser Befund lässt bereits vermuten, dass Kinder aus Familien mit niedrigem sozioökonomischen Status ebenso wie Kinder aus Familien mit Migrationshintergrund häufiger unter den Wiederholern anzutreffen sind. So zeigt die Auswertung der Shell-Jugendstudie (2006, 69) folgende ungleich verteilten Risiken auf: »Während nur bei jedem sechsten Jugendlichen aus der Oberschicht die Versetzung bereits einmal gefährdet war, sind Jugendliche aus der Unterschicht zu mehr als 40 % betroffen. Nur jeder zehnte Jugendliche aus der Oberschicht, aber jeder vierte aus der Unterschicht musste eine meistens unfreiwillige Verlängerung der Schulbiographie durchmachen.«

Auch Krohne/Meier (2004) weisen auf einen niedrigen sozioökonomischen Status der Herkunftsfamilie als prädiktives Merkmal für eine Klassenwiederholung hin. Wenn man bedenkt, dass Schülerinnen und Schüler im Allgemeinen dann nicht versetzt werden, wenn sie in mindestens zwei Fächern das im Lehrplan

---

18 Bei der PISA-I-Plus-Studie handelt es sich um eine repräsentative Längsschnittuntersuchung von Neunt- und Zehntklässlern in Deutschland, bei der zunächst rund 8500 Neuntklässler untersucht und etwa ein Jahr später hinsichtlich ihrer Kompetenzentwicklung erneut getestet wurden. Unter den etwa 7000 Schülerinnen und Schülern, für die eine zweite Messung vorliegt, befanden sich 360 Klassenwiederholer, welche die neunte Klassenstufe ein zweites Mal durchlaufen haben (Ehmke/Drechsel/Carstensen 2008, 374).

festgelegte Klassenziel am Ende eines Schuljahres nicht erreicht haben, könnte man zu dem Schluss kommen, dass kein Fall von herkunftsbedingter Bildungsungleichheit vorliegt, wenn ein höherer Anteil der Kinder aus Familien mit geringem sozioökonomischen Status das Klassenziel verfehlt. Schließlich gelten – so könnte argumentiert werden – ja für alle die gleichen institutionellen Regelungen (in mindestens zwei Fächern die Note »nicht ausreichend« zu haben).

Dass es sich hier um eine verkürzte Sichtweise handelt, wird deutlich, wenn man in Rechnung stellt, dass die Beurteilung *gezeigter* Leistungen und Kompetenzen in Form von Noten stets das Resultat von sozial eingebetteten Kategorisierungsprozessen ist und gerade nicht ausschließlich die Leistungsfähigkeit und den Kompetenzstand widerspiegelt. Solga (2008, 30) weist auf die Grenzen einer solchen meritokratischen Leitfigur hin, wenn sie schreibt: »Doch diese *Kompetenzen* bedürfen zum einen der *Wahrnehmung* und *Bewertung*, z. B. seitens der LehrerInnen, und damit von sozial eingebetteten Personen und ihren *sozial strukturierten* Wahrnehmungsprozessen. Zum anderen bedürfen diese Kompetenzen und Begabungen nach ihrer ›Entdecklung‹ der *Förderung und Ausbildung*, die – aus konflikttheoretischer Sicht – mit der Stratifizierung von Bildungssystemen eben *nicht* herkunftsunabhängig sind, und zwar deshalb nicht, weil der Zugang zu den einzelnen Bildungsgängen auf der *Bewertung* vorangegangener Leistungen beruht und damit den eben genannten sozial stratifizierten Wahrnehmungen von LehrerInnen und Eltern unterliegt« (Hervorhebungen im Original).

So zeigen auch Bless/Schüpbach/Bonvin (2004), dass die Entscheidung für eine Klassenwiederholung nicht primär von den tatsächlichen Schulleistungen abhängt, sondern zu einem wesentlichen Teil von den Einschätzungen, Einstellungen und Attribuierungen der Lehrpersonen. Sie bilanzieren für die Primarstufe: »Die Art und Weise, wie es zu Repetitionsentscheidungen kommt, stellt das Anordnen von Klassenwiederholungen direkt in Frage, da die wichtigsten Determinanten von den betroffenen Kindern nicht beeinflusst werden. Der Umstand, bei welcher Lehrperson ein schwaches Kind zufällig die Klasse besucht, wird den Entscheid maßgeblich vorstrukturieren. Im Lichte sowohl der Gleichbehandlung aller Schülerinnen und Schüler als auch der

Chancengleichheit ist die Repetition unseres Erachtens nicht vertretbar« Bless/Schüpbach/Bonvin 2004, 136).

Die Frage von Klassenwiederholungen kann als ein weiterer Beleg dafür gelten, dass entgegen einer meritokratisch fundierten Idee von Leistungsgerechtigkeit schulischer Erfolg bei weitem nicht nur Ausdruck von individueller kognitiver Befähigung ist. Schulische Verläufe in einem hoch stratifizierten Bildungssystem mit vielen Übergangsentscheidungen, wie wir es in Deutschland vorfinden, werden in hohem Maße jenseits von tatsächlich vorhandenen Kompetenzen durch vielfältige sozial strukturierte Wahrnehmungs-, Beurteilungs- und Entscheidungsprozesse gesteuert. Solga (2008, 31) resümiert entsprechend: »Je mehr ›Übergänge‹ (z. B. Rückstellungen bei Einschulung, Klassenwiederholung, segregierte Sekundarbildungsgänge, innerschulische Kursstränge u. a.) es quasi zu entscheiden gibt, desto größer ist die Gefahr herkunftsabhängiger Kanalisierungen im Bildungssystem.«

Eine Gruppe, bei der diese Kanalisierungen im Gegensatz zu vielen anderen Gruppen eher günstig verlaufen sind, bilden (im Rückblick) die Studierenden. Deren schulische Bildungsbiographien sind dadurch gekennzeichnet, dass mehrere Zugangsbarrieren (teilweise auch über Umwege) erfolgreich bewältigt werden konnten. Der erfolgreiche Abschluss des Studiums ist allerdings eine wesentliche zu meisternde Hürde auf dem Weg zur Übernahme von gesellschaftlich privilegierten sozialen Positionen. Dass diese Option längst nicht allen Schülerinnen und Schülern offen steht, sondern dass auch hier eine soziale Selektivität im Spiel ist, die sich in den letzten Jahrzehnten kaum abgeschwächt hat, soll nun im Folgenden verdeutlicht werden.

5.7 Soziale Ungleichheit beim Hochschulzugang und im Hochschulstudium

Die Hochschulministerien der am Bologna-Prozess beteiligten Länder definieren in ihrem Londoner Communiqué 2007 Chancengerechtigkeit im Hochschulbereich (»participative equity«) als »(…) the societal goal that the student body entering, participating in and completing higher education should reflect the diversity of our populations." Chancengerechtigkeit im Studium wird also dann erreicht, wenn die soziale Zusammensetzung der Studierendenschaft den jeweiligen Anteilen entspricht, mit denen sie jeweils auch in der Gesamtbevölkerung vertreten sind. Stammen also in der entsprechenden Altersgruppe 40 % der jungen Erwachsenen aus Arbeiterfamilien, dann sollten – so das Gebot einer proportionalen Chancengleichheit – auch unter den Studierenden zwei Fünftel Arbeiterkinder sein. Gleichzeitig erweitert diese Definition die Zielsetzung von Chancengerechtigkeit in der Weise, dass unter Ungleichheitsgesichtspunkten noch weitere Forschungsfragen von Bedeutung sind:

- Studieneintritt: Wer nimmt ein Hochschulstudium auf? Welche nicht leistungsbezogenen Kriterien spielen bei der Entscheidung für ein Studium eine Rolle? Was trägt dazu bei, dass eine vorhandene Studienintention auch realisiert wird? Wie ergeben sich Studienfachwahl und Studienort?
- Studienbedingungen: Unter welchen jeweiligen Rahmenbedingungen (z.B. Finanzierungsnotwendigkeiten) wird ein Studium absolviert? Welche institutionellen Barrieren werden in welcher Form in verschiedenen Studierendenmilieus in Abhängigkeit von welchen Ressourcen bewältigt (oder auch nicht)?
- Studienabschluss: Wer beendet sein (erstes) Studium nach wie vielen Semestern mit welchem Erfolg? Wer entscheidet sich für die Fortsetzung durch ein anschließendes Master-Studium? Inwieweit wird bereits während des Studiums der mögliche Übergang »vorbereitet«?

Schaut man auf die vorliegenden Forschungsbefunde zum Problem der sozialen Ungleichheit im tertiären Bildungssektor, dann ist vor allem die starke Konzentration auf die Übergangsphase in das Studium auffällig. Es liegen also recht gut gesicherte empirische Ergebnisse zu der Frage vor, wie sich die Übergangsquoten in Abhängigkeit von der sozialen Herkunft in den letzten Jahrzehnten entwickelt haben. Hier dienen vor allem die regelmäßigen Sozialerhebungen des Deutschen Studentenwerkes, die im Auftrag des BMBF durchgeführten Studierendensurveys an deutschen Universitäten und Fachhochschulen sowie die europaweiten Surveys des HIS (Hochschulinformationssystem) als wichtige Datenquellen. Demgegenüber ist sehr wenig bekannt über die sozial ungleich gegebenen Rahmenbedingungen des Studiums und die Strategien ihrer Bewältigung. Auch zu der Frage, wie sich die Chancen auf einen erfolgreichen Abschluss des Studiums in Abhängigkeit von der sozialen Herkunft der Studierenden darstellen, gibt es bislang noch wenig empirisch gesichertes Wissen.

Wie stellt sich gegenwärtig die Beteiligung an der Hochschulbildung nach sozialer Zusammensetzung und Bildungsstand der Eltern dar? In dieser Frage liefert der Bildungsbericht 2010 aktuelle Daten für deutsche Studienanfängerinnen und -anfänger im Studienjahr 2007/08 an Universitäten, Fachhochschulen und Verwaltungsfachhochschulen.

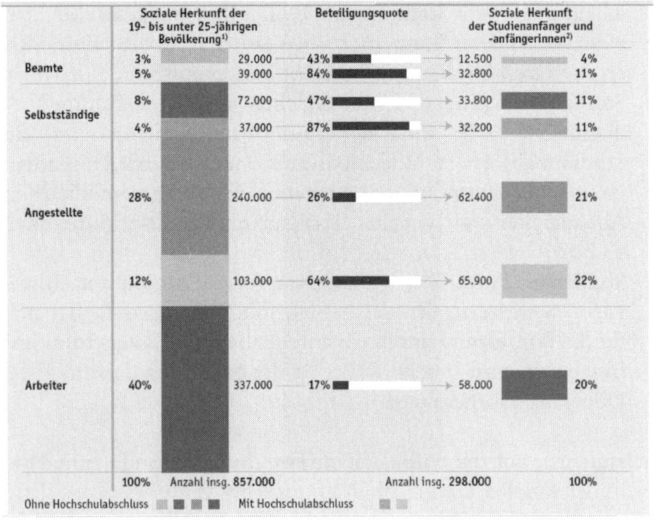

Abb. 5.4: Zugang zu Hochschulbildung nach sozialer Zusammensetzung und Bildungsstand im Elternhaus (Autorengruppe Bildungsberichterstattung 2010, 123)

Die Abb. 5.4 zeigt das Ausmaß an sozialer Selektivität deutlich auf. Obwohl 40 % der 19- bis 25-jährigen jungen Erwachsenen einer Arbeiterfamilie entstammen, stellen sie lediglich ein Fünftel aller Studierenden. Diese Schieflage ergibt sich daraus, dass nur 17 % von ihnen ein Studium beginnen. Ein deutlich anderes Bild zeigt sich, wenn wir Kinder aus Beamtenfamilien betrachten, in denen der Vater über einen Hochschulabschluss verfügt. Diese stellen zwar nur 5 % der entsprechenden Altersgruppe in der Bevölkerung, sind aber unter den Studierenden insgesamt mehr als doppelt so stark vertreten (11 %). Ein ähnliches Bild ergibt sich für Kinder von Selbständigen mit Hochschulabschluss. Auch sie finden wir deutlich häufiger an den Hochschulen, als unter Bedingungen proportionaler Chancengerechtigkeit zu erwarten wäre. Generell zeigen die Daten, dass die Beteiligungsquote an tertiärer Bildung dann vor allem hoch ist, wenn der Vater selbst einen Hochschulabschluss erworben hat. Wie in anderen Bereichen des Bildungssystems zeigt sich auch hier, dass für die Bildungsbeteiligung der Kinder der Bildungshintergrund der Eltern eine größere Rolle spielt als deren berufliche Position.

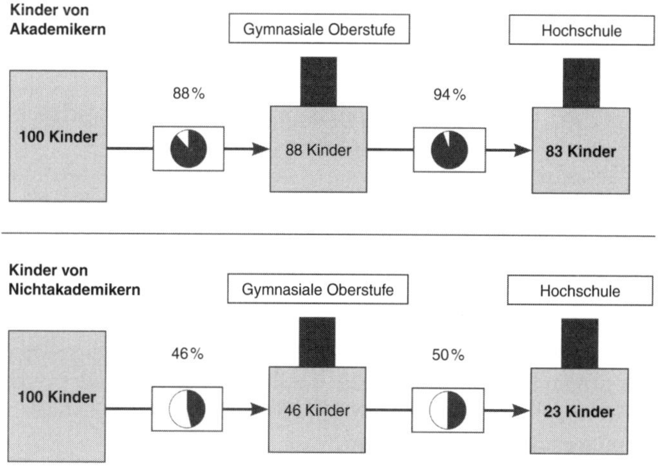

Abb. 5.5: Zugang zur Hochschule bei Kindern von Akademikern und Nicht-Akademikern (Bundesministerium für Bildung und Forschung (BMBF), 2007 a: 18. Sozialerhebung. Bonn)

Trotz dieser derzeit immer noch bestehenden starken sozialen Diskrepanzen beim Zugang zum Hochschulstudium hat sich im Rückblick auf die letzten Jahrzehnte eine leichte Verbesserung der Beteiligungschancen ergeben. So zeigen Müller/Pollak (2004,

326) auf der Basis der Geburtsjahrgänge von 1910 bis 1971, dass Kinder aus Familien der Routinedienstklassen IIIa und IIIb[19] von einer langsamen Annäherung an die Chancen auf ein Hochschulstudium der unteren Dienstklasse II profitieren. Für Kinder aus der Arbeiterelite (V) zeigte sich im Zeitverlauf eine Verbesserung der Chancen, das Abitur zu erreichen, während sich hingegen die Wahrscheinlichkeit für die Aufnahme eines Studiums nicht entsprechend vergrößerte. In diese Richtung weisen auch die Ergebnisse der Längsschnittstudie »Bildungsverläufe und psychosoziale Entwicklung im Jugendalter« (Schnabel u. a. 2002). Sie zeigen, dass die Absicht, ein Studium aufzunehmen, dann um das Eineinhalbfache ansteigt, wenn mindestens ein Elternteil die allgemeine Hochschulreife statt eines niedrigen Bildungsabschlusses besitzt. Wichtig ist dabei, dass diese höhere Bereitschaft zum Hochschulstudium besteht, obwohl der Einfluss von Fachleistungen, Noten und fachspezifischen Leistungen kontrolliert wurde. Das heißt mit anderen Worten, dass die ermittelte höhere Studienneigung also nicht darauf zurückgeführt werden kann, dass Kinder aus Familien mit geringem Bildungskapital etwa schlechtere schulische Leistungen vorzuweisen haben.

Wenn sich die Anstrengungen darauf richten, Kinder aus Familien mit geringem Bildungskapital für ein Hochschulstudium zu gewinnen, dann bedarf es einer genaueren Kenntnis der Hinderungsgründe, die Studienberechtigte dieser Herkunftsgruppe davon abhalten, überhaupt ein Studium aufzunehmen. Spielen hier finanzielle Erwägungen eine wichtige Rolle? Ist es das mangelnde Vertrauen in die eigenen Fähigkeiten und die Sorge, ein Studium nicht bewältigen zu können? Oder sind es die Zulassungsbeschränkungen an den Hochschulen, die eine Selbsteliminierung zur Folge haben?

In einer neueren Studie verwenden Becker/Hecken (2009) Befragungsdaten von mehr als 7000 sächsischen Abiturientinnen und Abiturienten der Jahre 2000 bis 2006. Mit ihrer Studie wollen sie die Frage klären, warum Studienberechtigte aus Arbeiterfamilien eine stärkere Präferenz für berufliche Ausbildungswege (statt für ein Hochschulstudium) zeigen. In den Analysen wird deutlich, dass für die Erklärung dieses Befundes drei Aspekte

19 Zu den hier verwendeten EGP-Klassen siehe Kap. 3.3.

relevant zu sein scheinen: die subjektive Einschätzung der eigenen schulischen Leistung, die angenommene Wahrscheinlichkeit, an der Universität erfolgreich sein zu können, und die subjektiv erwarteten Kosten eines Hochschulstudiums. Vor allem die Befürchtung, den Anforderungen in der Universität nicht entsprechen zu können, hält diesen Befunden zufolge viele Studienberechtigte aus Arbeiterfamilien davon ab, ein Hochschulstudium ins Auge zu fassen. Je selbstverständlicher ein Studium für die Betroffenen von Anfang an ist, desto weniger können externe Faktoren, wie z. B. unsichere Berufsaussichten, den Studienverlauf irritieren oder beeinträchtigen, Zweifel am Sinn eines Studiums kommen dann oft erst gar nicht auf. Fehlt eine solche Selbstsicherheit, dann haben die eigene Leistungsfähigkeit (Noten) sowie die intrinsische Motivation (Fachinteresse) und vor allem die beruflichen Aussichten eine stärkere Bedeutung für einen erfolgreichen Studienverlauf.

Auch Müller/Pollak (2008) beschäftigen sich vor dem Hintergrund des Modells der rationalen Bildungswahl (siehe Kap. 4.4) mit der Frage, warum es so wenige Arbeiterkinder an Deutschlands Universitäten gibt. Sie weisen ursächlich auf die Bedeutung der spezifischen Charakteristika des deutschen Bildungssystems hin, die zu einer Verstärkung herkunftsbedingter Bildungsungleichheit in Deutschland beitragen:

- zum einen die frühe Aufteilung von Kindern auf verschiedene Bildungslaufbahnen, die bei gegebener hoher Erfolgsunsicherheit hohe antizipierte Bildungskosten angesichts des längeren Bildungsgangs mit sich bringen,
- dann die für Deutschland spezifische hohe Attraktivität beruflicher Bildung, die mit vergleichsweise niedrigen Kosten in qualifizierte Erwerbspositionen münden lässt und
- schließlich die entscheidungsintensive Struktur des deutschen Bildungssystems, die eine relativ hohe Zahl folgenreicher Entscheidungen abverlangt und so auch den Ausstieg aus den höherwertigen Bildungsgängen provoziert.

Bildungsungerechtigkeit äußert sich jedoch nicht allein im Hinblick auf die Frage, wer welche Chancen hat, überhaupt ein Studium aufzunehmen oder auch nur in Betracht zu ziehen. Neben den sozial ungleich verteilten Zugangschancen zu tertiärer

Bildung zeigen sich weitere ungleichheitsrelevante Unterschiede in der Studienfachwahl und der Wahl des Studienorts (vgl. HIS/DSW 2006):

- Studierende aus der Herkunftsgruppe »niedrig« studieren eher Fächer, die mit einem geringeren Prestige und weniger hoch dotierten Berufen verbunden sind (z.B. Sozialpädagogik oder Literaturwissenschaft).
- Sie sind deutlich unterrepräsentiert in den Fächern Medizin und Jura. Wenn es ihnen gelingt, ein Studium in diesen Fächern aufzunehmen, stellen sie die Gruppe mit dem höchsten Anteil an Studienabbrechern.
- Sie studieren eher an Hochschulen, die über ein geringes Ansehen verfügen, was angesichts der zunehmenden Ausdifferenzierung der deutschen Hochschullandschaft (»Exzellenzinitiative«) zukünftig stärkeres Gewicht bekommen wird.
- Studierende aus der Herkunftsgruppe »niedrig« studieren eher an Fachhochschulen, die einen höheren Praxisbezug und eine kürzere Studiendauer versprechen.[20]
- Sie wählen deutlich häufiger Universitäten bzw. Fachhochschulen aus, die sich in räumlicher Nähe zu ihrem Herkunftsort befinden.

Neben diesen herkunftsabhängigen Ungleichheiten in der Studienaufnahme, dem Studienfach und dem Studienort können Kinder aus Familien mit geringem Bildungskapital darüber hinaus im Studium selbst von einer ganzen Reihe von Benachteiligungserfahrungen betroffen sein: Sie reichen von manifesten Diskriminierungen und Benachteiligungen über Beeinträchtigungen

---

20 Demgegenüber zeigt sich, dass sich Studienberechtigte mit akademischem Hintergrund mit erstaunlicher Stabilität im Zeitablauf zu etwa drei Vierteln für die Aufnahme ihres Studiums an einer Universität und nur zu etwa einem Viertel an einer Fachhochschule entscheiden. Demgegenüber wählen Studienberechtigte aus nicht-akademischen Elternhäusern mit ebensolcher Stabilität im zeitlichen Verlauf nur zu etwa 60 % eine Universität und zu etwa 40 % eine Fachhochschule zur Umsetzung ihrer Studienoption aus. Sie entscheiden sich also von vornherein häufiger für die mit weniger Prestige, beruflichen Perspektiven und Karriereperspektiven und Einkommenschancen verbundene Hochschulart (Bargel u.a. 2009).

und Hemmnisse bis hin zu Zurücksetzungen und erschwerenden Bedingungen.

Diese beziehen sich nicht zuletzt auch auf Fragen der Finanzierung des Hochschulstudiums. Während etwa zwei Drittel der Studierenden aus Akademikerfamilien auf die finanzielle Unterstützung durch ihre Eltern vertrauen können, beträgt dieser Anteil bei Studierenden, die aus einer Familie von un- und angelernten Arbeitern stammen, nur etwa 15 %. Das BAföG bietet hier nur unzureichende Kompensationsmöglichkeiten, vor allem seit in den 1980er Jahren die finanzielle Förderung über das BAföG auf Darlehensbasis umgestellt wurde. Hinzu kommt, dass der Anteil der BAföG-finanzierten Studierenden derzeit niedriger ist als 1993.

Bedenkt man, dass auch finanzielle Erwägungen in der Frage, ob sich jemand für oder gegen die Aufnahme eines Hochschulstudiums entscheidet, eine wichtige Rolle spielen, dann muss die Umstellung des BAföG auf Teildarlehen aus bildungspolitischer Sicht ebenso kritisch für das Bemühen um sozialen Chancenausgleich gesehen werden wie die Einführung von Studienbeiträgen in einigen Bundesländern. Nicht zuletzt auch deswegen, weil sich so für Studierende aus Arbeiterfamilien in höherem Maße die Notwendigkeit stellt, das Studium durch eigene Erwerbsarbeit außerhalb der Hochschule (teil-) zu finanzieren. Verlängerte Studienzeiten oder der Verzicht auf eine Studienphase im Ausland können dann ungleichheitsrelevante Folgen sein.

Aber nicht nur finanzielle Benachteiligungen erschweren ein Hochschulstudium für Bildungsaufsteiger. Bargel u. a. (2009) weisen darauf hin, dass es Arbeiterkindern im Vergleich zu Kindern aus Akademikerfamilien auch an sozialer und kultureller Mitgift fehlt, die ihre Anschlussfähigkeit an das akademische Hochschulmilieu erleichtern würde. Das äußert sich u. a. darin, dass Studierende aus Arbeiterfamilien und Akademikerfamilien jeweils anders mit Schwierigkeiten umgehen, die es im Rahmen eines Hochschulstudiums zu bewältigen gilt. So wurden deutliche herkunftsabhängige Unterschiede im Zusammenhang mit den universitären Auswahl- und Prüfungsverfahren festgestellt. Beim universitären Prüfungsgeschehen sind Studierende aus den unteren sozialen Schichten (Arbeiter, kleine Angestellte oder Selbständige) bei transparenten, systematisch strukturierten Prüfungen erfolgreicher als bei individualisierten Prüfungen, bei denen es auf Selbstpräsentation und mündliches Ausdrucksvermögen ankommt. Entsprechende empirische Belege für die Bedeutung inkorporierten kulturellen Kapitals in der Bewältigung der Studienanforderung liefert eine Studie von Hansen/Mastekaasa (2006), die auf Basis einer Vollerhebung aller norwegischen Studienanfänger der Jahre 1997 bis 2002 zeigt, dass bei diesen – im Vergleich zu Master-Studierenden – der Zusammenhang zwischen erzielten Noten im ersten Studienjahr und der sozialen Herkunft über fast alle Fächer hinweg deutlich geringer ausfällt.

Wie kann dieser Befund, dass bei Master-Studierenden im Vergleich zu den Studierenden im ersten Studienjahr über fast alle Studiengänge hinweg ein deutlich stärkerer Einfluss der sozialen Herkunft zu beobachten war, erklärt werden? Da der Zugang zum Studium in Norwegen über die erzielten Noten am Ende der Schullaufbahn geregelt wird und somit vor Aufnahme des Studiums bestehende Leistungsunterschiede kaum als Erklärung dienen können, argumentieren die Forscher, dass die in der Herkunftsfamilie vorhandenen kulturellen Ressourcen für den deutlicheren Einfluss der sozialen Herkunft verantwortlich zu machen seien. Zu Beginn des Studiums spielen diese keine so große Rolle, da Studienleistungen überwiegend mit Hilfe von standardisierten, häufig anonymisierten schriftlichen Tests erhoben werden (im Extremfall durch Multiple-choice-Fragen) und vorwiegend Faktenwissen abgefragt wird. Im fortgeschritteneren Studienabschnitt hingegen gewinnen mündliche Prüfungen, größere schriftliche Arbeiten oder Essays und mündliche Präsentationen bei der Festlegung der Studienleistung an Bedeutung. Diese Prüfungsformen – so die Forscher – seien in ihren Bewertungskriterien diffuser und verlangten von den Studierenden in höherem Maße »to master the informal aspects of the legitimate culture« (Hansen/Mastekaasa 2006, 278), so dass hier das in der Herkunftsfamilie erworbene kulturelle Kapital (siehe dazu Kap. 4.5) stärker durchschlage.

Die vermehrten Schwierigkeiten im Studium sind somit weniger auf das intellektuelle Leistungsvermögen der Arbeiterkinder an Hochschulen zurückzuführen, sondern sie hängen vielfach mit einem geringeren sozialen Sicherheitsgefühl im Universitätsmilieu, mit den »fremden« kulturellen Standards beim zwischenmenschlichen Umgang im universitären Milieu und nicht zuletzt mit den externen Belastungen durch ihre schwierige finanzielle Lage zusammen (Lange-Vester/Teiwes-Kügler 2006).

In der Frage, wie und inwieweit sich die Umstrukturierung der Hochschulen mit der Einführung von Bachelor- und Masterstudiengängen das Problem der sozialen Ungleichheit verschärfen wird oder, im Gegenteil, sie zu einer Abschwächung der sozialen Selektivität von Hochschulbildung beiträgt, ist derzeit noch umstritten. Auf der einen Seite wird befürchtet, so etwa von Klemm (2005), dass Bachelor- und Masterstudiengänge das Problem der Bildungsbenachteiligung eher noch verstärken,

- weil die straffere Studienorganisation »Vollzeitstudierende« voraussetzt, die nicht noch nebenher für ihren Lebensunterhalt arbeiten müssen, und
- weil die modularisierten Studiengänge mit ihrer Unterteilung in Bachelor- und Masterstudiengänge eine weitere horizontale Selektionsschwelle in das deutsche Bildungssystem einführen und den Lehrenden »ein weiteres Ausleseinstrument in die Hand geben« (Klemm 2005).

Andererseits werden auch Chancen gesehen, dass die Reform der Hochschulstruktur durch eine veränderte »Kostenstruktur« zu einem weiteren Rückgang herkunftsbezogener sozialer Ungleichheit führen könnte,

- weil der Abschluss nach sechs Semestern in einem eher überschaubaren zeitlichen Horizont liegt (Problem der »Fernmotivation«),
- weil die klarere Strukturierung des Studienablaufs und der geforderten Studienleistungen es den Studierenden aus bildungsfernen Milieus leichter macht, den institutionellen Anforderungen gerecht zu werden (Studienerfolg über »schulmäßiges Lernen«), und
- weil die für das Studium erforderlichen Qualifikationen nicht einfach vorausgesetzt, sondern in Propädeutik und anderen Übungen systematisch vermittelt und angeeignet werden können.

Hier wird man die nächsten Jahre abwarten müssen, welches der beiden Szenarien sich empirisch bewahrheiten wird. In jedem Fall wird dabei wichtig sein, nicht nur die sich möglicherweise verändernden herkunftsabhängigen Beteiligungsquoten in den Blick zu nehmen, sondern in stärkerem Maße als bisher zu untersuchen, was im Rahmen der konkreten sozialen Praxis von Lehrenden und Studierenden genau passiert, wie Studienverläufe aus der Perspektive einer konsequenten Orientierung an den Studierenden mit ihren spezifischen Selbstdeutungen und Handlungsmustern rekonstruiert werden können. In diesem Forschungsbereich ist vieles noch in erheblichem Maße unklar, auch wenn Bourdieu/Passeron (1971) in ihrer Arbeit zur Illusion der Chancengleichheit hierzu bereits einige wichtige Befunde empirisch gesichert haben.

Insgesamt – so können wir im Rückblick auf das Kapitel zur Bedeutung der sozialen Herkunft für den Bildungsverlauf resümieren – zeigt sich mit alarmierender Deutlichkeit, wie die institutionalisierten Statusübergänge im Bildungssystem als zentrale Selektionsinstrumente im Bildungsverlauf wirksam werden. Trotz der erdrückenden empirischen Beweislage, wie sie hier für die verschiedenen Gelenkstellen des Bildungssystems aufgezeigt wurde, »gelingt es, die strukturellen Ursachen ungleicher Bildungschancen und sozialer Ungleichheit in den Hintergrund zu drängen und ihnen gleichzeitig den Anschein meritokratischer Legitimation zu geben« (Solga 2008, 29). Hier liegt wahrscheinlich eine der zentralen Voraussetzungen dafür, dass trotz aller öffentlichen Klagen über die Ungerechtigkeit des Bildungssystems sich seit Jahrzehnten so wenig in Richtung einer Verminderung der sozialen Selektivität hat erreichen lassen.

6 Bildung und Migration

Nach Bekanntwerden der Ergebnisse der ersten PISA-Studie und dem dabei als skandalös wahrgenommenen Abschneiden der deutschen 15-Jährigen, die im Vergleich zu anderen OECD-Ländern nur unterdurchschnittliche Kompetenzwerte erzielen konnten, dauerte es nicht lange, bis sich erste Stimmen erhoben, die die vermeintlich Schuldigen an der deutschen Bildungsmisere ausgemacht zu haben glaubten: Die vielen Kinder aus Einwandererfamilien seien es gewesen, die den Durchschnitt der Kompetenzwerte in der deutschen Stichprobe nach unten verzerrt hätten. Auch wenn – wie wir später sehen werden – eine solche Erklärung (wie alle anderen monokausalen Erklärungen auch) zu kurz greift, so ist dennoch angesichts der Datenlage unübersehbar, dass Kinder aus bestimmten Einwandererfamilien schlechtere Kompetenzwerte erzielt haben als dies altersgleichen 15-Jährigen aus Familien ohne Migrationshintergrund gelungen war. So ist es unbestreitbar das Verdienst der PISA-Studien, nicht nur allgemein das Problem der hohen sozialen Selektivität des deutschen Bildungssystems öffentlichkeitswirksam empirisch nachgewiesen zu haben, sondern auch empirische Belege für die besondere Bildungsbenachteiligung von Kindern mit Migrationshintergrund geliefert zu haben.

Dabei konnte niemand, der sich bereits vor PISA mit der Situation von Einwandererkindern beschäftigt hatte, von den Ergebnissen ernstlich überrascht sein. Denn die Problematik der Bildungsbenachteiligung von Kindern mit Migrationshintergrund hat in Deutschland eine lange Geschichte, die bereits in den 1960er Jahren mit den nach Deutschland kommenden sog. Gastarbeitern begonnen hatte. Infolge des zunehmend einsetzenden Familiennachzugs wurde auf Beschluss der Kulturministerkonferenz erst 1964 die allgemeine Schulpflicht für – wie es hieß – »Kinder von Ausländern« eingeführt. Dass sich die Bildungspolitik wie auch die Wissenschaft nicht früher mit der bildungsbezogenen Benachteiligung dieser Bevölkerungsgruppe in Deutschland befasste, ist in Teilen der späten öffentlichen Anerkennung der Tatsache geschuldet, dass die Bundesrepublik Deutschland ein Einwanderungsland ist. Wenn seit Mitte der 1990er Jahre also ein erhöhtes gesellschaftliches und bildungspolitisches Interesse an dem (mangelnden) Bildungserfolg von Kindern aus Einwandererfamilien festzustellen ist, dann nicht nur deshalb, weil auch gegenüber dieser Bevölkerungsgruppe das inzwischen allgemein unterstützte Gebot der Bildungsgerechtigkeit verletzt wird, sondern auch, weil infolge der demographischen Entwicklung und dem diagnostizierten künftigen Mangel an qualifizierten Arbeitskräften zunehmend Konsens besteht, dass es sich die Bundesrepublik nicht leisten kann, ihr zukünftiges Wirtschaftswachstum zu gefährden, indem sie auf gut qualifizierte Arbeitskräfte mit Migrationshintergrund verzichtet. Vor allem der im internationalen Vergleich niedrige Anteil von Schulabgängern mit Hochschulzugangsberechtigung ist Anlass genug, Menschen mit Migrationshintergrund als eine Bildungsreserve zu mobilisieren, um den zukünftigen Bedarf an (akademisch) gebildeten Arbeitskräften sicherzustellen.

6.1 Was bedeutet »Migrationshintergrund«?

Zunächst ist es im Zusammenhang mit der empirischen Untersuchung der Bildungsbeteiligung von Menschen mit Migrationshintergrund wichtig zu klären, wer eigentlich zu dieser Bevölkerungsgruppe zu zählen ist. Ganz offensichtlich ist es hier nicht ausreichend, am Konzept der Staatsbürgerschaft festzuhalten, wie dies die amtliche Statistik noch bis vor wenigen Jahren tat, um so zwischen deutschen und ausländischen bzw. nicht-deutschen Schülerinnen und Schülern zu unterscheiden. Ob jemand aus einer Familie mit einer eigenen Einwanderungsgeschichte stammt oder vielleicht sogar selbst eingewandert ist, kann so in keiner Weise abgebildet werden. Denken wir hier z. B. an die seit 1950 aufgenommenen 4,5 Mio. Aussiedler und Spätaussiedler aus Rumänien, Polen, Russland und Kasachstan, die mit einem deutschen Pass eingewandert sind und in keiner Ausländerstatistik Berücksichtigung finden. Oder denken wir an die Änderung des Staatsangehörigkeitsrechts aus dem Jahr 2000, wonach in Deutschland geborene Kinder dann die deutsche Staatsbürgerschaft erwerben können, wenn mindestens ein Elternteil seit acht Jahren rechtmäßig in Deutschland lebt (die sog. »Ius-soli-Kinder«). Auch bei ihnen, ebenso wie bei eingebürgerten Personen, würde die (über die Eltern vermittelte) Migrationserfahrung verdeckt bleiben, wenn man sich allein an der Staatsangehörigkeit orientieren würde.

Wie es bei einer solchen Vorgehensweise zu einer drastischen Unterschätzung der Migrationserfahrung von Kindern kommen kann, zeigt eine Studie von Herwartz-Emden (2007). Dort wurden über die Lehrerinnen und Lehrer Angaben zu fast 60 % aller Grundschülerinnen und Grundschüler der Stadt Augsburg im Jahr 2003 gesammelt. Auf der Basis von Staatsangehörigkeit, Herkunftsland der Familie, Aussiedlungshintergrund, Geburtsort, Familiensprache und religiöse Gemeinschaft wurde auf einen vorliegenden Migrationshintergrund geschlossen. Die Auswertung der Daten ergab, dass unter den Grundschülerinnen und Grundschülern 72 verschiedene Staatsbürgerschaften (darunter auch doppelte) und 22 verschiedene religiöse Gemeinschaften vertreten waren. 30 % der Grundschulkinder waren nicht im Besitz der deutschen Staatsbürgerschaft und wären demnach in der amtlichen Statistik als »Ausländer« identifiziert worden. Nach den in dieser Studie zugrunde gelegten Kriterien hatten demgegenüber jedoch etwa die Hälfte der Kinder einen Migrationshintergrund, darunter 15 % einen Aussiedlungshintergrund (Herwartz-Emden 2007, 10f.).

Am Beispiel dieser Studie wird die dringende Notwendigkeit erkennbar, sich vom Konzept der Staatsangehörigkeit bei der Untersuchung bildungsbezogener Benachteiligungen zu verabschieden. Was aber erfasst stattdessen das Konstrukt »Migrationshintergrund«? Das Statistische Bundesamt rechnet zu dieser Personengruppe alle seit 1949 nach Deutschland zugezogenen Menschen sowie alle in Deutschland geborenen Ausländer (ohne deutschen Pass) sowie alle in Deutschland Geborenen mit deutscher Staatsangehörigkeit, die mindestens ein Elternteil haben, das zugezogen ist oder als Ausländer in Deutschland geboren ist (Statistisches Jahrbuch 2009, 31). Unterschieden werden dabei Angehörige der ersten bis dritten Migrantengeneration.

Auch wenn offensichtlich ist, dass bei einem solchen Vorgehen sehr viel angemessener erfasst werden kann, ob ein Kind (unabhängig von seiner Staatsangehörigkeit) aus einer Familie stammt, in der die Eltern bzw. ein Elternteil oder die Großeltern eingewandert sind, so bleibt dennoch das Problem bestehen, dass sich in dieser Bevölkerungsgruppe mit Migrationshintergrund eine ungeheure Heterogenität verbirgt. Dies wird schnell daran ersichtlich, dass zu dieser Gruppe sowohl die in dritter Generation in Deutschland lebenden Enkel und Enkelinnen der sog. »Gastarbeiter« gehören wie auch die Kinder und Jugendlichen aus den Krisenzentren der Welt, die als Kriegs- und Bürgerkriegsflüchtlinge selbst eingewandert sind und vielleicht nur ein vorübergehendes Aufenthaltsrecht in der Bundesrepublik haben (oder geduldet werden). Die Spannbreite der unterschiedlichen Ausgangslagen ist in dieser Gruppe der Kinder und Jugendlichen mit Migrationshintergrund also sehr groß. Die einen durchlaufen als sog. Bildungsinländer von Anfang an das deutsche Bildungssystem, verfügen über hinreichende Sprachkenntnisse und beabsichtigen, in Deutschland zu bleiben. Andere sind selbst als Kind oder Jugendlicher ohne deutsche Sprachkenntnisse eingewandert und stehen deshalb vor erheblich schwierigeren Integrationsproblemen.

Es liegt also auf der Hand, dass es vor allem auf die Perspektive ankommt, ob jemand dauerhaft im Einwanderungsland bleiben will oder aber früher oder später eine Rückkehr in die Heimat plant, wenn es um Gestaltungsfragen der eigenen Bildungsbiographie geht. Die hier deutlich werdende Heterogenität der Bedürfnisse bezieht sich jedoch nicht allein auf die Frage, ob die Kinder und Jugendlichen selbst über eine eigene Migrationsgeschichte verfügen oder aber in zweiter oder dritter Generation in Deutschland leben und selbst keine direkte Migrationserfahrung zu bewältigen hatten. Auch innerhalb der seit mehreren Generationen in Deutschland lebenden Migrantenfamilien gibt es beträchtliche Unterschiede im Hinblick auf ihre Chancen, eine erfolgreiche Bildungsbiographie realisieren zu können. So zeigen einschlägige Untersuchungen immer wieder, dass z. B. Kinder aus türkischstämmigen Einwanderungsfamilien im Vergleich zu Kindern aus Familien, die aus Griechenland stammen, deutlich größere Probleme haben, das deutsche Bildungssystem erfolgreich zu durchlaufen (Kristen/Granato 2007). Solche Befunde weisen darauf hin, dass das Vorliegen eines Migrationshintergrundes sehr genau spezifiziert werden muss, um hinreichend differenzierte Ergebnisse über Bildungsverläufe und Bildungschancen von Kindern aus Migrationsfamilien zu bekommen.

Söhn/Özcan (2007, 121 f.) halten in diesem Zusammenhang die Berücksichtigung folgender Variablen für unverzichtbar: Zunächst bleibt aus deren Sicht die *Staatsangehörigkeit* trotz der eben aufgezeigten Problematik ein erstes aussagekräftiges Merkmal für das Vorliegen eines Migrationshintergrundes. Diese Angabe muss aber um weitere Angaben vor allem zum *Geburtsland des Kindes* ergänzt werden. Ist jemand nicht Deutschland geboren, benötigt man zusätzlich das *Alter der Kinder zum Zeitpunkt der Einwanderung*. Darüber hinaus ist auch das *Geburtsland beider Eltern* eine wichtige Größe, um so die in Deutschland geborene Einwanderergeneration identifizieren zu können. Ob diese Angabe auch für die Großelterngeneration notwendig ist, lassen die Autoren offen.

Um einen möglichen Förderbedarf bestimmter Personengruppen ermitteln zu können, ist insbesondere die Erhebung der in *der Familie gesprochenen Sprache* bzw. die Muttersprache eine zentrale Größe. Da die Sprachkompetenz eine wichtige Bedeutung für den Schulerfolg hat, sind Informationen über die sog. Verkehrssprache in einer Familie unverzichtbar und nach Möglichkeit zu ergänzen um die tatsächliche *deutsche Sprachkompetenz der Kinder*. So hat Brizic (2005) in ihrer Untersuchung gezeigt, dass auch die Erhebung der vermeintlich eindeutig zu erfassenden Muttersprache bei einem beachtlichen Teil der als türkischsprachig geltenden Kinder problematisch ist, weil z. B. Kurden oder Personen mit einer anderen Minderheitensprache bereits in der Eltern- oder Großelterngeneration einer Zwangsassimilierung zum Türkischen ausgesetzt waren und daher eine über die Generationen weitergegebene schwache muttersprachliche Kompetenz mitbringen.

Da es gegenwärtig noch umstritten ist, inwieweit der geringere Bildungserfolg von Einwandererkindern tatsächlich mit dem Migrationshintergrund zusammenhängt oder ob sich hinter dieser Aufhängervariablen nicht einfach nur die »üblichen verdächtigen« sozialstrukturellen Benachteiligungen (z. B. Einkommensarmut, ungünstige Wohnsituation, geringes Bildungsniveau der Eltern usw.) verbergen, werden zudem genaue Angaben über den *sozio-*

ökonomischen Status der Herkunftsfamilie benötigt (schulische und berufliche Abschlüsse der Eltern, Berufs- und Einkommenssituation u. a. m.).

Nur unter Berücksichtigung der genannten Variablen können empirische Untersuchungen der sozialen und kulturellen Heterogenität gerecht werden, die sich hinter der Einordnung »mit Migrationshintergrund« verbirgt. Die Dauer des Aufenthalts im Einwanderungsland, die Bleibeabsicht und der Aufenthaltsstatus, die kulturellen, sozialen und politischen Gegebenheiten des Zuwanderungslandes, aus dem die Familien mit Migrationshintergrund stammen, die sozioökonomische Lage der Einwanderer (-familien) und ihre jeweilige kulturelle und sprachliche Alltagspraxis sind dabei die wichtigsten Einflussfaktoren, die berücksichtigt werden müssen, um das komplexe Zusammenwirken von Migrationserfahrung, ethnischer Zugehörigkeit und Bildung entschlüsseln zu können. Wir werden im Folgenden sehen, dass uns viele dieser Informationen fehlen, selbst wenn es um die relativ einfache Frage geht, in welchem Ausmaß Kinder und Jugendliche mit Migrationshintergrund im deutschen Bildungssystem überhaupt vertreten sind.

6.2 Daten zum Anteil der Kinder und Jugendlichen mit Migrationshintergrund im deutschen Bildungssystem

Dass Kinder und Jugendliche mit Migrationshintergrund weit davon entfernt sind, im deutschen Bildungssystem eine Minderheit darzustellen, zeigt die bereits erwähnte Untersuchung von Herwartz-Emden (2007). Nach den Ergebnissen des Mikrozensus lebten im Jahr 2008 insgesamt 15,6 Mio. Menschen mit Migrationshintergrund in Deutschland. Im Vergleich zum Jahr 2006 erhöhte sich ihr Anteil an der Gesamtbevölkerung leicht auf 19,0 % gegenüber 2006 (18,7 %). Würde man zur Bestimmung dieser Gruppe nur die Staatsangehörigkeit heranziehen, würde noch nicht einmal die Hälfte (46,8 %) dieser Gruppe entsprechend identifiziert. Mit anderen Worten: Die Mehrheit der Menschen mit Migrationshintergrund sind also Deutsche, weil sie die deutsche Staatsbürgerschaft besitzen. Dabei sind zwei Drittel aller Personen mit Migrationshintergrund in der ersten Generation eingewandert, während etwa ein Drittel über eine Migrationserfahrung in der Eltern- oder Großelterngeneration verfügt.

Für die Untersuchung der Zusammenhänge zwischen Migration und Bildungserfolg ist vor allem die jüngere Bevölkerung von besonderem Interesse, da sie das deutsche Bildungssystem durchläuft. Abb. 6.1 veranschaulicht, wie sich die Bevölkerung in dieser Altersgruppe zusammensetzt.

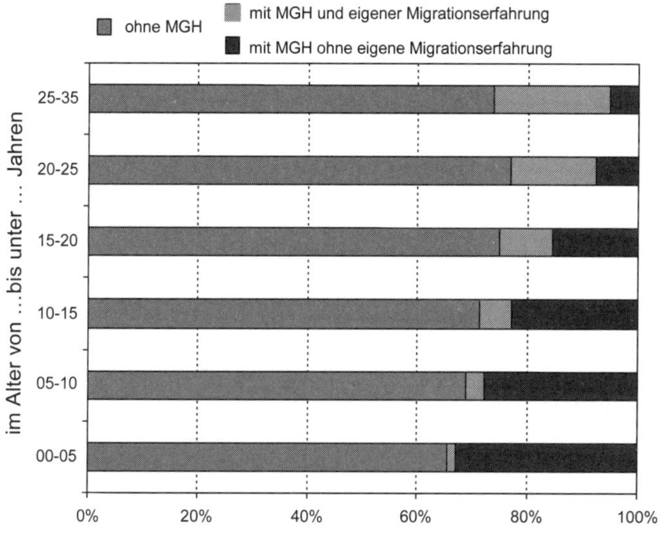

Abb. 6.1: Zusammensetzung der deutschen Bevölkerung nach Migrationsstatus 2008 (eigene Darstellung auf der Basis des Statistischen Bundesamtes (2010).

Es wird deutlich, dass mit zunehmendem Alter der Anteil der Kinder und Jugendlichen mit Migrationshintergrund ansteigt, während gleichzeitig der Anteil derjenigen, die selbst eine Migrationserfahrung gemacht haben, kontinuierlich absinkt. Betrachten wir die Kinder im Grundschulalter (fünf bis unter zehn Jahre), so liegt hier der Anteil der Kinder aus einer Familie mit Migrationshintergrund bei knapp einem Drittel (31,2 %), wobei lediglich gut

10 % von diesen Kindern selbst zugewandert sind und die ganz überwiegende Mehrheit in Deutschland geboren ist. Vor dem Hintergrund dieser Zahlen überrascht dann nicht mehr, dass – wie Herwartz-Emden (2007) für Augsburg gezeigt hat – in vielen großstädtischen Grundschulklassen die Kinder mit Migrationshintergrund auf Schülerseite in der Mehrheit sind.

Dass vor allem unter den jüngeren Bevölkerungsgruppen der Anteil von Migrantenkindern besonders hoch ist, zeigen auch nachfolgende Daten. Nach Berechnung des Statistischen Bundesamtes (2008) wuchsen im Jahr 2007 in Deutschland 4 Mio. minderjährige Kinder und Jugendliche in einer Familie mit Migrationshintergrund auf. Sie stellen damit in der Altersgruppe der unter 18-Jährigen einen Anteil von 29 % aller insgesamt 13,8 Mio. Oder aus der Perspektive von Familien: Mittlerweile hat mehr als jede vierte Familie (27 %) in Deutschland einen Migrationshintergrund. Der Anteil der Familien mit mindestens drei minderjährigen Kindern ist dabei in dieser Gruppe fast doppelt so hoch (16 %) im Vergleich zu den Familien ohne Migrationshintergrund (9 %).

Weiter oben haben wir bereits gesehen, dass sich hinter der Kategorie »mit Migrationshintergrund« eine Vielzahl sehr unterschiedlicher Ausgangslagen verbergen kann. Daher ist es sinnvoll, sich ein genaueres Bild davon zu verschaffen, aus welchen Herkunftsländern die jungen Menschen mit Migrationshintergrund bzw. ihre Eltern oder Großeltern nach Deutschland zugewandert sind. Auch hier sollen wieder nur die jüngeren Altersgruppen bis 25 Jahre betrachtet werden, da sie für das Bildungssystem besonders relevant sind.

Die größte Gruppe stellen die türkischstämmigen Kinder und Jugendlichen: Insgesamt 873 000 unter 25-Jährige mit einem solchen Migrationshintergrund leben in Deutschland. Es folgen anteilsbezogen die Kinder und Jugendlichen aus den ehemaligen Staaten des Ostblocks (insgesamt 518 000), wobei hier neben der Russischen Föderation, Rumänien und Kasachstan vor allem auch polnische Migranten bzw. deren Kinder eine große Gruppe darstellen. Sie bilden mit gut 45 % fast die Hälfte dieser Gruppe. Dies ist insofern interessant, als die Gruppe der Kinder und Jugendlichen aus den Staaten der ehemaligen Sowjetunion häufig als Problemgruppe bei der Bildungsbenachteiligung ausgemacht wird. Polnischstämmige Migranten werden demgegenüber kaum je als eigenständige Gruppe ausgewiesen. Eine weitere große Gruppe bilden die knapp 330 000 unter 25-Jährigen, die aus Serbien und Montenegro, Kroatien, Bosnien und Herzegowina stammen. Auch der Nahe und Mittlere Osten spielen als Herkunftsregionen der jungen Menschen eine nicht unbeträchtliche Rolle. Von dort kommen knapp 250 000 der unter 25-Jährigen mit Migrationshintergrund und auch Süd- und Südostasien ist mit 211 000 Kindern und Jugendlichen vertreten.

Aus den derzeitigen Mitgliedsländern der Europäischen Union stellen (neben den polnischen Migranten) die gut eine Viertelmillion umfassenden Italiener sowie die etwa 110 000 Kinder und Jugendlichen aus griechischstämmigen Familien die größte Gruppe. Blickt man auf diese Daten, dann wird deutlich, dass sich die Gruppe der (jüngeren) Personen mit Migrationshintergrund deutlich heterogener darstellt, als dies in bildungssoziologischen Untersuchungen häufig den Anschein hat, wenn dort vor allem türkischstämmige Migranten sowie Kinder und Jugendliche aus Aussiedlerfamilien in den Blick gerückt werden.

Sich ein genaueres Bild über die Zusammensetzung der Kinder und Jugendlichen mit Migrationshintergrund hinsichtlich ihres Einwanderungslandes zu machen, ist auch deshalb wichtig, weil sich ihre Situation je nach Herkunftsland deutlich unterscheidet. Dies bezieht sich unter anderem auch auf die Wahrscheinlichkeit, dass diese Kinder und Jugendlichen selbst eingewandert sind. Während bei den Kindern und Jugendlichen aus türkischen Einwandererfamilien ganz überwiegend davon ausgegangen werden kann, dass sie in Deutschland geboren wurden und insofern ihre gesamte Schullaufbahn in Deutschland absolvieren, findet sich demgegenüber unter den Kindern und Jugendlichen aus (Spät-) Aussiedlerfamilien ein deutlich höherer Anteil an sog. Seiteneinsteigern in das deutsche Bildungssystem. Auch unter den Kindern und Jugendlichen, die aus den Balkanländern nach Deutschland kamen, findet sich ein großer Anteil, der eine eigene Migrationsgeschichte mitbringt.

Diese hier aufgezeigte Heterogenität gilt es im Hinterkopf zu behalten, wenn es im Folgenden um das konkrete Ausmaß und die Formen der Benachteiligung von Kindern und Jugendlichen mit Migrationshintergrund im Bildungssystem geht. Zum einen schützt dies davor, den Blick zu reduzieren auf die häufig als Problemgruppen adressierten Kinder und Jugendlichen, zum anderen öffnet sich der Blick auch für Kinder und Jugendliche, die – trotz oder sogar wegen ihres Migrationshintergrundes – mit Erfolg das deutsche Bildungssystem durchlaufen. Denn in der Untersuchung der Zusammenhänge von Migrationsgeschichte und Bildungserfolg lohnt sich auch die Frage, welche spezifischen Potenziale Kinder und Jugendliche aus Migrationsfamilien in die Aufnahmegesellschaft einbringen und wie sie diese im Rahmen ihrer Bildungsbiographie nutzbar machen können (Stamm 2009, 112).

6.3 Stationen der Bildungsbenachteiligung

Auch die Frage, in welcher Weise und in welchem Ausmaß Kinder und Jugendliche mit Migrationshintergrund im deutschen Bildungssystem benachteiligt sind, erweist sich bei genauerem Hinsehen als weitaus facettenreicher, als es auf den ersten Blick den Anschein hat. Häufig bleibt nämlich die Analyse auf den Übergang in die Sekundarstufe I und die hohe Wahrscheinlichkeit einer Hauptschulzuweisung für die Kinder aus Zuwandererfamilien beschränkt oder es werden die in den standardisierten Schulleistungstests erreichten geringeren Kompetenzwerte in den Mittelpunkt gestellt. Im Folgenden werden wir sehen, dass sich die Benachteiligung im deutschen Schulsystem durch die gesamte schulische Laufbahn zieht und bereits bei der vorschulischen Bildung beginnt.

6.3.1 Vorschulische Bildung

Der empirisch gut gesicherte Befund, dass der Besuch vorschulischer Bildungseinrichtungen eine Förderwirkung auf die weitere Bildungsbiographie der Kinder hat (siehe dazu auch Kap. 5.2), hat die Aufmerksamkeit dafür geschärft, dass bildungsbezogene Ungleichheit nicht erst in der Schule beginnt. Vor allem der Kindergarten wird für Kinder aus Familien mit Migrationshintergrund als wichtige Einrichtung für deren kulturelle Integration gesehen. Vor allem im Fall von bestehenden sprachlichen Defiziten wird mit dem Kindergartenbesuch die Hoffnung verbunden, dass diese Sprachdefizite durch einen verstärkten Kontakt zu Gleichaltrigen ohne Migrationshintergrund bereits vor der Einschulung abgebaut werden können. Dies gilt besonders für Kinder aus Einwandererfamilien, in denen im Familienalltag nicht die deutsche Sprache gesprochen wird.

Häufig wird angenommen, dass Kinder aus Einwandererfamilien kaum von diesem Effekt profitieren können, da ihre Eltern eine geringere Neigung zeigen, ihnen den Besuch eines Kindergartens zu ermöglichen. Nach den Daten des statistischen Bundesamts lässt sich eine solche Annahme zunehmend weniger empirisch bestätigen. Danach ist der Anteil der drei- bis unter sechsjährigen Kinder nicht nur insgesamt angestiegen auf eine bundesweite Betreuungsquote von 92 % der Kinder dieser Altersgruppe (Statistische Ämter des Bundes und der Länder 2009, 8), sondern auch in Familien mit Migrationshintergrund scheint der Kindergartenbesuch zu einer »Regelversorgung« zu werden. Auch hier sind es mittlerweile mehr als 80 % der Kinder, die einen Kindergarten besuchen. Allerdings dürften auch hier deutliche Unterschiede hinsichtlich des unterschiedlichen Migrationshintergrundes bestehen. Welche Familien es sind, die von diesem vorschulischen Bildungsangebot keinen Gebrauch machen, ist angesichts der Datenlage nicht zu klären.

Leu (2007, 163) weist in diesem Zusammenhang auf einen wichtigen Punkt hin: In fast jeder sechsten Einrichtung in den alten Bundesländern stellen die Kinder mit Migrationshintergrund mehr als 50 % der jeweiligen Kindergartenbesucher, wobei allerdings deutliche Unterschiede zwischen den Bundesländern bestehen. Dieser Hinweis ist deshalb von Bedeutung, weil hier die Möglichkeiten der sprachlichen Integration potenziell eingeschränkt sind. Deutlicher noch tritt dieses Problem zutage, wenn man die in der Familie gesprochene Sprache heranzieht. Wie Leu (2007, 164) zeigt, besucht fast ein Drittel der Kinder aus Familien, in denen nicht überwiegend deutsch gesprochen wird, Kinderbetreuungseinrichtungen, in denen mehr als die Hälfte der Kinder zu Hause nicht Deutsch spricht. Die Hoffnung, dass im Kindergarten über Peer-Interaktionen sprachliche Integration gefördert werden kann, gelangt damit an institutionelle Grenzen, die mit Hilfe von gezielten Sprachfördermaßnahmen im Kindergartenalltag kompensiert werden müssen.

Interessant ist in diesem Kontext besonders die Frage, in welchem Ausmaß Kinder aus Migrationsfamilien von vorschulischen Bildungseinrichtungen profitieren können. Dieser Frage geht Becker (2007) anhand der Daten des Sozioökonomischen Panels nach, indem er den Zusammenhang von besuchter Schulform in der Sekundarstufe I in Abhängigkeit vom vorangegangenen Besuch eines Kindergartens untersucht. Es ergibt sich folgendes Bild:

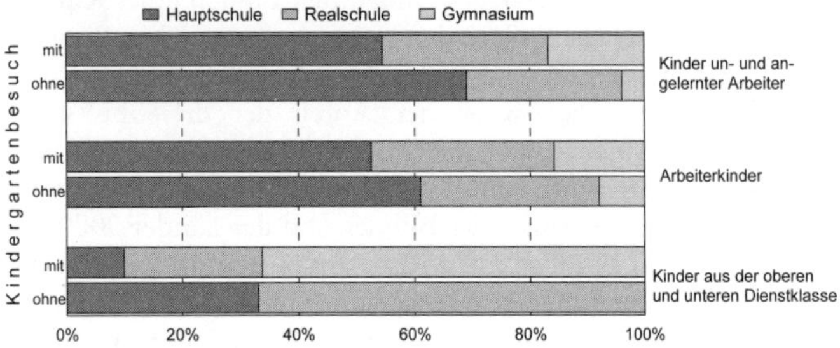

Abb.: 6.2: Bildungsbeteiligung von 14-jährigen Schulkindern mit Migrationshintergrund nach Vorschulbildung und sozialer Herkunft

Die Daten zeigen, dass Kinder aus Einwandererfamilien aller sozialen Herkunftslagen zu einem höheren Anteil das Gymnasium und zu einem geringeren Anteil eine Hauptschule besuchen, wenn sie zuvor an vorschulischer Bildung teilgenommen haben. Becker (2008, 76) warnt jedoch davor, die Bildungseffekte vorschulischer Bildung zu überschätzen. Kinder ohne Migrationshintergrund, die zuvor einen Kindergarten besucht haben, haben im Vergleich immer noch eine 2,5-mal höhere Chance, auf das Gymnasium zu wechseln, während Migrantenkinder mit vorschulischer Bildung die gleichen Bildungschancen haben wie Kinder ohne Migrationshintergrund, die keine vorschulische Bildung aufweisen.

6.3.2 Rückstellung von der Einschulung

Mit Hilfe ihres Ansatzes der institutionellen Diskriminierung haben Gomolla/Radtke (2002) aufgezeigt, wie bereits in der Grundschulphase die institutionellen Zuweisungspraktiken bildungsbezogene Benachteiligungen für Kinder mit Migrationshintergrund hervorbringen (vgl. Kap. 4.6). Schon in dieser frühen

Phase der Schulbiographie zeichnet sich ab, dass Kinder mit Migrationshintergrund deutlich größere Schwierigkeiten haben, die Grundschule ohne Verzögerungen zu durchlaufen. Eine Ursache dafür ist auf die verspäteten Einschulungen zurückzuführen. Insgesamt ist der Anteil der schulpflichtigen Kinder, die von einer fristgerechten Einschulung zurückgestellt werden, seit dem Schuljahr 1995/96 (8,4 %) bis zum Schuljahr 2006/07 deutlich auf 4,8 % zurückgegangen. Gleichzeitig hat der Anteil vorzeitiger Einschulungen zugenommen (Konsortium Bildungsberichterstattung 2008, 250). Diese Entwicklung zeigt sich auch bei Kindern aus Einwandererfamilien. Allerdings wird in den Daten der Schulstatistik des Landes NRW deutlich, dass der Anteil vorzeitiger Einschulungen zwischen 1995 und 2004 bei ausländischen Kindern um ein Drittel geringer ausfällt, während die Quoten der zurückgestellten Kinder in diesen Jahren jeweils etwa doppelt so hoch sind (Konsortium Bildungsberichterstattung 2006, 151).[21]

Das Risiko, von einer Zurückstellung bei der Einschulung betroffen zu sein, hängt besonders mit der Sprachkompetenz der Kinder zusammen. Dies zeigen die Auswertungen von Kratzmann/Schneider (2008, 22), wonach in der Tendenz Kinder mit Migrationshintergrund dann häufiger vom Eintritt in die Grundschule zurückgestellt werden, wenn deren Mütter – nach eigenen Angaben – über schlechte deutsche Sprachkenntnisse verfügen. Schätzen diese ihre Sprachkenntnisse demgegenüber als gut ein, dann lassen sich keine Unterschiede zu Kindern ohne Migrationshintergrund feststellen.

6.3.3 Klassenwiederholungen

Eine weitere Ursache verzögerter Schullaufbahnen ergibt sich aus der Nichtversetzung in die nächsthöhere Jahrgangsstufe. Schülerinnen und Schüler mit Migrationshintergrund haben ein deutlich höheres Risiko, eine Klasse wiederholen zu müssen, und zwar bereits in der Grundschule. In den Jahrgangsstufen 1 bis 3 sind es jeweils knapp 5 % der Kinder mit Migrationshintergrund, die eine Klasse wiederholen (gegenüber nur gut 1 % ihrer Mitschüler ohne

21 In Ermangelung anderer Daten muss hier auf das Ausländerkonzept zurückgegriffen werden.

Migrationshintergrund). Auch in der vierten und fünften Jahrgangsstufe ist ihr Risiko einer Klassenwiederholung immer noch doppelt so hoch als bei Schülerinnen und Schülern ohne Migrationshintergrund (Baumert/Artelt/Klieme 2002, 207 f.). Das institutionelle Fundament bildungsbezogener Benachteiligung wird also bereits sehr früh gelegt. Wie Krohne/Meier (2004) zeigen, lässt sich dieses erhöhte Nicht-Versetzungsrisiko ganz wesentlich mit der Lesekompetenz erklären. Betrachtet man nämlich nur Kinder mit Migrationshintergrund, die eine durchschnittliche Sprachkompetenz aufweisen, so findet sich hier keine erhöhte Wahrscheinlichkeit, eine Klasse wiederholen zu müssen.

Auch in späteren Jahrgangsstufen haben Jugendliche mit Migrationshintergrund ein höheres Nicht-Versetzungsrisiko. Wie dieses über die Schullaufbahn kulminiert, zeigen die Ergebnisse der ersten PISA-Untersuchung. Danach verzögerte sich die Schullaufbahn von Jugendlichen aus Einwandererfamilien sehr viel häufiger durch Klassenwiederholungen, als dies bei den Altersgleichen ohne Migrationshintergrund der Fall war. Ihr Risiko einer Nicht-Versetzung ist fast dreimal so hoch im Vergleich zu den Jugendlichen, die nicht aus Einwandererfamilien stammen. Wenn man die soziale Herkunft der Jugendlichen kontrolliert, führt dies zwar zu einer Verringerung des Risikos, eine Klasse wiederholen zu müssen, aber auch dann sind Jugendliche aus Einwanderungsfamilien noch doppelt so häufig betroffen (Krohne/Meier/Tillmann 2004). Jugendliche aus türkischen Einwandererfamilien tragen dabei ein besonders hohes Risiko (Konsortium Bildungsberichterstattung 2006, 297).

6.3.4 Schulformbezogene Bildungsbeteiligung

Neben einer verzögerten Einschulung und dem erhöhten Risiko, eine Klasse wiederholen zu müssen, äußert sich die Benachteiligung von Kindern mit Migrationshintergrund vor allem beim Übergang von der Grundschule in die Sekundarstufe I. In allen Schulformen – das zeigt die Abb. 6.3 – sind diese Kinder deutlich unterrepräsentiert, soweit es sich um Schulformen handelt, die weiterführende Abschlüsse vergeben. Entsprechend hoch ist der Anteil der Hauptschülerinnen und Hauptschüler unter den Kindern aus Einwandererfamilien.

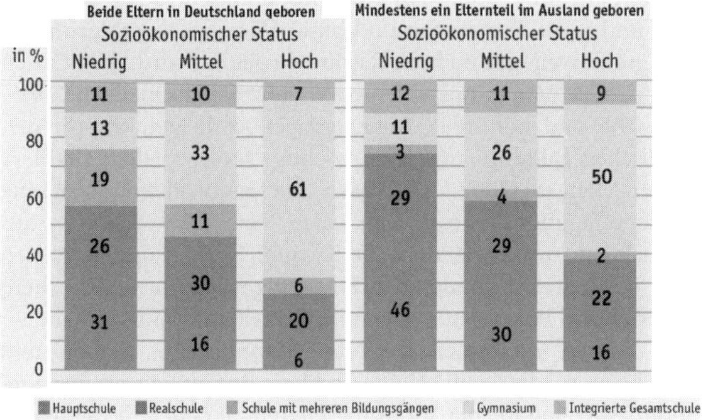

Abb. 6.3: Verteilung der SchülerInnen auf die Schulformen in Klasse 9 nach Migrationshintergrund und sozioökonomischem Status der Herkunftsfamilien (Konsortium Bildungsberichterstattung 2008, 65)

Die beobachtbare relative Ungleichverteilung auf die Schulformen der Sekundarstufe I fällt noch diskrepanter aus, wenn man nur diejenigen Schülerinnen und Schüler betrachtet, deren Elternteile beide im Ausland geboren sind. Spiegelt sich in solchen Ergebnissen lediglich die geringere schulische Leistungsfähigkeit der Kinder mit Migrationshintergrund?

Wie die IGLU-Studie zeigt, haben Kinder aus Familien ohne Migrationshintergrund eine 1,66-fach höhere Chance auf eine Gymnasialempfehlung, selbst wenn Lesefähigkeit und Sozialschichtzugehörigkeit kontrolliert werden. Allerdings zeigt sich dieser Effekt nicht durchgängig in allen Bundesländern. Während diese Form der Benachteiligung in Baden-Württemberg besonders deutlich auftritt, lassen sich in anderen Bundesländern wie Bayern oder NRW keine Unterschiede mehr zwischen Kindern mit und ohne Migrationshintergrund aufzeigen, wenn der Einfluss des sozioökonomischen Status der Herkunftsfamilie und der Leseleistung herausgerechnet wird (Bos u. a. 2004, 211 ff.).

Die Zusammenhänge zwischen besuchter Schulform und Migrationshintergrund werden also wesentlich durch den sozioökonomischen Status der Herkunftsfamilie überlagert. Das macht wieder einmal deutlich, dass eine Grobunterscheidung von Kindern und Jugendlichen mit und ohne Migrationshintergrund zu kurz greift, weil hier nicht in Rechnung gestellt wird, dass je nach spezifischem Migrationshintergrund ganz unterschiedliche ökonomische und kulturelle Ausgangslagen vorliegen, die für den schulischen Bildungserfolg eine wichtige Rolle spielen. Geißler/Weber-Menges (2008, 17) fassen die nationalitätenspezifische Benachteiligung so zusammen, »dass unter den Schülern aus ehemaligen Anwerbeländern die Kroaten, Spanier und Slowenen über die besten Bildungschancen verfügen. Bosnier, Griechen, Tunesier und Portugiesen liegen im Mittelfeld, während Italiener und Türken zusammen mit den Mazedoniern, Serben und Marokkanern die Schlusslichter bilden. Erstaunlich ist die gute Bildungsbeteiligung der Vietnamesen und Ukrainer. Sie besuchen häufiger ein Gymnasium und seltener die Hauptschule als Deutsche. Auch die Bildungschancen der Jugendlichen aus iranischen Flüchtlingsfamilien und aus russischen Familien – darunter viele russische Juden – sind gut, sie entsprechen in etwa denjenigen der Deutschen«.

Die angesprochenen besonders ungünstigen Bildungsverläufe bei türkischen und italienischen Migrantenkindern dürften sich auch in dem Risiko widerspiegeln, die Hauptschule ohne Abschluss verlassen zu müssen. Die Schulstatistiken lassen hier nur eine Unterscheidung nach dem Ausländerkonzept zu: Betrug im Jahr 2007 dieser Anteil bei den deutschen Schülerinnen und Schülern 7 %, so lag er bei ausländischen Jugendlichen bei 11 % (Isserstadt u. a. 2007, 253).

Kompetenzwerte

Neben diesen schulformbezogenen Beteiligungsquoten stellt sich die Frage, in welchem Ausmaß es Jugendlichen in der Schule gelingt, Basiskompetenzen zu erwerben, »die in modernen Gesellschaften für eine befriedigende Lebensführung in persönlicher und wirtschaftlicher Hinsicht sowie für eine aktive Teilnahme am gesellschaftlichen Leben notwendig sind« (Deutsches PISA-Konsortium 2001, 29).

Betrachtet man die entsprechenden lesebezogenen, mathematischen und naturwissenschaftlichen Kompetenzen, so ist unübersehbar, dass die Schule bei Jugendlichen mit Migrationshintergrund in deutlich geringerem Maße in der Lage ist, solche Kompetenzen hervorzubringen. In der nachfolgenden Tabelle werden die erreichten Kompetenzwerte als Differenz zu den Leistungen der SchülerInnen ohne Migrationshintergrund abgebildet.

Tab. 6.1: Differenzen in den Kompetenzen von 15-jährigen Schülerinnen und Schülern mit Migrationshintergrund zu den Leistungen von Schülern ohne Migrationshintergrund in Testpunkten (Konsortium Bildungsberichterstattung 2008, 268)

Jahr	Migrationshintergrund	Lesekompetenz	Mathemat. Kompetenz	Naturwiss. Kompetenz
2000	Erste Generation	–79	–73	–88
	Zweite Generation	–75	–77	–90
	Ein Elternteil zugewandert	–7	–15	–10
2003	Erste Generation	–72	–66	–76
	Zweite Generation	–81	–79	–95
	Ein Elternteil zugewandert	–11	–22	–19
2006	Erste Generation	–73	–67	–79
	Zweite Generation	–84	–80	–95
	Ein Elternteil zugewandert	–31	–30	–37

Die Daten zeigen sehr deutlich, dass die Kompetenzrückstände dann deutlich niedriger ausfallen, wenn in der Herkunftsfamilie nur ein Elternteil zugewandert ist. Allerdings ist in der Übersicht auch zu erkennen, dass sich im zeitlichen Verlauf der drei PISA-Wellen dieser Effekt zunehmend abschwächt, insofern auch in dieser Gruppe der Kompetenzrückstand zu den Jugendlichen ohne Migrationshintergrund in allen drei Basiskompetenzen kontinuierlich ansteigt.

Darüber hinaus wird ein anderes Ergebnis deutlich, das zu erheblichen Diskussionen führte. Was zeigt sich, wenn man Jugendliche der zweiten Generation, also diejenigen, die in Deutschland geboren und als BildungsinländerInnen ihre gesamte bisherige Schullaufbahn im deutschen Bildungssystem vollzogen haben, mit Jugendlichen der ersten Generation, also denjenigen, die nicht in Deutschland geboren sind und deren Eltern zugewandert sind, vergleicht? Wenn man davon ausgeht, dass Schule auch eine sozial-integrative Funktion übernimmt, dann wäre zu erwarten, dass Jugendliche aus zweiter Einwanderergeneration geringere Kompetenzrückstände im Vergleich zu den Jugendlichen ohne Migrationshintergrund aufweisen. Die Daten zeigen jedoch, dass dies nicht nur nicht zutrifft, sondern im Gegenteil die erreichten Kompetenzwerte überwiegend sogar eine größere Differenz aufweisen als bei den MigrantInnen der ersten Generation. Wie lässt sich dieses erklären? Walter/Taskinen (2008, 200) finden Hinweise dafür, dass sich die Unterschiede zwischen den Einwandererjugendlichen der ersten und zweiten Generation ganz wesentlich über die unterschiedliche ethnische Zusammensetzung der beiden Generationen erklären lassen. Während sich in der ersten Generation überwiegend kompetenzstärkere Jugendliche aus der ehemaligen Sowjetunion finden, setzt sich die zweite Generation etwa zur Hälfte aus Jugendlichen türkischer Herkunft zusammen, die im Durchschnitt deutlich niedrigere Kompetenzwerte erreichen. Die aufgezeigten schlechteren Bildungschancen von Jugendlichen mit Migrationshintergrund bleiben nicht ohne Folgen für ihre Einmündung in den Ausbildungsmarkt.

Übergang in das duale System

Die vorliegenden Daten zeigen, dass die vor allem seit Mitte der 1990er Jahre abnehmende Integrations- und Qualifikationsfunktion des dualen Ausbildungssystems besonders nachteilige Folgen für Jugendliche mit Migrationshintergrund hat. In wie hohem Maß sie die Verlierer im Kampf um die raren Ausbildungsplätze sind, verdeutlichen folgende Zahlen: Während im Jahr 2005 13 % der 25- bis 34-jährigen jungen Erwachsenen ohne Migrationshintergrund ohne beruflichen Abschluss auf dem Erwerbsmarkt unterkommen muss, liegt dieser Anteil bei Jugendlichen aus Migrationsfamilien bei besorgniserregenden 42 % (Geißler/Weber-Menges 2008).

Der Bildungsbericht 2008 trägt hier genauere Daten zum Einmündungsprozess zusammen. Danach brauchen Jugendliche mit Migrationshintergrund deutlich länger, um einen Übergang in die duale Ausbildung erfolgreich zu realisieren. Erst 17 Monate nach Beendigung der Schule haben die Hälfte von ihnen eine Ausbildungsstelle angetreten, während dies bei Jugendlichen ohne Migrationshintergrund bereits nach drei Monaten der Fall ist

(Autorengruppe Bildungsberichterstattung 2008, 162). Entsprechend sind Jugendliche mit migrantischem Hintergrund überproportional häufig in den Warteschleifen des »Übergangssystems«[22] vertreten. Auch zweieinhalb Jahre nach Schulende zeigen sich immer noch ungleiche »Versorgungsquoten«: Haben bis dahin erst 60 % der migrantischen Jugendlichen einen Ausbildungsplatz gefunden, so liegt dieser Anteil bei 77 % unter den Jugendlichen, die keinen Migrationshintergrund aufweisen. Wichtig ist hier, dass dieser Unterschied tatsächlich mit dem Migrationshintergrund in Zusammenhang zu stehen scheint, und nicht etwa auf die Unterschiede im Bildungs- und Erwerbsstatus der Jugendlichen mit und ohne Migrationshintergrund zurückzuführen ist (Autorengruppe Bildungsberichterstattung 2008, 163).

Die Ergebnisse der BIBB-Schulabsolventenbefragung (Friedrich 2006) bestätigen im Wesentlichen diese Befunde. Dabei zeigen diese Daten, dass SchulabgängerInnen mit mittlerer Reife oder Abitur im Vergleich zu Hauptschulabsolventen erwartungsgemäß bessere Chancen haben, eine Ausbildungsstelle antreten zu können. Allerdings – und dies verweist auf eine unabhängig vom schulischen Hintergrund zu beobachtende migrationsspezifische Benachteiligung – zeigt sich ein solcher bildungsbezogener »return on investment« nur bei Jugendlichen ohne Migrationshintergrund. D. h. Jugendliche aus Migrationsfamilien können demgegenüber in deutlich geringerem Maß von ihren höheren schulischen Abschlüssen profitieren, wenn sie versuchen, sich im Dualen System zu platzieren.

Ein ähnliches Muster finden wir auch hinsichtlich der erreichten Schulnoten. Vergleicht man hier die Gruppen von Jugendlichen mit und ohne Migrationshintergrund, die jeweils eine gute oder sehr gute Note in Mathematik vorweisen können, dann ergeben sich dennoch deutliche Unterschiede beim Übergang in das Duale System. Hier stehen 64 % der Absolventen ohne Migrationshintergrund 41 % der SchulabgängerInnen mit Migra-

22 Darunter gefasst werden Berufsfachschulen, die keinen beruflichen Abschluss vermitteln, berufsvorbereitende Maßnahmen der Bundesagentur für Arbeit, das schulische Berufsvorbereitungsjahr (BVJ), das schulische Berufsgrundbildungsjahr (BGJ) und andere Angebote.

tionshintergrund gegenüber (wohlgemerkt: jeweils mit guten oder sehr guten Mathematikleistungen) (Granato/Ulrich 2006). Vor dem Hintergrund dieser Befunde ist also davon auszugehen, dass hier Formen der institutionellen Diskriminierung (siehe Kap. 4.6) wirksam werden. Über die genauen sozialen Herstellungspraktiken ist jedoch in diesem Zusammenhang wenig bekannt, ebenso wie zu beklagen ist, dass hier wiederum nur Jugendliche mit und ohne Migrationshintergrund ohne weitere Spezifizierung verglichen werden.

Wie unverzichtbar geeignete bildungspolitische Maßnahmen zur Verbesserung der Chancen auf einen Ausbildungsplatz für Jugendliche mit Migrationshintergrund sind, wird auch daran erkennbar, dass sich – wenn es ihnen gelungen ist, eine berufliche Ausbildung erfolgreich zu absolvieren – die Benachteiligungen beim Übergang in den regulären Erwerbsmarkt offensichtlich weitgehend verlieren (Geißler/Weber-Menges 2008).

Hier deutet sich ein Muster an, das auch für das Erreichen der Hochschulreife zuzutreffen scheint. Wenn nämlich Jugendliche mit Migrationshintergrund alle Bildungsschwellen bis zum erfolgreich erworbenen Abitur überwinden, dann sind ihre Übergangsquoten ins Hochschulstudium sogar höher als diejenigen ihrer MitschülerInnen ohne Migrationshintergrund.

Zugang zur Hochschule

Weiter oben haben wir gesehen, dass Kinder aus Einwandererfamilien in Schulformen deutlich unterrepräsentiert sind, die weiterführende Abschlüsse ermöglichen (vgl. Abb. 6.3). Dies hat zur Folge, dass sie in deutlich geringerem Maße das Abitur erwerben, das nach wie vor trotz leichter Öffnungsbestrebungen eine zentrale Zugangsschranke zum Hochschulstudium darstellt.

Entsprechend ist der Anteil Studierender mit Migrationshintergrund an der Gesamtzahl der Studierenden mit 8 % relativ gering. Diese Zahl entspricht etwa 140 000 Studierenden, unter denen junge Erwachsene mit türkischem Migrationshintergrund gut 20 % stellen (DSW/HIS 2006, 435). Damit ist der Anteil an sog. BildungsinländerInnen, die die Hochschulreife in Deutschland erworben haben und zum großen Teil hier aufgewachsen sind, kleiner als die Zahl der »Ausländer« an deutschen Universitäten, die zum Auslandsstudium nach Deutschland kommen. Folgt man hier dem Gerechtigkeitsanspruch einer »participative equity«, wonach »die Studierenden bei ihrem Eintritt in die Hochschule, mit ihrer Beteiligung und beim Abschluss der Hochschulbildung auf allen Ebenen die Zusammensetzung der Bevölkerung widerspiegeln sollte« (Londoner Communiqué 2007), dann müsste ihr Anteil bei etwa 25 % liegen, denn dies entspricht in etwa dem Migrantenanteil in der entsprechenden Altersgruppe der deutschen Bevölkerung (vgl. Abb. 6.1). Davon ist die Zusammensetzung der Studierendenschaft in Deutschland also noch weit entfernt, auch wenn hier in Rechnung gestellt werden muss, wie der oben erwähnte Anteil von 8 % erfasst wurde. Auch hinsichtlich der hochschulbezogenen Benachteiligung von MigrantInnen ist nämlich zu beklagen, dass hier keine genaueren Differenzierungen hinsichtlich des Migrationsstatus oder der Herkunftsnationalität vorliegen und hier weitgehend noch das Kriterium der Staatsangehörigkeit zugrunde gelegt wird. Dies trifft im Kern auch für die Daten zu, die im Rahmen der Sozialerhebungen des deutschen Studentenwerks erhoben werden (DSW/HIS 2006). Allerdings wird die Gruppe der Studierenden mit Migrationshintergrund zumindest nach den folgenden Kriterien weiter ausdifferenziert:

1. Studierende mit ausländischer Staatsangehörigkeit, die ihre Hochschulzugangsberechtigung in Deutschland erworben haben (sog. BildungsinländerInnen)
2. Studierende, die neben der deutschen eine weitere Staatsangehörigkeit besitzen, und
3. eingebürgerte Studierende, also solche, die ihre ursprüngliche zugunsten der deutschen Staatsbürgerschaft aufgaben.

Trotz der hier deutlich werdenden Nicht-Berücksichtigung der Migrationserfahrung in der Elterngeneration liefert die Sozialerhebung wichtige Befunden hinsichtlich der besonderen Studiensituation, die die obige Gruppe kennzeichnen. So ergeben sich aus ungleichheitsbezogener Perspektive folgende Befunde, wobei jeweils die Gesamtheit der Studierenden als Vergleichsgruppe herangezogen wird (DSW/HIS 2006, 435 ff.):

Nach der sozialen Herkunft unterscheiden sich MigrantInnen erheblich von der Gesamtgruppe der Studierenden. 41 % der Studierenden mit Migrationshintergrund, aber nur 13 % aller

Studierenden sind der Herkunftsgruppe »niedrig« zuzuordnen.[23] Entsprechend sind Studierende mit Migrationshintergrund stärker auf BAföG und eigenen Verdienst angewiesen, um die geringere Unterstützung durch die Eltern zu kompensieren. Dies gilt vor allem für eingebürgerte Studierende. So ist auch der Anteil der MigrantenInnen, der laufend einer Erwerbstätigkeit nachgeht, höher als der aller Studierenden im Erststudium. Studierende mit Migrationshintergrund wohnen, verglichen mit allen Studierenden, häufiger im Elternhaus und seltener in einer Wohngemeinschaft. Dies entspricht aber nur bei einem Viertel der Studierenden ihrer tatsächlich gewünschten Wohnsituation. Jobben während des Studiums und Zu-Hause-wohnen-Bleiben können dabei möglicherweise auch als Strategien gesehen werden, finanziell mit den KommilitonInnen mithalten zu können, denn im Durchschnitt stellen sich ihre monatlichen Einnahmen nicht anders dar als diejenigen der Studierenden ohne Migrationshintergrund.

Hinsichtlich der Hochschulart und der Fächerwahl zeigen sich folgende Befunde: Während 28 % aller Studierenden an einer Fachhochschule eingeschrieben sind, gilt dies für 34 % der Studierenden mit Migrationshintergrund. BildungsinländerInnen und eingebürgerte Studierende belegen eher ingenieurwissenschaftliche Studiengänge und Studiengänge der Fächergruppe Rechts- und Wirtschaftswissenschaften und sind in den Sprach- und Kulturwissenschaften sowie innerhalb der Fächergruppe Sozialwissenschaften, -wesen/Pädagogik/Psychologie unterrepräsentiert. Hier bräuchte es differenziertere Befunde, um abschätzen zu können, inwieweit sich in den Daten Formen der »Selbstbescheidung« und »Selbsteliminierung« durch die häufigere Wahl von Fachhochschule und Studiengängen mit geringerem gesellschaftlichen Prestige finden, wie sie Bourdieu bei unterprivilegierten Bildungsmilieus aufzeigt (vgl. Kap. 4.5).

Aber nicht nur beim Hochschulzugang sondern auch in der Frage einer erfolgreichen Beendigung des Studiums scheinen sich

---

23 Darin drückt sich nun keinesfalls eine besondere Öffnung der Hochschulen gegenüber migrantischen Studierenden aus. Es spiegelt sich hier lediglich der hohe Anteil von Einwandererfamilien mit statusniedrigem sozioökonomischem Hintergrund wider.

deutliche Unterschiede zwischen Studierenden mit und ohne Migrationshintergrund abzuzeichnen, die zum Teil auf die besonderen Belastungen während des Studiums zurückzuführen sein dürften. Auch wenn keine offiziellen Absolventenzahlen für Studierende mit Migrationshintergrund vorliegen, so lassen Überschlagsrechnungen des Hochschul-Informations-Systems (HIS) (die sich allerdings nur auf BildungsinländerInnen beziehen) auf einen »Schwund« von rund 45 % schließen. Damit könnte die Abbrecherquote in dieser Bevölkerungsgruppe doppelt so hoch ausfallen wie bei deutschen Studierenden (Heublein u.a. 2008).

Der Bildungsbericht geht davon aus, dass jährlich etwa 120 000 potenzielle Hochschulabsolventen mehr ihr Studium abschließen könnten, wenn BildungsinländerInnen in der Gruppe der 25- bis unter 35-Jährigen gleiche Bildungschancen hätten (Bildungsbericht 2006). Will man also weitere Begabungsreserven erschließen, dann stellen Kinder und Jugendliche aus Einwandererfamilien eine besonders wichtige Zielgruppe für künftige Maßnahmen der Bildungsförderung dar, weil dieser hohe und künftig noch steigende Anteil von Personen mit Migrationshintergrund an der Gesamtbevölkerung bisher ein deutlich niedrigeres Bildungsniveau sowohl bei den schulischen als auch den beruflichen Abschlüssen aufweist.

6.4 Erklärungsansätze für migrationsspezifische Benachteiligungen

Nachdem wir nun im Detail gesehen haben, wie ausgeprägt und vielfältig sich die bildungsbezogenen Benachteiligungen von Kindern und Jugendlichen aus Einwandererfamilien darstellen, bleibt abschließend die Frage nach ihren Ursachen. Wir haben bereits bei den berichteten Befunden gesehen, dass die schlechteren bildungsbezogenen Chancen dieser Bevölkerungsgruppe sich zum Teil (einige vermuten sogar gänzlich) auch aus ihrer schlechteren sozioökonomischen Ausgangslage ergeben.[24] Geiß-

24 In diesem Zusammenhang wird häufig von einer »Unterschichtung« der Gesellschaftsstruktur durch Migranten gesprochen, womit gemeint ist, dass diese zu einem ganz wesentlichen Anteil am unteren Ende der gesellschaftlichen Hierarchie angesiedelt sind und dadurch den zuvor

ler/Weber-Menges (2008) bezeichnen deshalb Migrantenkinder im Bildungssystem als »doppelt benachteiligt.« Folgt man dieser Argumentation, dann sind die Erklärungsansätze, die in Kap. 4 vorgestellt wurden, durchgehend auch geeignet, die besonders ungünstige Bildungssituation von Kindern und Jugendlichen mit Migrationshintergrund (mit) zu erklären. Dies gilt natürlich vor allem für den Ansatz der institutionellen Diskriminierung, der ja eigens zur Aufklärung der Herstellungsprozesse von ethnischer Differenz entwickelt wurde.

Es stellt sich also die Frage, welche Einflussfaktoren darüber hinaus für den geringen Bildungserfolg von Kindern aus Familien mit Migrationshintergrund verantwortlich gemacht werden können. Im Folgenden sollen daher einige Aspekte angesprochen werden, die in spezifischer Weise auf die Situation von Migrantenkindern und -jugendlichen bezogen sind, also nicht nur allgemeine (auch für Kinder und Jugendliche aus statusniedrigen Familien ohne Migrationshintergrund zutreffende) herkunftsbezogene Erklärungsangebote von Bildungsbenachteiligung darstellen.

Welche Einflussfaktoren in der Herkunftsfamilie oder in Bildungseinrichtungen aufgrund des spezifischen Migrationshintergrundes tatsächlich in benachteiligender Weise wirksam werden, ist gar nicht so einfach zu klären. Das hängt zum einen mit der Heterogenität der Gruppe der Kinder und Jugendlichen mit Migrationshintergrund zusammen (s. o.), was z. B. zur Folge hat, dass in relativ bildungserfolgreichen Einwandererfamilien griechischer Herkunft andere Erklärungsvarianten greifen als etwa bei türkischstämmigen Kindern und Jugendlichen, die demgegenüber deutlich weniger erfolgreich sind. Häufig sind diese Untergruppen in den Untersuchungen zahlenmäßig in so geringer Anzahl vertreten, dass ein systematischer Vergleich auf der Basis von gesicherten empirischen Befunden nur schwer möglich ist. Die Problematik der Identifikation eindeutig migrationsbezogener Ursachen für Bildungsbenachteiligungen hängt aber auch damit

statusniedrigen Bevölkerungsgruppen (z. B. vielen deutschen Arbeitern) einen relativen sozialen Aufstieg (z. B. in einen Angestelltenstatus) ermöglicht haben.

zusammen, dass sich Wirkungen des Migrationskontextes in aller Regel vermischen mit Effekten der sozioökonomischen Ausgangslage der Herkunftsfamilien. Hat ein Kind mit Migrationshintergrund vor allem eine geringere Chance, auf das Gymnasium zu wechseln, weil es ein Kind von Einwanderern ist oder weil es in einer Familie mit geringen ökonomischen und kulturellen Ressourcen heranwächst? Die Datenlage lässt hier häufig nicht zu, diese ursächlichen Zusammenhänge in ihrem jeweiligen Gewicht genauer zu bestimmen.

In aller Regel werden sehr große Stichproben benötigt, um solche komplexeren Wirkungszusammenhänge aufklären zu können. So kann etwa mit den Daten der PISA-Studie gezeigt werden, dass der Abstand in der durchschnittlichen Leseleistung zwischen in Deutschland geborenen Einwandererkindern und Kindern ohne Migrationshintergrund sich in etwa halbiert, wenn man diese beiden Gruppen nicht insgesamt miteinander vergleicht (Geißler/Weber-Menges 2008), sondern unter Berücksichtigung ihrer jeweiligen sozialen Herkunft. Wenn dann noch Bildungsungleichheiten bestehen bleiben, zeigt sich ein eigenständiger (von der sozialen Herkunft unabhängiger) Migrationseffekt.

In dieser Frage stellt Diefenbach (2009, 447) fest: »Tatsächlich gibt es bis heute keine Studie zu den Bildungsnachteilen von Kindern aus Migrantenfamilien in Deutschland, in der es gelungen wäre, durch Kontrolle des sozioökonomischen Status der Eltern die statistisch signifikanten Aspekte des »Migrant-Seins« bzw. der Staatsangehörigkeit auf die verschiedenen Indikatoren für Bildungserfolg zu eliminieren.« Mit anderen Worten: Auch wenn der Einfluss von Statusmerkmalen wie Beruf, Einkommen und Bildungshintergrund der Eltern kontrolliert wird, bleibt eine zusätzliche Benachteiligung von Einwandererkindern bestehen. Soziale Herkunft und Migrationskontext haben also jeweils ein eigenständiges Gewicht und sind kumulativ an dem Zustandekommen von migrationsbezogener Bildungsungleichheit beteiligt. Dabei sind die in Einwandererfamilien häufig schwerer zu erwerbenden deutschen Sprachkenntnisse u. a. als eine wichtige Ursache des geringeren Bildungserfolgs von Migrantenkindern ausgemacht worden.

Ist also eine deutsche Sprachkompetenz ein Schlüssel für mehr Bildungserfolg? Zunächst besteht weitgehender Konsens darüber, dass ein qualifizierter Spracherwerb bzw. gute Sprachkompetenz im Deutschen für den schulischen Erfolg eine Schlüsselposition zukommt. Bereits Basil Bernstein hatte mit seiner Unterscheidung von restringiertem und elaboriertem (soziokulturell geprägtem) Sprachcode (vgl. Kap. 4.3) auf die sozial ungleich verteilten Chancen des Erwerbs einer differenzierten Sprachkompetenz hingewiesen. Bei Kindern und Jugendlichen aus Einwandererfamilien kommt erschwerend hinzu, dass sie in ihrer Herkunftsfamilie häufig nicht die Chance haben, mit der Verkehrssprache aufzuwachsen, deren Beherrschung in der Schule eine zentrale Voraussetzung der »verständigen« Teilhabe an Bildungsprozessen darstellt. Dabei spielen die sprachlichen Voraussetzungen keineswegs nur für den Deutschunterricht oder andere eher »sprachlastige« Fächer eine Rolle, sondern sie sind auch für die Leistungen in allen Fächern von erheblicher Bedeutung, weil auch dort Voraussetzung ist, dass die Schülerinnen und Schüler dem Unterricht folgen und Aufgabenstellungen angemessen verstehen können.

Weiter oben haben wir festgestellt, dass sich der Kompetenzvorsprung in den Leseleistungen bei Kindern und Jugendlichen ohne Migrationshintergrund im Vergleich zu den in Deutschland geborenen Einwandererkindern etwa halbiert, wenn der Einfluss der sozialen Herkunft kontrolliert wird. Diese Leistungsunterschiede gehen noch weiter zurück, wenn zusätzlich berücksichtigt wird, welche Sprache Jugendliche mit Migrationshintergrund zu Hause sprechen. So ergeben vertiefende Analysen der PISA-Daten von 2006, dass 36 bis 40 % der Kompetenzunterschiede in Mathematik, Naturwissenschaften und Lesen zwischen statusgleichen Einheimischen und in Deutschland geborenen Migrantenjugendlichen damit zusammenhängen, ob in den Migrantenfamilien Deutsch gesprochen wird oder nicht. Zugewanderte Migrantenjugendliche entwickeln sogar ähnlich hohe Kompetenzen wie statusgleiche Einheimische, wenn in ihren Familien Deutsch gesprochen wird (Walter/Taskinen 2008, 349).

Insgesamt ergeben sich also deutliche Hinweise für den erheblichen Einfluss deutscher Sprachkenntnisse (erfasst als Lesekompetenz) auf den Bildungserfolg von Kindern und Jugendlichen mit Migrationshintergrund. Diefenbach (2004, 238) schlägt vor, in der zentralen Bedeutung der deutschen Sprachkenntnisse eine Form der indirekten institutionellen Diskriminierung zu sehen.[25] Wenn die nachweislich bei Einwandererkindern schlechteren Deutschnoten (für Mathematiknoten trifft dies in geringerem Ausmaß zu) bei Kindern mit und ohne Migrationshintergrund mit gleichem Gewicht in die Übergangsentscheidung in die Sekundarstufe I eingehen, dann werden Kinder mit Migrationshintergrund strukturell benachteiligt. Hier werden die Grenzen des meritokratischen Denkens im Hinblick auf den schulischen Erfolg (siehe Kap. 4) deutlich.

Sprachförderung – so die Konsequenz aus den berichteten Befunden – kommt also ein zentraler Stellenwert bei der Verbesserung der Bildungschancen von Einwandererkindern zu. Im Gegensatz zu anderen Ursachen bildungsbezogener Benachteiligung von Kindern und Jugendlichen mit Migrationshintergrund (z.B. kultureller Anregungsgehalt des familialen Umfelds, ungünstige Wohnbedingungen usw.) bestehen im Fall von sprachbedingten Benachteiligungen deutlich bessere Möglichkeiten der institutionellen Einflussnahme durch die Bereitstellung entsprechender Förderangebote. Allerdings – darauf weist Gogolin (2008) hin – dürfe dadurch nicht der »monolinguale Habitus der multilingualen Schule« weiter verfestigt werden.

Stattdessen müssen die in der Herkunftsfamilie gesprochenen Sprachen der Einwandererkinder als gesellschaftliche Ressource Anerkennung finden. Ihnen kommt ein Bildungswert zu auch dann, wenn es sich nicht um eine Sprache handelt, die in Schulen als Fremdsprache vermittelt wird. Sprachfördermaßnahmen sollten sich also auch auf die in den Familien eines großen Teils der Einwandererkinder gesprochenen Sprachen beziehen. Dabei kommt vor allem auch den vorschulischen Bildungseinrichtungen eine große Bedeutung zu.

---

25 Zur Erinnerung: Gomolla/Radtke (2000, 329) zufolge können sich Mechanismen der Diskriminierung »sowohl auf Formen der *Ungleichbehandlung* von Migrantenkindern im Vergleich mit ihren MitschülerInnen, aufgrund sprachlicher und kultureller Differenzen, als auch auf Formen der *Gleichbehandlung* mit anderen Kindern unter vermeintlich neutralen (›universellen‹) Leistungskriterien« ergeben, wenn »die spezifischen Voraussetzungen von Kindern aus sprachlichen und kulturellen Minderheiten ignoriert werden«.

Becker (2006) zeigt anhand der Osnabrücker Schuleingangsuntersuchung der Jahrgänge 2000 bis 2005, dass Defizite in der deutschen Sprache bei Migrantenkindern umso unwahrscheinlicher sind, je länger sie den Kindergarten besucht haben. Dabei werden jedoch deutliche Unterschiede zwischen den Kindergärten deutlich: So haben Kinder aus türkischen Einwandererfamilien geringeren Erfolg beim Erwerb der deutschen Sprache, wenn sich in ihrer Einrichtung ein hoher Anteil anderer Kinder mit ebenfalls türkischem Hintergrund findet. Die soziale Zusammensetzung der Kinder und Jugendlichen, die in konkreten Bildungseinrichtungen aufeinander treffen, spielt also auch eine Rolle. Angesichts des Befundes, dass fast jedes dritte Vorschulkind mit Migrationshintergrund in eine Tageseinrichtung aufgenommen wird, in der mindestens 50 % der Kinder einen Migrationshintergrund haben (Autorengruppe Bildungsberichterstattung 2008, 53), sind die damit verbundenen negativen Konsequenzen nicht zu unterschätzen.

Kommen wir nun noch zu einem anderen Problemzusammenhang: der *migrationsbezogenen Segregation in der Schule.* Hierzu liegen mittlerweile vielfältige Forschungsergebnisse vor, die zeigen, dass auch strukturelle Merkmale der Schule mit dem Bildungserfolg der Schülerinnen und Schüler in Zusammenhang stehen. Ein besonderes Augenmerk wurde dabei auf die Zusammensetzung der Schulklasse gerichtet. In diesem Zusammenhang spricht man von »Kompositionseffekten«, womit alle auf den schulischen Erfolg wirkenden Einflüsse gemeint sind, die sich aus der unterschiedlichen leistungsbezogenen, sozialen und kulturellen Zusammensetzung der Schülerschaft ergeben.

Für den hier behandelten Zusammenhang sind diejenigen Kompositionseffekte besonders interessant, die sich aus dem Migrationshintergrund der Schülerinnen und Schüler ergeben. Es spricht viel für die Annahme, dass ein geringes Maß an migrationsspezifischer Konzentration in einem Klassenverband insgesamt dazu beiträgt, die Integrationschancen von Einwandererkindern zu erhöhen. Für die Entwicklung von Sprachkompetenz im Deutschen kann es sich z.B als ungünstig erweisen, wenn Kinder mit türkischem Migrationshintergrund eine hohe Wahrscheinlichkeit haben, sich mit einem Großteil ihrer Mitschüler in den Pausen (und auch teilweise während des Unterrichts) auf türkisch verständigen zu können. Aber nicht nur hinsichtlich des Spracherwerbs können sich nachteilige Konsequenzen ergeben. Auch die Herausbildung von spezifischen Gruppennormen und Verhaltensstandards, die den institutionellen Erwartungen und schulischen Anforderungen entgegenstehen, kann eine ungünstige Folge von hoher migrationsbezogener Segregation sein.

Wie sehen die entsprechenden empirischen Befunde aus? Zunächst ist hier festzustellen, dass das Ausmaß der »Ballung« von Einwandererkindern sehr deutlich mit der besuchten Schulform zusammenhängt. Dies ist angesichts der weiter oben ausgeführten schulformbezogenen Zuweisungspraktiken wenig erstaunlich. Was jedoch überrascht, sind die Konsequenzen, die sich daraus aus der Perspektive der Kinder und Jugendlichen aus Einwandererfamilien ergeben. Der Bildungsbericht 2006 beschreibt die Situation folgendermaßen: »Etwa jeder vierte Jugendliche mit Migrationshintergrund, aber nur jeder zwanzigste Jugendliche ohne Migrationshintergrund besucht eine Schule, in der Migranten die Mehrheit stellen. In den Schulen mit insgesamt hohem Migrantenanteil (mehr als der Hälfte) konzentrieren sich vor allem solche Jugendliche, die zu Hause kein Deutsch sprechen. Jeder Sechste verwendet auch unter Freunden eher seine Herkunftssprache. Jugendliche mit Migrationshintergrund, die eine Schule mit niedrigem Migrantenanteil (unter einem Viertel) besuchen, sprechen hingegen unter Freunden und sogar mit den Eltern weit überwiegend Deutsch (93 % bzw. 72 %)« (Konsortium Bildungberichterstattung 2006, 162 f.).

In welchem Ausmaß wird nun die migrationsbezogene Segregation wirksam für die schulische Leistungsfähigkeit der Schülerinnen und Schüler? Haben Einwandererkinder schlechtere Bildungschancen, wenn sie in einer Klasse mit einem hohen Migrantenanteil sind? Stanat (2006, 212 f.) hat diese Frage mit Hilfe der PISA-Daten untersucht und stellt fest, dass Jugendliche, die eine Schule besuchen, an der 40 % oder mehr der Schülerinnen und Schüler in ihrer Herkunftsfamilie eine andere Sprache als Deutsch sprechen, deutlich schlechtere Kompetenzwerte erreichen. Allerdings muss insgesamt bei diesen Befunden zur migrationsspezifischen Konzentration in Schulen bedacht werden, dass noch weitgehend unklar ist, wie genau dieser spezifische Kontext

Einfluss auf die schulischen Leistungen der Schülerinnen und Schüler nimmt. Auch hier ist davon auszugehen, dass eine Vielzahl von weiteren Variablen am Zustandekommen der beschriebenen Kompositionseffekte beteiligt ist.

Vor allem muss noch genauer als bisher geklärt werden, ob die beobachteten Leistungsnachteile tatsächlich ursächlich mit dem hohen Anteil an Mitschülern mit Migrationshintergrund in Zusammenhang stehen oder ob nicht eine stärkere Rolle spielt, dass die Kinder und Jugendlichen mit Migrationshintergrund sehr häufig auch Kinder und Jugendliche sind, die aus ressourcenschwachen Elternhäusern kommen und hinsichtlich ihrer kognitiven Leistungsstärke ungünstigere Eingangsvoraussetzungen mitbringen. Die vertiefende Analyse zu PISA 2006 ergibt Hinweise auf einen eher schwachen eigenständigen (also von sozioökonomischen Merkmalen der Herkunftsfamilie unabhängigen) negativen Effekt für die mathematischen Kompetenzen; bei Lesekompetenz und naturwissenschaftlicher Kompetenz fehlt dieser ganz (Walter 2008). Insgesamt spricht also vieles dafür, dass die leistungsbezogenen Unterschiede zwischen Schülerinnen und Schülern mit und ohne Migrationshintergrund weniger durch den Migrationshintergrund als solchen bedingt sind, sondern eher auf die ungleichen sozioökonomischen Ausgangsbedingungen zurückgeführt werden müssen.

Abschließend soll nun noch einmal auf die eingangs erwähnte Vermutung eingegangen werden, dass die vergleichsweise schwächeren Leistungen der Jugendlichen mit Migrationshintergrund der Grund für das mittelmäßige Abschneiden Deutschlands in den PISA-Untersuchungen seien. Obwohl in diesem Kapitel mehr als deutlich geworden sein dürfte, dass eine solche monokausale Erklärung in jedem Fall zu kurz greift, lässt sich diese Schuldzuweisung an die Einwandererkinder empirisch klar zurückweisen. Die internationalen Vergleichsdaten zeigen deutlich, dass es keinen Zusammenhang zwischen dem Anteil an Schülerinnen und Schülern mit Migrationshintergrund in einem Land und dem beobachteten Kompetenzgefälle zwischen Jugendlichen mit und ohne Migrationshintergrund gibt. Das heißt mit anderen Worten: Nicht die zugewanderten Schülerinnen und Schüler selbst sind das Problem, sondern die nicht ausreichenden Bemühungen, Einwandererfamilien in die deutsche Gesellschaft zu integrieren. Im internationalen Vergleich ist das Leistungsgefälle zwischen Einwandererkindern und Kindern ohne Migrationshintergrund in den Ländern relativ gering, die fest etablierte Sprachförderprogramme mit relativ klar definierten Zielen und Standards zur Verfügung stellen.

Darüber hinaus ergeben die Analysen der PISA-Daten, dass auch Bundesländer nur mäßig abschneiden, die einen recht geringen Anteil an Kindern aus Einwandererfamilien im Hinblick auf die Gesamtschülerschaft aufweisen. Wenn also tatsächlich die im Durchschnitt schlechteren Kompetenzwerte der Einwandererkinder verantwortlich zu machen wären, stellt sich die Frage, wie dann das eher mäßige Abschneiden z. B. Mecklenburg-Vorpommerns mit einem Schüleranteil mit Migrationshintergrund von unter 3 % zu erklären ist.

Und schließlich: In der Altersgruppe der Fünf- bis Zehnjährigen liegt der Anteil an Einwandererkindern an der Gesamtschülerschaft höher als bei den 15-Jährigen, die in den PISA-Untersuchungen erfasst wurden (siehe Abb. 6.1). Wie ist vor diesem Hintergrund zu erklären, dass die deutschen Ergebnisse in den (sich auf Grundschulen beziehenden) IGLU-Untersuchungen zur Lesekompetenz im internationalen Vergleich überdurchschnittlich ausfallen, auch wenn diese Studie trotzdem deutliche migrationsbedingte und auf die soziale Herkunft bezogene Bildungsungleichheiten in der Grundschule ausweist.

Die Aufgabe, das Zusammenwirken relevanter sozioökonomischer und migrationsbezogener Kontextvariablen genauer zu entschlüsseln, dürfte zu den größeren Herausforderungen für die weitere Klärung der bildungsbezogenen Benachteiligung von Kindern mit Migrationshintergrund sein. Ebenso stehen Analysen zur Frage, warum es die zum Teil sehr deutlichen schulerfolgsbezogenen Unterschiede zwischen Einwandererkindern nach ihrer Nationalität bzw. ihrem Herkunftsland gibt, noch weitgehend am Anfang. Auch wissen wir bislang noch sehr wenig über bildungserfolgreiche Kinder mit Migrationshintergrund, denen es trotz ihrer ungünstigen Ausgangslage gelungen ist, im deutschen Bildungssystem zu reüssieren. Solche Untersuchungen könnten zudem dazu beitragen, dass wir darauf achten müssen, uns nicht auf eine verkürzende Defizit-Logik einzulassen, die a priori eine kulturelle Rückständigkeit oder Inferiorität von Familien mit

Migrationshintergrund unterstellt. Angesichts der vielen offenen Forschungsfragen rächt sich inzwischen, dass das Problem der Bildungsbenachteiligung von Einwandererkindern in Deutschland erst so spät auf die Agenda der empirischen Bildungsforschung gesetzt worden ist.

7 Bildung und Geschlecht

»Mädchen auf der Überholspur«, so kennzeichnet Geißler (2005, 80) die derzeitige Situation der Schülerinnen im deutschen Bildungssystem. Damit ist eine Entwicklung auf den Punkt gebracht, die sich deutlich von den Veränderungen unterscheidet, die im vorangegangenen Kapitel dargestellt wurden. Während sich nämlich hinsichtlich der herkunftsbezogenen Bildungsbenachteiligung die Lage in den letzten Jahrzehnten nicht substanziell verbessert hat, lässt sich für die Ungleichheitsdimension »Geschlecht« ein deutlicher Abbau der Bildungsungleichheit konstatieren. Mädchen und junge Frauen gelten als die »Gewinnerinnen der Bildungsexpansion« und zwar in einem solchen Ausmaß, dass gegenwärtig sogar zunehmend diskutiert wird, ob mittlerweile nicht eher Jungen hinsichtlich ihres Bildungserfolgs als benachteiligt gelten müssen.

In welchem Ausmaß sich ein Bildungsvorsprung von Mädchen und jungen Frauen empirisch aufzeigen lässt und wie in den verschiedenen Etappen einer Bildungslaufbahn die geschlechterbezogenen Unterschiede zu Tage treten, soll in diesem Kapitel nachgezeichnet werden. Um einschätzen zu können, wie sich das Bild der geschlechterbezogenen Bildungsbeteiligung gewandelt hat, soll zunächst kurz die Situation in den 1960er Jahren skizziert werden.

7.1 Ein Blick zurück

Bereits die von Dahrendorf (1965) und Peisert (1967) geschaffene Kunstfigur des »katholischen Arbeitermädchens vom Land« verweist auf die Mädchen als eine Gruppe, der Bildungschancen nicht im gleichen Umfang zur Verfügung standen wie Jungen. Gemeint sind damit vor allem der Zugang zum Gymnasium und die

Aufnahme eines Hochschulstudiums. Schaut man hier auf die entsprechende Datenlage Anfang der 1960er Jahre, dann zeigt sich, dass sich im Schuljahr 1960/61 die Schülerschaft an Gymnasien zu 60 % aus Jungen zusammensetzt. Demnach sind also zu diesem Zeitpunkt die Mädchen bei ihrer Teilhabe an Gymnasialbildung unterrepräsentiert. Cornelissen (2007, 82) führt als Begründung an, dass in den 1960er Jahren ein traditionelles Familienmodell noch stärkere Akzeptanz fand, demzufolge den Männern die Rolle des Familienernährers zufiel und eine gehobene schulische und berufliche Ausbildung vor allem für die Söhne erforderlich und angemessen schien. Für Frauen war demgegenüber eher die Rolle als Hausfrau und Mutter vorgesehen, so dass sich für diese eine weiterführende Bildung weniger zu lohnen schien (»Du heiratest ja doch.«). Wie stark dieses Leitbild einer Hausfrauenehe im allgemeinen Bewusstsein jener Jahre verankert war, wird am Ehe- und Familienrecht erkennbar. Bis 1958 gehörte es zu den Rechten des Ehemanns, eine Erwerbstätigkeit seiner Frau zu unterbinden, und auch nach dem Gleichberechtigungsgesetz von 1958 war eine zusätzliche Berufstätigkeit für Frauen nur möglich, »soweit dies mit ihren Pflichten in Ehe und Familie vereinbar ist.« Erst das Eherechtsgesetz von 1976 verabschiedete sich vom gesetzlich abgesicherten Leitbild der Hausfrauenehe. Nun sollten die Ehegatten die Haushaltsführung im gegenseitigen Einvernehmen regeln und beide Ehegatten waren berechtigt, erwerbstätig zu sein (Dettling 1995).

Der ungleiche Zugang zur Gymnasialbildung setzt sich beim Hochschulstudium fort. Auch dort zeigten sich geschlechterbezogene Unterschiede in der Bildungsbeteiligung. Zwar waren Frauen in Deutschland seit 1909 generell zum Studium zugelassen[26], sie machten jedoch von diesem Bildungsangebot nur eingeschränkt Gebrauch. Schauen wir auch hier auf die Situation Anfang der 1960er Jahre, dann zeigt sich, dass der Anteil von Frauen etwa bei 28 % lag (Geißler 2005, 82). Zieht man aber

26 Zuvor hatten sie im deutschen Kaiserreich seit 1896 nur das Recht, als Gasthörerinnen mit besonderer Genehmigung des Rektors an universitären Lehrveranstaltungen teilzunehmen.

weitere strukturelle Merkmale des Hochschulstudiums heran (Hochschulart, Studienfächer), dann ergeben sich deutlichere Unterschiede zwischen den Geschlechtern, als es diese Zahl von knapp 30 % auf den ersten Blick erkennen lässt. So zeigen sich z. B. deutliche geschlechterbezogene Unterschiede hinsichtlich der Studienfachwahl.

Dass dieser kurze Blick zurück sich auf den Zugang zur Gymnasial- und Hochschulbildung beschränkt, hängt damit zusammen, dass die entsprechenden geschlechterbezogenen Beteiligungsquoten an höherer Bildung zunächst sehr stark im Fokus des Interesses standen. Erst in den 1970er und 1980er Jahren weitete sich die Fragestellung aus: So interessierte sich die geschlechterbezogene Schulforschung zunehmend für das, was in der Schule und im Unterricht stattfindet und in welcher Weise dort das Geschlecht eine Rolle spielt. Zum Gegenstand der Forschung wurden etwa die konkret ablaufenden Interaktionen zwischen den Lehrkräften und den Schülerinnen und Schülern (z. B. das geschlechterbezogene Feedbackverhalten der Lehrer und Lehrerinnen, Art und Ausmaß der Schüler- und Schülerinnenbeteiligung oder die Formen der Disziplinierung im Klassenzimmer). Auch die curricularen Vorgaben und die verwendeten Lernmaterialien wurden mit Bezug auf ihre geschlechterdifferente Ausgestaltung untersucht. So wurde z. B. aufgezeigt, in wie starkem Maße noch in den 1980er Jahren die Darstellung von Frauen in Schulbüchern auf Haushaltstätigkeiten und Familienarbeit ausgerichtet waren.

Zunehmende Bedeutung erlangte in jenen Jahren auch die Koedukationsdebatte, die Frage der gemeinsamen Unterrichtung beider Geschlechter also. Bis hinein in die 1960er Jahre war noch in erheblichem Umfang ein für Mädchen und Jungen getrennter Unterricht in höheren Schulen üblich gewesen. Ab Mitte der 1960er Jahre wurde dann die Koedukation an staatlichen Gymnasien flächendeckend umgesetzt und auch die privaten Gymnasien zogen in Anbetracht zurückgehender Anmeldezahlen nach. Grundgedanke bei dieser Schulreform war die Annahme, dass über eine gemeinsame Beschulung von Jungen und Mädchen mehr Bildungsgerechtigkeit im Sinne einer formalen Gleichstellung der Geschlechter geschaffen werden könne, da nun gleiche Ziele,

Inhalte und Methoden des Unterrichts für Jungen und Mädchen zur Anwendung kommen konnten.

Ab Mitte der 1980er Jahre wurden dann jedoch zunehmend Zweifel an der Vorstellung laut, dass ein gemeinsamer Unterricht tatsächlich hilfreich für die Beseitigung der Bildungsbenachteiligung von Mädchen sein kann. Im Zuge der Untersuchung von Interaktionsprozessen zwischen Lehrerinnen und Lehrern und Schülerinnen und Schülern mehrten sich die empirischen Belege dafür, dass ein koedukativer Schulalltag eher dazu beitragen kann, Geschlechterstereotypen hervorzubringen. Vor allem im Hinblick auf naturwissenschaftlich-technische Fächer ergab sich der Befund, dass dominantes Verhalten der Jungen zu Ausgrenzungen und schwächeren Leistungen bei den Mädchen beitragen können. Auch bezogen auf die Fächerwahl zeigte sich in koedukativen Schulsettings eher eine Orientierung an geschlechtertypischem Wahlverhalten. Zudem wurden Befunde vorgelegt, dass junge Frauen, die sich im Studium für ein naturwissenschaftlich-technisches Fach entschieden hatten, ihr Abitur zu einem höheren Anteil auf einer reinen Mädchenschule erworben hatten. In Anbetracht solcher Forschungsergebnisse fand so Mitte der 1980er ein Umdenken in der Frage der Koedukation statt und nun richteten sich die Hoffnungen vermehrt auf die besonderen Chancen eines zumindest für einige Fächer getrenntgeschlechtlichen Unterrichts.

Vor allem für die naturwissenschaftlich-technischen Fächer und den Sportunterricht wurde angenommen, dass ein monoedukativer Unterricht wegen der fehlenden Konkurrenz zu den Jungen den Schülerinnen helfen könnte, diese Fächer in stärkerem Maße zu erschließen und ihr Leistungspotenzial zu steigern. Trotz dieser partiellen Neubewertung des geschlechtergetrennten Unterrichts ist das Konzept der Koedukation in den letzten 25 Jahren weiterentwickelt worden, wobei hier vor allem die Arbeitsgruppe um Faulstich-Wieland (1996, 1998, 2010) wichtige Impulse gab. Dem aktuellen Stand dieser Debatte werden wir uns weiter unten zuwenden und nun zunächst darauf eingehen, wie sich die Bildungsbeteiligungsquoten im Vergleich zur Situation Anfang der 1960er Jahre verändert haben.

7.2 Die Geschlechterdifferenz im allgemeinbildenden Schulwesen

7.2.1 Bildungsbeteiligungsquoten

Wie sich mittlerweile die Geschlechterverhältnisse in der Bildungsbeteiligung zu Gunsten der Mädchen verschoben haben, wird deutlich, wenn wir einen Blick darauf werfen, wie hoch jeweils der Anteil der Mädchen bzw. jungen Frauen unter den verschiedenen schulischen Abschlüssen des allgemeinbildenden Schulwesens ausfällt. Dazu betrachten wir die Absolventen und Absolventinnen des Schuljahres 2008. Während unter den Realschulabschlüssen das Geschlechterverhältnis sehr ausgewogen ist, finden wir unter den Absolventinnen und Absolventen mit allgemeiner Hochschulreife mittlerweile einen Anteil von 56 % junger Frauen. Auch für die Fachhochschulreife gilt, dass hier Absolventinnen mit 54 % überrepräsentiert sind. Es wird also deutlich, dass hier Frauen gegenüber den etwa 40 %, die sie Anfang der 1960er Jahre stellten, deutlich aufgeholt haben.

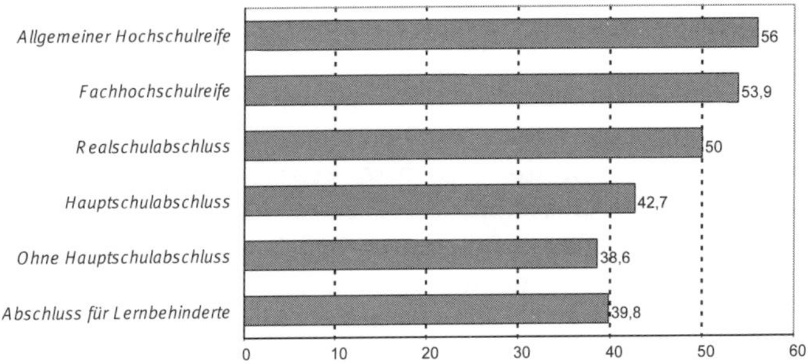

Abb. 7.1: Mädchenanteil unter den Absolventen und Absolventinnen des Schuljahres 2008 (Statistisches Bundesamt 2010, 288)

Im Gegensatz dazu erhöhte sich in diesem Zeitraum an Hauptschulen der Jungenanteil von 50 % auf 57,3 %. Noch problematischer stellt sich die Situation dar, wenn wir den Anteil der Jungen betrachten, der die Schule ohne Hauptschulabschluss bzw. mit einem Abschluss für Lernbehinderte verlässt. Hier sind die Jungen jeweils mit mehr als 60 % vertreten. Sie tragen also ein deutlich höheres Risiko, am Ende ihrer Schullaufbahn mit einem Abschluss dazustehen, der ihnen nur geringe Chancen hinsichtlich ihres weiteren beruflichen Weges eröffnet. Insgesamt zeigen die Daten also sehr deutlich, dass sich der Anteil junger Frauen mit höheren schulischen Qualifikationen in den vergangenen 40 Jahren deutlich erhöht hat, während junge Männer vor allem in den »Kelleretagen« des Bildungssystems ein Übergewicht aufweisen. Die Bildungsbenachteiligung der Jungen zeigt sich allerdings nicht nur in den schlechteren Beteiligungsquoten, sondern wird auch klar erkennbar, wenn wir das Risiko betrachten, die Schullaufbahn mit zusätzlichen Schleifen und Verzögerungen zu durchlaufen.

7.2.2 Verzögerte Schulkarrieren

Im Bundesdurchschnitt wurden von allen Schülern 3,5 % der Mädchen, aber 5,9 % der Jungen verspätet eingeschult. Bei den vorzeitigen Einschulungen verhält es sich genau umgekehrt: Hier sind die Mädchen mit etwa 60 % deutlich überrepräsentiert, während ihr Anteil an allen verspätet Eingeschulten nur 37 % beträgt. Auch ihr Anteil an allen als geistig behindert eingestuften Schulanfängern beträgt nur gut ein Drittel (Statistisches Bundesamt 2010, Fachserie 11, 258).

Darüber hinaus sind Mädchen und Jungen auch in ungleichem Ausmaß von dem Risiko betroffen, eine Klasse wiederholen zu müssen: Um – so das Ziel dieser schulischen Maßnahme – leistungshomogene Gruppen zu erhalten, mussten im Schuljahr 2008/09 2,2 % aller Schülerinnen und Schüler an allgemeinbildenden Schulen eine Klasse wiederholen (Statistisches Bundesamt 2010, Fachserie 11, 258). Diese Zahl mag gering erscheinen, aber wenn wir uns die dahinter stehende Anzahl von knapp 184 000 Schülerinnen und Schülern vor Augen führen, wird deutlich, dass das »Sitzenbleiben« alles andere als einen Ausnahmefall darstellt. Noch deutlicher wird dies, wenn wir betrachten, wie sich dieses Risiko im Verlaufe einer Schullaufbahn erhöht. Wie aus den Daten der PISA 2003-Untersuchung hervorgeht, haben fast ein Viertel der 15-jährigen Schülerinnen und Schüler in Deutschland (23,1 %) im Verlauf ihrer bisherigen Schulkarriere mindestens einmal eine Klasse wiederholen müssen (davon 9 % bereits in der Grundschule und 14,1 % in der Sekundarstufe I).

Wie stellt sich dieses Risiko aus der Geschlechterperspektive dar? Während von allen Schülerinnen des Schuljahres 2008/09 1,8 % eine Klasse wiederholen mussten, betrug dieser Anteil bei den Schülern 2,5 %. Jungen und Mädchen unterscheiden sich hier also insgesamt offensichtlich nur geringfügig, aber vor allem in der Sekundarstufe II entwickeln sich zwischen Schülerinnen und Schülern deutlichere Unterschiede. So mussten in der zwölften Jahrgangsstufe 4,4 % der männlichen Schüler die Klasse wiederholen, während dies nur 2,9 % der Mädchen betraf (Statistisches Bundesamt 2010, Fachserie 11, 190).

Klassenwiederholungen können innerhalb der gleichen Schulform stattfinden, sie können aber auch mit einer sog. Abschulung verbunden sein, d. h. mit einem Wechsel auf eine niedrigere Schulform (z. B. vom Gymnasium auf die Realschule oder von der Realschule auf die Hauptschule). Von dieser Form der schulischen Abwärtsmobilität scheinen Jungen etwas häufiger betroffen zu sein, während Mädchen etwas häufiger den Umstieg auf eine höhere Schulform schaffen. Allerdings sind diese Unterschiede nicht sehr ausgeprägt, wie Liegmann (2008, 40) in ihrer Übersicht zum Forschungsstand feststellt.

Als weiteren Aspekt geschlechterdifferenten Bildungserfolgs sollen nun im Folgenden die Ergebnisse zusammengefasst werden, die sich in den standardisierten Schulleistungstests hinsichtlich der erfassten Kompetenzwerte bei Mädchen und Jungen zeigen.

7.2.3 Geschlechterdifferente Kompetenzprofile

Dass Mädchen gerne lesen und Jungen ihre Stärken eher im technisch-naturwissenschaftlichen Bereich entwickeln, gehört zu den Alltagsüberzeugungen vieler Menschen. Korrespondieren solche Vorlieben auch mit entsprechenden geschlechterdifferenten Kompetenzprofilen bei den PISA- und IGLU-Untersuchungen?

Die Befundlage zeigt, dass es eine Verkürzung darstellen würde, die beobachteten Geschlechterdifferenzen darauf zu reduzieren, dass die Mädchen in der Lesekompetenz und die Jungen in der naturwissenschaftlichen Kompetenz die höheren Werte erreichen. Eine differenziertere Betrachtung der Daten verdeutlicht, dass die kompetenzbezogenen Unterschiede facettenreicher sind. Zwar ergibt sich in der Grundschule – wie die IGLU-Untersuchung

2006 zeigt[27] – ein Vorsprung der Mädchen in der Gesamtskala Lesen, auch wenn dieser insgesamt sehr gering ausfällt: 7 Punkte Kompetenzdifferenz bei einem Mittelwert von insgesamt 548 Punkten erscheint als eine praktisch zu vernachlässigende Größenordnung. Daran ändert auch die Berücksichtigung der Textsorte (literarisches vs. informierendes Lesen) ebenso wenig etwas wie die gezeigten Verstehensleistungen (textimmanente vs. wissensbasierte Verstehensleistungen, bei denen das Integrieren, Interpretieren und Bewerten von Informationen im Vordergrund steht). Auch bei einer solchen differenzierten Betrachtung fallen also die Geschlechterdifferenzen nicht höher aus. Wichtig ist hier zu betrachten, wie diese Mittelwerte zustande kommen. So könnte es z. B. sein, dass sich männliche Grundschüler häufiger in den Extremgruppen finden, also bei den sehr guten oder sehr schlechten Lesern (was ja in der Betrachtung der Mittelwerte nicht zum Ausdruck kommt). Entsprechende Analysen zeigen aber auch hier, dass in Deutschland in dieser Altersstufe erfreulicherweise beim Lesen kaum geschlechterdifferente Unterschiede erkennbar sind, so dass für das Grundschulalter insgesamt festgehalten werden kann, dass sich Jungen und Mädchen in ihrer Lesekompetenz nur geringfügig unterscheiden. Allerdings – und hier kann ein spezifischer Interventionsbedarf gesehen werden – ist der Anteil von Jungen, die angeben, außerhalb der Schule nie oder fast nie aus Spaß zu lesen, mit 19 % doppelt so hoch wie der entsprechende Anteil der Mädchen mit 9 %.

Wie entwickelt sich die Lesekompetenz, wenn wir die Ergebnisse bei 15-Jährigen betrachten? Hier kann die erste PISA-Untersuchung Auskunft geben, die den Schwerpunkt auf das Lesen legte.[28] Danach scheint sich die Leseunlust der männlichen Jugendlichen deutlich verstärkt zu haben.[29] Mehr als die Hälfte der

27 Die Darstellung der Ergebnisse der IGLU 2006-Untersuchung basiert auf Hornberg, Valtin, Potthoff u. a. (2007, 195 ff.).

28 Die berichteten Ergebnisse zur PISA-Studie basieren auf Deutsches PISA-Konsortium (2001, 253 ff.).

29 Streng genommen können die Ergebnisse nicht als Altersentwicklung gelesen werden, da weder IGLU noch PISA als echte Längsschnittuntersuchungen angelegt sind, bei denen die gleichen Befragten über einen Zeitraum beobachtet werden.

männlichen Befragten antwortet mit »stimmt ganz genau« oder »stimmt eher« auf die Aussage »Ich lese nur, wenn ich muss«. Bei den Mitschülerinnen sind dies nur gut ein Viertel. Im Vergleich zur Grundschulzeit mit den relativ geringen Kompetenzdifferenzen im Lesen zeigen sich bei den 15-Jährigen deutlich größere Unterschiede von immerhin einer halben Kompetenzstufe zugunsten der Mädchen (das entspricht 42 Kompetenzpunkten), wobei hier auch die Textsorte von Bedeutung ist. »Im Lesen ist der Leistungsvorsprung der Mädchen bei kontinuierlichen Texten (z.B. Erzählungen, Argumentationen, Darlegungen) besonders ausgeprägt, während bei nicht-kontinuierlichen Texten (z.B. Formularen, Anzeigen, Tabellen, Graphiken) sehr viel geringere Geschlechtsunterschiede zu verzeichnen sind. Auch im Hinblick auf die Anforderungen an den Umgang mit Texten zeigen sich spezifische Unterschiede: Im Vergleich zu Mädchen bereitet es Jungen deutlich größere Schwierigkeiten, Texte und ihre Merkmale kritisch zu reflektieren und zu bewerten« (Deutsches PISA-Konsortium 2001, 262). Dies drückt sich auch bei der Verteilung auf die Extremgruppen aus. Die Gruppe, die nur die unterste Kompetenzstufe erreicht oder sogar darunter bleibt (sog. funktionale Analphabeten), setzt sich zu zwei Dritteln aus Jungen zusammen. Während hier besonderer Förderbedarf gegeben ist, sind insgesamt (in Schule und Familie) größere Anstrengungen nötig, den Jungen Zugang zum Lesen zu eröffnen. Denn wie die PISA-Untersuchung zeigt, sind die Leistungsvorsprünge der Mädchen im Lesen zumindest teilweise auch auf motivationale Aspekte (Interesse bzw. Freude am Lesen) zurückzuführen. Dass es hier viel Entwicklungspotenzial gibt, verdeutlichen Länder wie z.B. die Niederlande, wo die Kompetenzunterschiede zwischen Jungen und Mädchen nur halb so groß ausfallen.

Im Vergleich zur Lesekompetenz ergeben sich für die anderen untersuchten Kompetenzdifferenzen deutlich geringere Disparitäten. Zwar findet sich bestätigt, dass Jungen bessere Werte für die mathematische Kompetenz erzielen, allerdings liegt hier der Kompetenzvorsprung nur bei etwa 20 Punkten und auch in der Risikogruppe sind die Geschlechteranteile ausgeglichener: 22 % der Schülerinnen und 17,8 % der Schüler befinden sich auf oder sogar unterhalb der Kompetenzstufe I und sind also nur in der Lage, Routineverfahren in unmittelbar zugänglichen Situationen anwenden zu können. Entgegen der Alltagsüberzeugung schneiden Jungen hinsichtlich ihrer naturwissenschaftlichen Kompetenz insgesamt nicht besser ab als ihre gleichaltrigen Mitschülerinnen. Allerdings gilt dies zunächst für die Gesamtskala. Werden hier einzelne Aspekte differenziert, dann ergeben sich zum Teil sogar Leistungsvorsprünge für die Mädchen: so etwa bei der Skala »Naturwissenschaftliche Fragestellungen identifizieren«, bei der sie 16 Kompetenzpunkte mehr als die Jungen erreichen, während diese z. B. einen Leistungsvorsprung von 21 Punkten in der Subskala »Naturwissenschaftliche Phänomene erklären« erzielen. Hier – das zeigen die Ergebnisse – lohnt es sich also, genauer hinzusehen. Insgesamt aber kann bezogen auf die geschlechterdifferenten Kompetenzprofile festgehalten werden: Im Grundschulalter lassen sich in deutlich geringerem Maße Disparitäten zwischen Jungen und Mädchen ausmachen und es besteht dringender Forschungsbedarf, warum sich vor allem bezogen auf die Lesekompetenz bis zum Jugendalter eine divergente Entwicklung zeigt.

7.3 Geschlechterdifferenzen in der Berufsausbildung

Welche Konsequenzen ergeben sich nun aus der Tatsache, dass Mädchen mehr höhere Bildungsabschlüsse als Jungen vorweisen können, wenn es um den Übergang in den Beruf geht?[30] Zunächst fällt auf, dass sich die Neuzugänge in das berufliche Ausbildungssystem nach Geschlecht in unterschiedlicher Weise auf die verschiedenen Ausbildungssektoren verteilen. Während das Duale System stärker von männlichen Absolventen nachgefragt wird, finden sich junge Frauen nach der Schule häufiger in vollzeitschulischen Bildungsangeboten wieder (hier stellen sie 69 % der außerbetrieblichen Auszubildenden). Dies liegt zum einen an den von ihnen gewählten Ausbildungsberufen, aber auch an

30 Die hier berichteten Befunde basieren auf dem Gutachten des Aktionsrates Bildung (2009, 110 ff.), das sich u. a. mit den Geschlechterdifferenzen in der Berufsausbildung beschäftigt. Dort sind auch die jeweiligen empirischen Untersuchungen benannt, aus denen die geschilderten Befunde stammen.

den besseren schulischen Abschlüssen, die ihnen den Zugang zu Fachschulen ermöglichen. Männliche Jugendliche, die in höherer Zahl lediglich einen Hauptschulabschluss oder gar keinen Abschluss vorzuweisen haben, bemühen sich eher um eine betriebliche Ausbildungsstelle.

Dass sie dabei weniger Erfolg haben als die jungen Frauen, zeigt sich daran, dass sie häufiger berufliche Warteschleifen im sog. Übergangssystem (also den diversen Berufsvorbereitungsmaßnahmen) absolvieren müssen. Hier sind junge Männer mit 57,3 % vertreten. Auch drei Monate nach Verlassen der Schule sind etwa die Hälfte von ihnen noch nicht im regulären Ausbildungsmarkt untergekommen, während dieser Anteil bei den Schulabgängerinnen bei etwa 40 % liegt. Junge Männer haben also insgesamt größere Schwierigkeiten beim Übergang von der Schule in die Berufsausbildung. Hierfür werden im Wesentlichen drei Entwicklungen verantwortlich gemacht:

1. die relative Verschlechterung des Bildungsniveaus der Jungen,
2. die langfristige Rückläufigkeit der gewerblich-technischen Berufe und damit
3. die steigende Bedeutung von Dienstleistungsberufen.

Junge Frauen profitieren also von der Bedarfsentwicklung des Arbeitsmarkts, weil sie zu einem großen Teil Ausbildungsberufe aus dem expandierenden Dienstleistungssektor wählen. Zudem sind sie – wie die BA/BIBB-Bewerber- und Bewerberinnenbefragung zeigt (BMBF 2005, 78) – aktiver und flexibler bei ihrer Suche nach einer Ausbildungsstelle:

- Junge Frauen bewerben sich häufiger für mehrere (auch branchenfremde) Ausbildungsberufe.
- Sie nehmen etwas häufiger an Vorstellungsgesprächen teil.
- Sie bewerben sich häufiger um Ausbildungsstellen außerhalb ihrer Region.
- Sie zeigen eine größere Bereitschaft, aus beruflichen Gründen in wirtschafts- und strukturstarke Regionen umzuziehen (dies gilt vor allem für junge Frauen aus den neuen Bundesländern).

Hinzu kommt, dass weibliche Auszubildende ihre Ausbildung (ohne eine andere Ausbildungsperspektive) weniger häufig vorzeitig abzubrechen. Etwa 10 % aller Auszubildenden, die im

Dualen System eine Ausbildung begonnen haben, beenden diese ohne Abschluss. Männer sind unter diesen Ausbildungsabbrechern mit 59 % häufiger vertreten.

Auch wenn junge Frauen bei der Wahl ihrer Ausbildungsberufe flexibler sind, bleiben sie doch insgesamt in einem engeren Berufespektrum im Vergleich zu männlichen Bewerbern. Dies zeigt die nachfolgende Tabelle der abgeschlossenen Ausbildungsverträge.

Tab. 7.1: Die am häufigsten gewählten Ausbildungsberufe nach Geschlecht (Aktionsrat Bildung 2009, 114 f.)

Am stärksten besetzte Ausbildungsberufe 2006	
Männliche Auszubildende	**Weibliche Auszubildende**
• Kraftfahrzeugmechatroniker (7,7 %), • Industriemechaniker (5,2 %), • Kaufmann im Einzelhandel (3,6 %), • Elektroniker, Anlagenmechaniker für Sanitär-, Heizungs- und Klimatechnik und Koch (jeweils 3,5 %), • Metallbauer (2,7 %), • Kaufmann im Groß- und Außenhandel, Maler/Lackierer und Mechatroniker (jeweils 2,4 %).	• Bürokauffrau (6,9 %), • Kauffrau im Einzelhandel und medizinische Fachangestellte (jeweils 6,6 %), • Friseurin (5,7 %), • zahnmedizinische Fachangestellte (5,3 %), • Industriekauffrau (5,1 %), • Fachverkäuferin im Lebensmittelhandwerk, Kauffrau für Bürokommunikation, Verkäuferin und Hotelfachfrau (insgesamt 17,1 %).

Die Übersichtstabelle veranschaulicht, dass junge Männer in ihrem Berufswahlspektrum breiter aufgestellt sind. Auf die am stärksten besetzten Berufe entfallen 37 % aller Auszubildenden. Bei den jungen Frauen sind das bereits 53 % der Auszubildenden. Mit anderen Worten: Frauen sind in höherem Maße festgelegt auf eine geringere Anzahl von Ausbildungsberufen. Ein Blick in die Tabelle macht dabei schnell klar, dass es sich hier ganz überwiegend um Dienstleistungsberufe handelt, die mit einer geringeren Entlohnung und schlechteren Karrierechancen verbunden sind. Das geschlechterdifferente berufliche Ausbildungsverhalten legt damit bereits den Grundstein für die späteren Nachteile der Frauen auf dem Arbeitsmarkt.

7.4 Geschlechterdifferenzen auf dem Arbeitsmarkt

Mit der gleichen Deutlichkeit, mit der festgestellt werden kann, dass (ein Teil der) Mädchen zu den Gewinnern der Bildungsexpansion gehören, muss konstatiert werden, dass sie ihren größeren schulischen Bildungserfolg nicht in vollem Umfang im Erwerbsleben umsetzen können. Es lassen sich dabei drei Aspekte von arbeitsmarktbezogenen Benachteiligungen von Frauen benennen, die miteinander in Zusammenhang stehen:

Vertikale Segregation:[31] Damit ist gemeint, in wie starkem Ausmaß sich Männer und Frauen auf unterschiedlichen Hierarchieebenen der beruflichen Tätigkeit finden. Hier sind Frauen in hohen beruflichen Positionen deutlich seltener vertreten. So sind z.B. 81,5 % der Geschäftsführer und Geschäftsbereichsleiter männlich. Bei Berufen am unteren Ende der Hierarchie sind hingegen Frauen deutlich überrepräsentiert. So ist etwa der Friseurberuf fest in weiblicher Hand: 91 % der in diesem Bereich beruflich Tätigen sind Frauen.

Horizontale Segregation: Mit diesem Begriff ist der Befund bezeichnet, dass Frauen aus einem engeren Berufsspektrum auswählen. Infolge einer Selbstselektion der Geschlechter verteilen sie sich nicht gleichmäßig über die Branchen und Betriebe. Wie sich bei den Ausbildungsberufen bereits gezeigt hat, finden sich Frauen sehr viel häufiger bei den (einfachen) Dienstleistungsberufen. Mehr als 45 % aller erwerbstätigen Frauen waren im Jahr 2006 in diesem Sektor beschäftigt. Bei den Männern entfallen auf das verarbeitende Gewerbe etwa 27 % der Erwerbstätigen. Zwischen diesen Sektoren des Arbeitsmarkts bestehen beträchtliche Lohn- und Einkommensunterschiede.

---

31 Die Daten zur vertikalen und horizontalen Segregation sind einem Dossier des Bundesministeriums für Familie, Senioren, Frauen und Jugend (2009) entnommen.

Verdienstchancen:[32] Obwohl in der Bevölkerung sehr weitgehende Einigkeit (92 %) darin besteht, dass Männern und Frauen für gleiche oder gleichwertige Arbeit gleiches Entgelt gezahlt werden sollte, spiegelt sich dies in den realen (monetären) Verdienstchancen nicht wider. Frauen verdienen im Schnitt 23 % weniger als ihre altersgleichen Kollegen, wobei der »gender pay gap« mit zunehmendem Alter der Frauen ansteigt. Zudem zeigen sich Unterschiede in den beruflichen Tätigkeiten: So verdienen z. B. Köchinnen knapp 40 % und Architektinnen im Schnitt 25 % weniger als ihre männlichen Kollegen in der gleichen Altersgruppe. Für die Benachteiligung von Frauen hinsichtlich ihrer Verdienstmöglichkeiten auf dem Arbeitsmarkt werden verschiedene Gründe angeführt: häufigere mehrjährige Unterbrechung der Berufstätigkeit aus familiären Gründen, defensiveres Verhalten bei Gehalts- bzw. Lohnverhandlungen sowie geringer dotierte Gehaltsangebote und vergleichsweise geringere berufliche Wechselbereitschaft von Frauen.

Gegen diese lohnbezogene Diskriminierung schützt auch ein Hochschulabschluss nicht. Unter den Akademikern und Akademikerinnen beträgt der »gender pay gap« 12 % zu Ungunsten der Frauen. Männern gelingt es also, mit ihren Universitäts- und Fachhochschulabschlüssen höhere (monetäre) Bildungsrenditen zu erwirtschaften. Hier dürfte auch die geschlechtsdifferente Studienfachwahl eine Rolle spielen.

7.5 Geschlecht und Hochschule

Die starken Zugewinne der Frauen beim Erreichen des Abiturs setzen sich bei der Entscheidung zugunsten eines Hochschulstudiums fort. Seit 2006 nehmen erstmals mehr Frauen als Männer ein Studium an einer Hochschule auf. Dabei liegt der Frauenanteil an Universitäten deutlich höher als an Fachhochschulen, wo vielfach Studiengänge mit technischen Fachrichtungen angeboten werden, die stärker von Männern nachgefragt werden. Bei der Wahl des Studienfachs zeigt sich das Problem der horizontalen

32 Die Daten zu den Entgeltungleichheiten stammen aus: Bundesministerium für Familie, Senioren, Frauen und Jugend (2008).

Segregation. Die Versuche, junge Frauen stärker für die sog. MINT-Fächer (**M**athematik, **I**nformatik, **N**aturwissenschaften [Biologie, Chemie, Physik] und **T**echnik) zu motivieren, zeigen nur bedingt Erfolg. Der Anteil an Studienanfängerinnen in der Fächergruppe Ingenieurwissenschaften lag im Jahr 2007 bei lediglich 20,4 %, wobei junge Frauen aus den neuen Bundesländern eine etwas höhere Tendenz zeigen, ein ingenieurwissenschaftliches Fach zu wählen. In den mathematischen und naturwissenschaftlichen Studienfächern beträgt der Frauenanteil immerhin etwa 40 % (Herdin/Langer/Stuckrad 2009).

In den traditionell überwiegend von Frauen gewählten Sprach- und Kulturwissenschaften ist der Anteil der Studienanfängerinnen seit Anfang der 1990er Jahre rückläufig. Zeitweise hatte hier der Frauenanteil bei über 80 % gelegen und ist im Jahr 2006 auf 69 % gesunken. Ähnliches gilt für das Fach Kunst/Kunstwissenschaften, das Ende der 1990er Jahre zu 67 % von Frauen studiert wurde und wo bis zum Jahr 2006 der Frauenanteil auf 60 % sank. In anderen Fächern wird hingegen ein anhaltend hoher Frauenanteil beobachtet: So etwa im Lehramt für Grund- und Hauptschulen mit 87 % weiblichen Studierenden. Darüber hinaus stellen Frauen auch mehr als 75 % der Studienanfänger in den Studienfächern Sonderpädagogik, Erziehungswissenschaften, Sozialwesen, Psychologie, Pharmazie, Gesundheitswissenschaften, Ernährungs- und Haushaltswissenschaften sowie Veterinärmedizin. Auch im Hochschulstudium zeigen sich also deutliche Hinweise auf eine geschlechterbezogene horizontale Segregation.

Frauen haben nicht nur deutlich ihren Zugang zum Hochschulstudium ausbauen können, sondern sie sind darüber hinaus auch erfolgreicher im Abschluss ihres Studiums. Etwa zwei Drittel aller Studierenden (Erststudium) mit Studienbeginn 1997, 1998 sowie 1999 haben bis 2007 einen Erstabschluss erworben. Dabei weisen die Studentinnen in allen drei Jahrgängen mit 70 % eine höhere Erfolgsquote auf als ihre männlichen Kommilitonen (Statistisches Bundesamt 2009, Hochschulstandort Deutschland 2009, 13). Über die geschlechterbezogene Studiendauer bis zum Abschluss und den Notenerfolg liegen keine Daten vor. Insgesamt zeigt aber die Abb. 7.2, dass Frauen seit dem Jahr 2000 ihren Anteil an den Hochschulabsolventen und -absolventinnen ausbauen konnten, so dass sie nicht nur bei den Studienanfängern in der

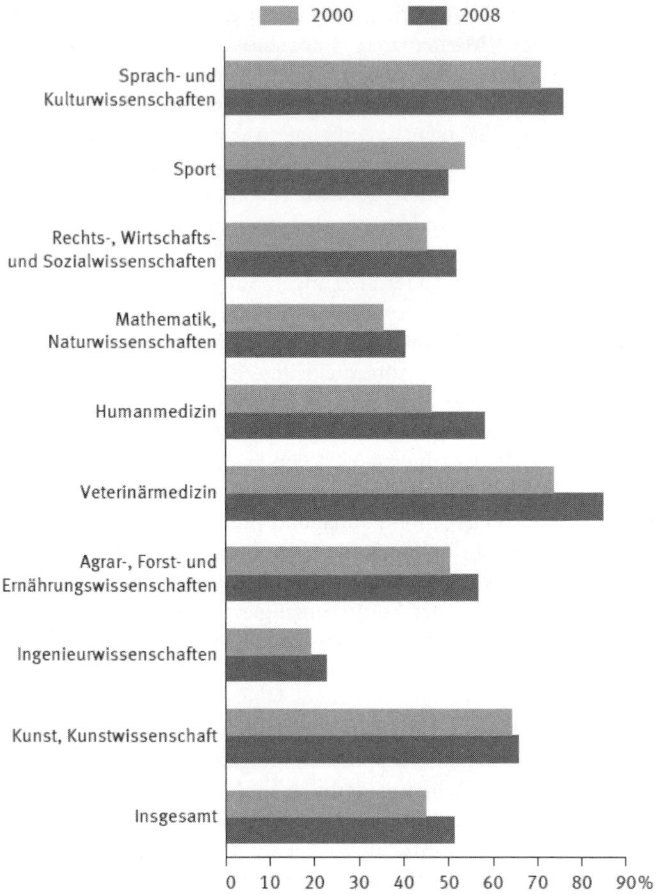

Abb. 7.2: Frauenanteile bei den Absolventen verschiedener Studiengebiete 2000 und 2008 (Statistisches Bundesamt (2009, 26)

Mehrheit sind, sondern auch bei den Absolventen eines Hochschulstudiums.

Der stärkste Anstieg zeigt sich bei Humanmedizin. Hier erhöhte sich der Frauenanteil, der bereits im Jahr 2000 mit

46 % überdurchschnittlich hoch war, bis 2008 auf 58 %. Den höchsten Frauenanteil hatte im Jahr 2000 mit 74 % die Veterinärmedizin. Bis 2008 stieg dieser Anteil auf 85 %. Bei den Sprach- und Kulturwissenschaften und Kunst/Kunstwissenschaften findet sich demgegenüber nur ein geringer Anstieg des Frauenanteils unter den Absolventen und Absolventinnen. Auch in den Ingenieurwissenschaften gewinnen Frauen – bei niedrigem Ausgangsniveau – nur leicht dazu.

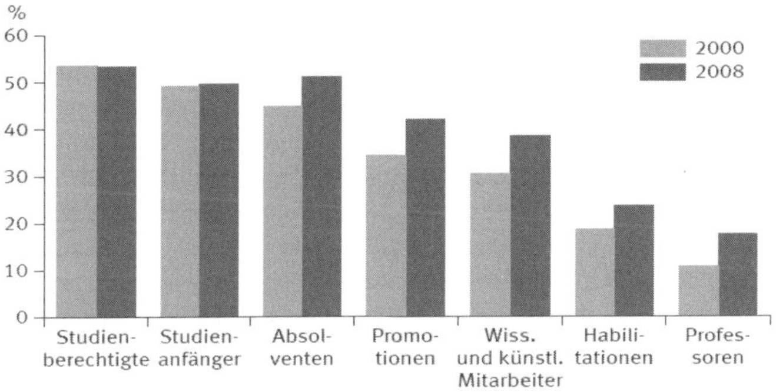

Abb. 7.3: Frauenanteil in verschiedenen Stufen der akademischen Karriere 2000 und 2008 (Statistisches Bundesamt (2009, 25)

Bezogen auf eine wissenschaftliche Laufbahn, an deren Anfang ein Hochschulabschluss steht, ist die Ausgangslage für Frauen also relativ günstig. Betrachtet man aber den weiteren Verlauf von der Promotion, der Tätigkeit als wissenschaftliche Mitarbeiterin über die Habilitation zur Professur, dann wird deutlich, dass Frauen im Zeitraum von 2000 bis 2008 ihren Anteil zwar steigern konnten (siehe Abb. 7.3). Allerdings zeigt sich gleichzeitig, dass sie sich hier nicht in der Weise platzieren können, wie es ihrem Anteil an den Studierenden entspricht. Von Karrierestufe zu Karrierestufe wird der Frauenanteil kleiner mit dem Resultat, dass noch nicht einmal ein Fünftel der Professuren an deutschen Hochschulen mit Frauen besetzt sind. Betrachtet man den Frauenanteil bei den (hochdotierten) C4/W3-Professuren, liegt ihr Anteil sogar unter 10 %.

Eine Arbeitsgruppe um Beate Krais (2000) beschäftigt sich seit vielen Jahren mit der Frage, wie es zu dieser geringen Repräsentation von Frauen in den oberen Hierarchieebenen des Wissenschaftsbetriebs kommt. Der Analysefokus ist darauf ausgerichtet, die Wissenschaft mit ihren Institutionen und Akteuren als soziales Feld im Sinne Bourdieus zu begreifen, d. h. als ein soziales Gefüge, das durch die hierarchisierte Positionierung der Feldakteure zueinander bestimmt ist[33]. In diesem Sinne arbeitet Beaufaÿs (2003) in ihrer qualitativen Studie, die auf Interviews mit Professoren und Professorinnen basiert, heraus, dass die wirksam werdenden Selektionsmechanismen ganz wesentlich auf der Ebene der Zuschreibungs- und Anerkennungsprozesse im wissenschaftlichen Feld beruhen. Diese werden vor allem wirksam in der akademischen Selbstrekrutierung, d. h. über die Nachwuchsförderung und die darin eingelagerten sozialen Zuschreibungen. Vordergründig gelten objektivierbare herausragende wissenschaftliche Leistungen als Eintrittskarte. Wie Beaufaÿs jedoch zeigt, gehen darüber hinaus auch Ausdauer, Disziplin, Einsatzbereitschaft und Frustrationstoleranz der Nachwuchswissenschaftler und -wissenschaftlerinnen als zentrale Zugangsvoraussetzung in die Bewertungsprozesse ein, wobei Frauen hier in geringerem Maße das Potenzial zugeschrieben wird, gerade diesen Herausforderungen einer wissenschaftlichen Karriere entsprechen zu können.

Zusammenfassend lässt sich also zur geschlechterdifferenten Teilhabe an der Hochschulbildung festhalten, dass zwar auf der einen Seite junge Frauen deutlich aufgeholt haben, was die Aufnahme eines Studiums betrifft, andererseits aber noch deutliche Schieflagen fortbestehen, wenn es um die Wahl der Studien-

33 Die Felder funktionieren jeweils nach ihren eigenen Gesetzmäßigkeiten und sind in diesem Sinne relativ autonom. Die in einem Feld geltenden Regeln werden in aller Regel nicht expliziert (sind also z. B. nirgends dokumentiert). Ihre Existenz wird nur daran erkennbar, dass diese Regeln in der Praxis befolgt werden. Eine für die Konstitution eines Feldes sehr wichtige Rolle spielen dabei die spezifischen fraglos gültigen Glaubenssätze (»illusio«), z. B. dass diejenigen, die im wissenschaftlichen Feld erfolgreich sind, sich (mehr als andere) durch wissenschaftliche Exzellenz auszeichnen. Um den Wissenschaftsbetrieb in seiner spezifischen Funktionslogik zu erschließen, ist – wie Krais (2000, 23) fordert – ein Blickwechsel »weg von den Frauen, hin zu einer Analyse der Strukturen und Funktionsmechanismen des Wissenschaftssektors« notwendig.

fächer und die (geringeren) Bildungsrenditen nach einem akademischen Abschluss geht. So fassen Leuze/Strauß (2009) ihre Ergebnisse dahingehend zusammen, dass Akademikerinnen fünf Jahre nach dem Abschluss durchschnittlich 20 % weniger als Akademiker des gleichen Jahrgangs verdienen.

7.6 Ursachen geschlechterdifferenter Bildungschancen

Im ersten Teil dieses Kapitels haben wir gesehen, dass Jungen im allgemeinbildenden Schulsystem vielfältige Bildungsnachteile in Kauf nehmen müssen: Sie werden häufiger von der Einschulung zurückgestellt, seltener frühzeitig eingeschult, erhalten seltener eine Gymnasialempfehlung, stellen die Mehrheit der Schüler an Hauptschulen und verlassen deutlich häufiger die Schule ohne Abschluss. In vielerlei Hinsicht gelten Jungen deshalb heute als »Verlierer des Bildungssystems«. Diefenbach/Klein (2001) haben in ihrem Beitrag »Bringing Boys Back In« einen Zusammenhang hergestellt zwischen dem geringeren Bildungserfolg von Jungen und dem hohen Anteil von Frauen unter den Lehrkräften im Bildungswesen. Auch wenn sie hier lediglich eine Vermutung formulieren, haben diese Überlegungen doch zu einer heftigen Diskussion über die Rolle von Lehrerinnen am Zustandekommen der Bildungsbenachteiligung von Jungen geführt.

7.6.1 Die sog. »Feminisierung« des Lehrkörpers[34]

Tatsächlich sind im Schuljahr 2008/2009 knapp 70 % aller Lehrkräfte an allgemeinbildenden Schulen weiblich. Allerdings ergeben sich hier deutliche Unterschiede je nach Schulart. Der Anteil der Lehrerinnen wird umso kleiner, je höher die Schulform ist, an

34 Helbig (2010) weist darauf hin, dass mit dem Begriff der Feminisierung der Schule zwei Aspekte beschrieben werden: zum einen der gestiegene Anteil von Frauen im Lehrerberuf und zum anderen eine Schulkultur, die – unabhängig vom Lehrerinnenanteil – vermeintlich »typische« Eigenschaften von Mädchen honoriert und in größeren Bildungserfolg ummünzt.

der unterrichtet wird. So findet sich in der Grundschule ein Lehrerinnenanteil von mehr als 85 %, während dieser im Gymnasium lediglich bei nahezu ausgewogenen 53 % liegt (siehe Abb. 7.4). Vor allem für die frühen Phasen der institutionalisierten Bildung (Kindergarten und Grundschule) bleibt festzuhalten, dass die kindliche Lernumgebung ganz überwiegend von Erzieherinnen und Lehrerinnen bestimmt ist. Was folgt daraus? Ergeben sich hier Konsequenzen für die schulische Leistungsfähigkeit von Schülern und Schülerinnen?

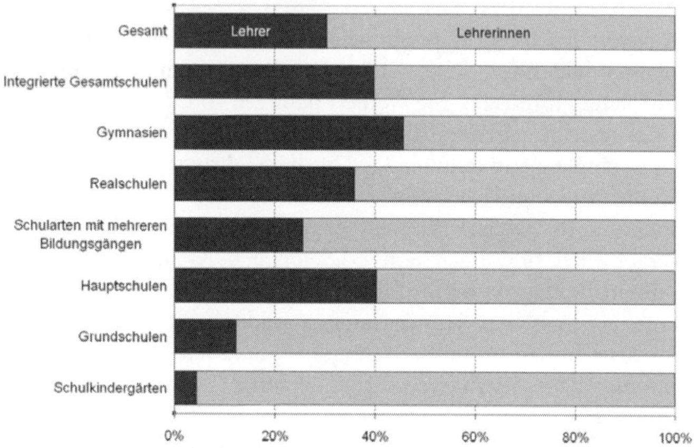

Abb. 7.4: Geschlechterbezogene Zusammensetzung des Lehrkörpers (Voll- und Teilzeit) in verschiedenen Schulformen im Schuljahr 2008/09 (Statistisches Bundesamt 2010)

Auf den ersten Blick scheint tatsächlich ein Zusammenhang zwischen dem Anteil weiblicher Lehrer und dem Bildungserfolg von Jungen und Mädchen zu bestehen. So weist Helbig (2010, 96) darauf hin, dass die geschlechterbezogene Lehrkräfteverteilung deutliche Parallelen zur Entwicklung der geschlechterbezogenen Abiturquoten aufweist. So sei der Anteil weiblicher Lehrkräfte bis 1975 kontinuierlich angestiegen und parallel dazu sei es in dieser Zeit auch zu einem Anstieg der Chancen von Mädchen gekommen, das Abitur zu erreichen. In der Phase der Stagnation der Lehrerinnenanteile (bis 1990) haben sich demgegenüber die Geschlechteranteile beim Abitur kaum verändert.

Nachdem aber seit Anfang der 1990er Jahre der Anteil der Lehrerinnen an allen Schulformen wieder angestiegen sei, nehmen auch die Chancen für Mädchen zu, das Abitur zu erreichen. Hinzu komme – so Helbig (2010) –, dass Mädchen umso erfolgreicher sind, je höher der Anteil der weiblichen Lehrkräfte an Schulen eines Bundeslandes ausfällt. Dieser Befund lässt sich sowohl im Vergleich der deutschen Bundesländer als auch im Vergleich der OECD-Staaten zeigen. Auch die (vermeintlich) größeren schulischen Erfolge von Jungen in den mathematischen, naturwissenschaftlichen und technischen Fächern scheinen sich hier in das Bild einzufügen, weil in diesen Fächern insgesamt mehr männliche Lehrkräfte unterrichten.

Welche Vermutungen werden nun ins Feld geführt, warum ein hoher Anteil von Lehrerinnen sich negativ auf die schulischen Leistungen von Jungen auswirken könnte? Helbig (2010) identifiziert in diesem Zusammenhang drei Argumentationslinien:

1. Das Fehlen männlicher Vor- und Leitbilder in der Schule hat zur Folge, dass Jungen keine positiven Männlichkeitsbilder ausbilden können und daher eine fragilere Geschlechtsidentität aufweisen. Dies wirkt sich ungünstig auf die Entwicklung ihrer Lernbereitschaft aus, was wiederum negative Folgen für die Kompetenzentwicklung von Jungen hat.
2. Lehrerinnen honorieren im Unterricht Verhaltensweisen, die eher als Resultat der Sozialisation von Mädchen sind. Dadurch werden Jungen (nicht notwendigerweise mit Absicht) benachteiligt. Jungen reagieren darauf, indem sie häufiger Verhaltensweisen zeigen, die den Unterrichtsablauf stören. Mädchen entsprechen hingegen eher den Erwartungen der Lehrerinnen, die durch ihre eigene Sozialisation mit den entsprechenden Verhaltensweisen besser vertraut sind. Dies wirkt sich bei den schulischen Bewertungsprozessen zum Nachteil der Jungen aus, die deshalb seltener eine Gymnasialempfehlung erhalten.
3. Die Schulkultur hat sich insgesamt feminisiert, wobei hier der Anteil an Lehrerinnen keine Rolle spielt. Schule ist zu einer weiblich geprägten Institution geworden, z. B. dadurch, dass stärker Lernformen praktiziert werden, die dem Lernstil und der Lernbereitschaft von Mädchen entgegenkommen (z. B. durch eine Verstärkung von projektorientiertem Lernen gegenüber dem klassischen Frontalunterricht).

An Erklärungsversuchen, wie das schlechtere schulische Abschneiden der Jungen zustande kommt, mangelt es also nicht. Doch wie ist es aus empirischer Sicht überhaupt um den behaupteten Zusammenhang zwischen sog. Feminisierung des Lehrkörpers und der schulischen Benachteiligung von Jungen bestellt? In Anbetracht der o. g. empirischen Befunde könnte auf den ersten Blick die Vermutung einige Plausibilität für sich beanspruchen, dass es für Jungen nachteilige Folgen hat, überwiegend von Lehrerinnen unterrichtet zu werden. Allerdings – und hier liegt eine zentrale Schwäche der »Beweisführung« – handelt es sich bei den beobachteten Zusammenhängen lediglich um Koinzidenzen. Das heißt, dass zwei Phänomene (größerer Bildungserfolg der Mädchen und hoher Anteil von Lehrerinnen) zwar zusammen auftreten, damit aber zunächst nichts darüber ausgesagt ist, warum dies der Fall ist, *wie* also der beobachtete Zusammenhang zustande kommt. Insofern muss auch die Behauptung aus empirischer Sicht zurückgewiesen werden, dass es sich hier um einen ursächlichen Zusammenhang handelt.

In diese Richtung weisen auch die Befunde von Helbig (2010), der an Berliner Grundschulen untersuchte, in welchem Ausmaß der Anteil männlicher Lehrkräfte an einer Grundschule Einfluss auf die Kompetenzen, Noten und Übergangsempfehlungen für Jungen und Mädchen am Ende der Grundschulzeit nimmt. In den Analysen wird deutlich, dass Jungen weder in ihrem Leseverständnis noch in ihren Mathematikkompetenzen davon profitieren, dass ein höherer Anteil an männlichen Lehrkräften an einer Grundschule unterrichtet. Mädchen hingegen zeigten signifikant bessere Leseleistungen (nicht jedoch bessere Mathematikleistungen), wenn sie Schulen mit einem höheren Lehrerinnenanteil besuchten. Hinsichtlich der Notenvergabe wurde in dieser Studie beobachtet, dass Jungen in Schulen mit einem höheren Anteil männlicher Lehrkräfte bessere Mathematiknoten, jedoch keine besseren Deutschnoten erhielten. Allerdings war hier der Zusammenhang nur sehr schwach ausgeprägt. Bei den Übergangsempfehlungen in die weiterführenden Schulen ergaben sich in den Daten keine Hinweise darauf, dass diese vom Anteil männlicher Lehrkräfte an einer Schule abhängen.

Bei den hier berichteten Ergebnissen ist allerdings zu berücksichtigen, dass keine direkten Interaktionen im Klassenzimmer untersucht wurden, sondern die Berechnungen lediglich auf der Basis der Angabe über den jeweiligen Anteil an männlichen Lehrkräften an den einbezogenen Grundschulen angestellt wurden. Diese Studie kann also keine Erkenntnisse dazu liefern, wie und über welche sozialen Prozesse sich die geschlechterbezogene Konstellation in einer Schule auf den Kompetenzerwerb und die Leistungsbewertung von Jungen und Mädchen auswirkt. Allgemeine Forderungen nach mehr männlichen Lehrkräften in den Schulen und die daran geknüpfte Hoffnung, dass sich so auch automatisch das Problem der geringeren schulischen Leistung von Jungen lösen würde, erscheinen in Anbetracht dieser Datenlage jedenfalls wenig angemessen. Zudem fanden Neugebauer/Helbig/Landmann (2010) auf der Basis der Daten der IGLU-Studie 2001 heraus, dass Jungen und Mädchen bei ihrer Kompetenzentwicklung und in ihren Noten in Mathematik, Deutsch oder Sachkunde nicht von einer Lehrkraft gleichen Geschlechts profitieren. Darüber hinaus zeigen sie aber auch, dass sowohl Mädchen als auch Jungen eine geringere Lesekompetenz zeigen, wenn sie von einem männlichen Deutschlehrer vier Jahre lang unterrichtet wurden. Hier sind somit offenbar weitere Forschungsanstrengungen erforderlich, um zu eindeutigen Erkenntnissen kommen zu können.

7.6.2 »Doing gender« in der Schule

So interessant die obigen Befunde sind, so wenig sagen sie also darüber aus, über welche Interaktionsprozesse und welche schulischen Geschlechterkonstellationen (Lehrerin–Schüler, Lehrerin–Schülerin, Lehrer–Schüler, Lehrer–Schülerin) sie hervorgebracht werden. So ist aus vielen Studien zwar bekannt, dass Jungen im Unterricht mehr Aufmerksamkeit der Lehrer und Lehrerinnen auf sich ziehen: Sie werden häufiger angesprochen, obwohl Mädchen sich genauso häufig melden, sie erhalten mehr Lob, aber auch Tadel (häufig wegen Störungen) als Mädchen, so dass Faulstich-Wieland (1996, 126) von einem »Zwei-Drittel-Aufmerksamkeitsgesetz« zugunsten von Jungen spricht. Dieser Effekt scheint dabei in naturwissenschaftlich-mathematischen Fächern im Vergleich zu Fächern wie Deutsch oder Fremdsprachen noch ausgeprägter aufzutreten.

Aber auch jenseits solcher Unterschiede bei der Verteilung von Aufmerksamkeit seitens der Lehrkräfte spielt Geschlecht in der Schule eine Rolle. Auf der Grundlage von ethnographischen Beobachtungsprotokollen in fünften Klassen an Gymnasien untersucht Faulstich-Wieland (2010) »Dramatisierungen« von Geschlecht, an denen die Lehrer und Lehrerinnen aktiv beteiligt sind. Sie wählt den Begriff der Dramatisierung in Anlehnung an Goffman und versteht darunter soziale Interaktionssequenzen, in denen es zu einer expliziten Fokussierung oder Thematisierung von Geschlecht kommt.

Sie zeigt, dass Lehrer und Lehrerinnen Geschlechterdifferenzierungen verstärken, indem sie z.B. Gruppen nach Geschlecht einteilen. In ihren Interaktionen sind soziale Zuschreibungen enthalten, die als Basis für die Konstruktion von Geschlechterdifferenzen anzusehen sind (etwa dann, wenn Jungen während des Unterrichts als »mutig« bezeichnet werden). Und schließlich vermitteln sie implizite Annahmen über das Geschlechterverhältnis (z.B., dass Mädchen und Jungen nichts miteinander zu tun haben wollten). Geschlechtszugehörigkeit wird hier also als sozial hergestellte Kategorie (= gender) rekonstruiert und nicht lediglich am biologischen Geschlecht (= sex) festgemacht.

Wie Hagemann-White (1984, 80f.) zeigt, werden in Prozessen der sozialen Herstellung von Geschlecht (=»doing gender«) Personen nicht einem Geschlecht zugewiesen, wenn sie bestimmte Eigenschaften an den Tag legen, sondern umgekehrt werden ihnen bestimmte Eigenschaften unterstellt bzw. ihr Verhalten wird in einer Weise bewertet und gedeutet, die auf der wahrgenommenen Geschlechterzugehörigkeit basiert. Die Zugehörigkeit zu einem Geschlecht sowie auch Geschlechterdifferenzen werden in der Perspektive des »doing gender« in allen sozialen Austauschsituationen permanent hergestellt und reproduziert, da unsere soziale Wahrnehmung immer auch eine »vergeschlechtlichte« Wahrnehmung darstellt. Schüler werden also nicht einfach als Schüler bewertet, sondern stets vor dem Hintergrund ihrer Geschlechtszugehörigkeit als Schüler oder eben Schülerin wahrgenommen (was jedoch nicht heißt, dass Geschlecht deswegen in allen sozialen Situationen stets als zentrale soziale Kategorie in den Vordergrund treten muss).

Wie Jungen in der gymnasialen Mittelstufe Geschlecht herstellen, untersucht Budde (2005) anhand von ethnographischer Beobachtungen von Jungen aus drei Klassen eines Gymnasiums, die über drei Jahre hinweg hinsichtlich ihrer Praktiken des »doing gender« analysiert wurden. Seine Untersuchung verdeutlicht, dass bei den Beziehungen unter Jungen die soziale Aushandlung von Hierarchie, Konkurrenz und Solidarität eine zentrale Rolle spielen. Das »doing gender« orientiert sich dabei wesentlich an »hegemonialer Männlichkeit«, d. h. einer gemeinschaftlich geteilten Vorstellung von Männlichkeit und als männlich akzeptierter sozialer Praxis (körperlich stark sein, eine heterosexuelle Orientierung erkennbar werden lassen, dominantes Verhalten usw.). Zudem ist zu beachten, dass nicht nur die Schüler untereinander, sondern auch die Lehrkräfte einen wichtigen Part in der Reproduktion traditionaler Männlichkeit übernehmen.

7.6.3 Biologische Erklärungsansätze

Die Annahme einer grundsätzlichen biologisch fundierten Wesensverschiedenheit von Mädchen und Jungen, Männern und Frauen kann als Alltagstheorie einige Plausibilität für sich beanspruchen. Hirschauer (1994, 672) weist auf drei »axiomatische Basisannahmen« hin, die es uns im Alltag erschweren, Geschlecht nicht als eine natürliche Anlage von Menschen zu denken.

- Die *Annahme der Konstanz*: In aller Regel können wir davon ausgehen, dass wir einem Menschen, den wir als Frau kennen, auch in der Zukunft als Frau begegnen werden. Die Geschlechterzugehörigkeit gehört nicht zu den variablen Merkmalen eines Menschen.
- Die *Annahme einer Dichotomizität*: Menschen begegnen uns in aller Regel als Männer oder als Frauen. Kommen wir in soziale Situationen, in denen sich uns die Geschlechterzugehörigkeit nicht auf den ersten Blick erschließt, sind wir irritiert und versuchen Eindeutigkeit herzustellen.
- Die *Annahme einer Naturhaftigkeit* von Geschlecht: In alltäglichen Situationen wird die Geschlechtszugehörigkeit in erster Linie an den äußerlich erkennbaren Geschlechtsmerkmalen festgemacht. Es sind also ganz wesentlich körperliche Merk-

male, die uns die Identifizierung eines anderen Menschen als Mädchen oder Junge, Mann oder Frau ermöglicht.

Diese grundlegenden Annahmen begünstigen die Vorstellung, dass es eine natürlich vorgegebene Zweigeschlechtlichkeit gibt, die ihre physische Grundlage in differenten körperlichen Ausstattungen findet.[35] So wird in diesem Zusammenhang immer wieder auf anatomische Befunde zur durchschnittlich unterschiedlichen Größe und Gewicht des Gehirns und einer sog. Hemisphärenasymmetrie hingewiesen. Es ist seit langem bekannt, dass das Gehirn von Männern im Schnitt etwa 10 % größer ist als das der Frauen. Auch in neueren Untersuchungen mit fortgeschrittenen Analysemethoden wird dieser Befund bestätigt. Allerdings – und dies ist wichtiger als der reine anatomische Befund – haben sich in neueren Studien keine Zusammenhänge aufzeigen lassen zwischen Größe des Gehirns und dem erreichten Bildungsgrad.

Auch die Annahme, dass das männliche Gehirn in seinen Funktionen asymmetrischer organisiert sei (dass z. B. das Sprachvermögen bei Männern stärker in der linken Hirnseite lokalisiert sei, während es sich bei Frauen eher auf beide Seiten verteilt), ist in diesem Zusammenhang auf Interesse gestoßen. Den Hintergrund bildet hier die Annahme, dass erst die Hemisphärenlateralisation die Höherentwicklung des Menschen ermöglicht habe und daher das männliche Gehirn phylogenetisch weiter entwickelt und eher zu Höchstleistungen in der Lage sei. So wird der Leistungsvorsprung der Männer im räumlichen Denken auf deren ausschließliche Nutzung der rechten Gehirnhälfte für räumlich-visuelle Aktivitäten zurückgeführt, während gleichzeitig die stärkere Nutzung beider Gehirnhälften bei verbalen Aktivitäten als Erklärung für den Vorteil von Frauen in verbalen Bereichen herangezogen wird. Diese Unterschiede in den Hirnfunktionen werden in einer sozial-evolutionären Perspektive auf die unterschiedlichen Anfor-

35 Die Ausführungen zu den anatomischen Unterschieden basieren auf Kap. 2.3 des Gutachtens des Aktionsrates Bildung zu den Geschlechterdifferenzen im Bildungssystem (Vereinigung der Bayerischen Wirtschaft e. V. 2009, 41 ff.) sowie auf Kap. 2.4 des Handbuchbeitrags von Stanat/Bergann (2010).

derungen an die Geschlechter in prähistorischen Gesellschaften begründet: Danach seien die Männer als Jäger und Sammler in stärkerem Maße darauf angewiesen gewesen, physische Stärke und Orientierungsvermögen zu entwickeln, während Frauen in der Sorge um die Nachkommen und den Haushalt in höherem Maße soziale und feinmotorische Kompetenz entwickelt hätten. Diese prähistorische geschlechterbezogene Arbeitsteilung – so die Annahme – habe in der Menschheitsentwicklung ihre Spuren in der genetischen Ausstattung hinterlassen.

So postulieren chromosomale Ansätze, dass die jeweiligen Geschlechtschromosomen XY bzw. XX zu der Herausbildung spezifischer Muster der zerebralen Hemisphärendominanz führen und so Frauen und Männer unterschiedlich ausgeprägte Spezialisierungen in kognitiven Leistungsaspekten (vor allem verbale Fähigkeiten und räumliches Vorstellungsvermögen) aufweisen. Die Beobachtung schließlich, dass hormonelle Schwankungen im weiblichen Zyklus in Zusammenhang stehen mit den Leistungen in der Raumvorstellung, führte zu endokrinologischen Erklärungsansätzen, die davon ausgehen, dass kognitive Differenzen zwischen den Geschlechtern pränatal durch Hormone hervorgebracht werden, die dann ihrerseits z. B. eine geschlechterspezifische Hemisphärenlateralisation zur Folge haben.

Es ließen sich noch weitere Befunde anführen, die auf Unterschiede in der genetischen, hormonellen oder zerebralen (= hirnbezogenen) Ausstattung zwischen den Geschlechtern verweisen. Statt diese weiter auszuführen, ist es wichtiger, einige Zusammenhänge aufzugreifen, um der Bedeutung solcher Überlegungen für unsere Fragestellung nach dem Zusammenhang von Bildung und Geschlecht nachzugehen.

1. Die berichteten Geschlechterunterschiede fallen – auch wenn sie in vielen empirischen Untersuchungen bestätigt wurden – ganz überwiegend nur gering aus. Es handelt sich dabei also zunächst um statistische Differenzen, die in der Regel an beobachteten Mittelwertsabweichungen festgemacht werden. Häufig übersehen wird dabei, dass die gefundenen Verteilungsunterschiede eine hohe Streuung aufweisen. Mit anderen Worten: Nur anhand des Gehirnvolumens oder hormoneller Befunde lässt sich in den wenigsten Fällen sagen, ob es sich um Jungen oder Mädchen, Mann oder Frau handelt.

2. Selbst wenn diese biologischen Ausstattungsunterschiede existieren, so ist damit noch in keiner Weise etwas darüber ausgesagt, welche Folgen sich aus ihnen ergeben. Vor allem für deterministische Aussagen jedweder Art lassen sich keine empirisch haltbaren Belege anführen. So ergibt sich im internationalen Vergleich, dass Unterschiede in der mathematischen Kompetenz keineswegs ein »Naturgesetz« darstellen, sondern in einigen Ländern vernachlässigbar gering ausfallen können, wie z. B. in Island, Schweden, Belgien oder auch in Frankreich (Vereinigung der Bayerischen Wirtschaft 2009, 99).
3. Die mit genetischen, hirnanatomischen oder hormonellen Differenzen in Zusammenhang gebrachten kognitiven Leistungsunterschiede müssen sehr differenziert analysiert werden. So zeigte sich bereits bei der naturwissenschaftlichen Kompetenz (siehe Kap. 7.3.2), dass die 15-jährigen Mädchen in einzelnen Teilaspekten (z. B. »naturwissenschaftliche Fragestellungen identifizieren«) deutlich besser abschneiden im Vergleich zu Jungen. Ebenso ergeben genauere Analysen, dass der Leistungsvorsprung der Mädchen beim Lesen vor allem bei kontinuierlichen und fiktionalen Texten, die in der Schule eine wichtige Rolle spielen, zutage tritt. Werden in die Untersuchungen hingegen Sach- und Gebrauchstexte oder nichtkontinuierliche Texte (Comics, Graphiken, Karikaturen, Diagramme usw.) einbezogen, fallen die Geschlechterdifferenzen deutlich geringer aus.

Insgesamt spricht vieles dafür, monokausalen Erklärungsansätzen für die Geschlechterdisparitäten im Bildungssystem eine Absage zu erteilen. Stattdessen ist sinnvollerweise davon auszugehen, dass nicht nur institutionelle Wirkungsfaktoren, Prozesse des »doing gender« und biologische Aspekte gemeinsam beteiligt sind, sondern dass sie in spezifischer Weise zusammenwirken. Nur wenn diese komplexen Wirkungsgefüge in den Blick genommen werden, wird man z. B. aufklären können, warum sich etwa die im Grundschulalter moderaten Unterschiede in der Leseleistung im Verlaufe der Adoleszenz verstärken. Dass hier auch die Alltagskultur der Herkunftsfamilie und die Gleichaltrigen eine wichtige Rolle übernehmen, kann als gesichert gelten. So ist aus den PISA-Daten bekannt, dass sich beträchtliche Unterschiede zwischen den

Jugendlichen in der Frage ergeben, ob sie freiwillig und zum Vergnügen lesen (Deutsches PISA-Konsortium 2001, 79). Eine aktuelle Studie zur Lesesozialisation von Kindern in der Familie zeigt, dass die Sprach- und Leseförderung im familialen Kontext der entscheidende Faktor für die Ausprägung des kindlichen Leseverhaltens ist (Kreibich/Ehmig 2010). Inwieweit in den Familien Jungen und Mädchen in unterschiedlichem Ausmaß der Zugang zu Büchern und zum Lesen ermöglicht wird, muss durch weitergehende Untersuchungen geklärt werden. Gerade weil die Lust am Lesen wesentlich über die entsprechenden alltagskulturellen Gewohnheiten in der Herkunftsfamilie vermittelt wird, muss als besorgniserregend gelten, dass sich – so ein weiteres Ergebnis dieser Studie – vor allem bei jüngeren Eltern unter 30 Jahren eine Skepsis zeigt, dass man die Lesefreude bei Kindern beeinflussen könne. Nur gut 40 % von ihnen stimmen einer solchen Aussage zu. Offensichtlich geht die Mehrheit der jüngeren Eltern davon aus, dass die Lesemotivation den Kindern naturwüchsig in unterschiedlichem Maße gegeben ist.

Gerade wenn solche Alltagsüberzeugungen an das Geschlecht der Kinder gebunden werden (»Jungen lesen nun einmal nicht gerne«), kann dies dazu beitragen, dass es im zeitlichen Verlauf zu einer Verfestigung von Geschlechterdifferenzen kommt. Solche Befunde verweisen darauf, dass nicht nur für Lehrerinnen und Lehrer eine reflexive Koedukation (vgl. Faulstich-Wieland 1998) zu fordern ist, sondern die Auflösung geschlechtsstereotyper Zuweisungen auch ein wesentlicher Bestandteil von Elternarbeit sein sollte.

Denn trotz der Rede von *den* Mädchen auf der bildungsbezogenen Überholspur und *den* Jungen als Verlierern der Bildungsexpansion zeigen viele Forschungsergebnisse sehr deutlich, dass solche pauschalen Verallgemeinerungen empirisch nicht zu halten sind. Auch wenn die ganz überwiegende Mehrheit der sog. funktionalen Analphabeten von den Jungen gestellt wird, sollte dies nicht den Blick darauf verstellen, dass auch insgesamt viel zu viele Mädchen in dieser Risikogruppe zu finden sind. Darüber hinaus kann aus der Perspektive einer geschlechtergerechten Bildung die Forderung ohnehin nur in die Richtung gehen, dass Mädchen *und* Jungen zu Gewinnern und Gewinnerinnen von Bildung werden müssen.

Wo Latein gelehrt wird,
hört man weniger Türkisch.
[Elternweisheit]

8 Bildung und soziale Ungleichheit – Resümée und Ausblick

Bildung gilt in der politischen Debatte derzeit als Schlüsselthema. Dabei muss allerdings zwischen abstrakter (und somit unverbindlicher) Bildungsrhetorik (= Symbolpolitik) und konkreter (und damit folgenreicher) Gestaltung des Bildungsgeschehens (= Realpolitik) unterschieden werden. Besonders der Abbau der sozialen Selektivität beim Bildungsgeschehen und die Durchsetzung von mehr Bildungsgerechtigkeit sind Postulate, die in Deutschland auf der Ebene der Symbolpolitik inzwischen weniger umstritten sind als noch vor wenigen Jahrzehnten. Sobald es aber um Realpolitik und konkrete Maßnahmen zur Durchsetzung von mehr Bildungsgerechtigkeit geht, wird deutlich, dass Bildung in Deutschland weiterhin ein hart umkämpftes politisches Konfliktfeld ist, in dem sehr unterschiedliche gesellschaftliche Interessenlagen aufeinanderprallen. Insofern kommt es oft zu keiner Einigung über konkrete Maßnahmen und es bleiben allenfalls kosmetische Änderungen übrig, die zuweilen sogar dysfunktionale Auswirkungen haben. In den meisten Fällen ist diese Sachlage auf die hartnäckige Verteidigung alter Bildungsprivilegien beim Zugang zu und der Teilhabe an Bildung zurückzuführen.

8.1 Bildung als allgemeine Zukunftsressource und Alltagsbildung als unterschätzte Dimension des Bildungsgeschehens

Werfen wir zunächst noch einmal einen Blick auf das umstrittene Feld der Auseinandersetzung über das »richtige« allgemeine Bildungsverständnis. Ausgangspunkt unserer Überlegungen über den

Zusammenhang von Bildung und sozialer Ungleichheit war in diesem Buch die zunächst wohl unbestrittene Annahme, dass Bildung eine wichtige Zukunftsressource ist: Alle Menschen sind als Subjekte ebenso wie als Mitglieder einer modernen Gesellschaft für ihr individuelles und kollektives Wohlergehen auf *Bildung* angewiesen. Bildung gilt deshalb besonders in Anbetracht der zunehmend bildungsabhängigen Lebenschancen in einem umfassenden Wortsinn (also unter Einbeziehung sowohl der formalen als auch der non-formalen und informellen Bildungsanteile) als wichtige »Überlebensressource« für *alle* Mitglieder moderner Gesellschaften.

Als große Herausforderung der modernen Wissensgesellschaft hebt Rauschenbach (2009, 86 ff.) in diesem Zusammenhang die eminent wichtige und oft verkannte Bedeutung der *Alltagsbildung* hervor. Darunter versteht er eine allgemeine Lebensführungs- und Lebensbewältigungskompetenz jenseits dessen, was in Bildungsinstitutionen einigermaßen verbindlich als Ergebnis von zertifikats- und abschlussbezogenen Lernprozessen abgefragt wird. Um im gesamten Lebensverlauf z. B. mit den vielen praktischen Dingen des Alltagslebens zurechtzukommen (kochen, sich selbst versorgen, den eigenen Haushalt bewältigen, mit Geld, Recht oder Gesundheit umgehen oder mit der Erziehung von Kindern zurechtkommen, den Urlaub und die Freizeit selbständig planen oder einfach nur die Steuererklärung alleine erledigen), braucht jeder Mensch solche Grundkompetenzen, die dazu beitragen, in der modernen Wissensgesellschaft nicht als bildungsarm dastehen und ständig auf die Hilfe anderer angewiesen sein zu müssen. Vor diesem Entwicklungshintergrund wird der Unterstützung und Förderung des Zusammenwirkens von Familie, Schule und Kinder- und Jugendhilfe eine große Bedeutung zugemessen (Wissenschaftlicher Beirat 2002; 2006).

Die gezielte Bereitstellung von Möglichkeiten zur Alltagsbildung wird in diesem Kontext als Schlüsselfrage bei der Durchsetzung von mehr Bildungsgerechtigkeit angesehen. Ganztagsschulen, deren Konzepte mehr als nur ein warmes Mittagessen und eine unspezifische Nachmittagsbetreuung vorsehen, machen dafür teilweise interessante Angebote. Neben dem curricular organisierten Lernen wird hier gezielt das informelle, weitgehend ungeregelte lebensweltgebundene Lernen stärker gefördert und in ein erweitertes multilokal organisiertes Bildungskonzept integriert (z. B. über die Zusammenarbeit von Schule, Jugendhilfe und lokalen Vereinen). Eine solche zeitliche Ausdehnung des gemeinsam gestalteten Schullebens eröffnet Möglichkeiten für den Kompetenzerwerb zur Alltagsbewältigung (z. B. über die Aneignung von lebenspraktischen Elementen der alltäglichen Lebensführung).

Wenn also die Annahme von Rauschenbach (2009, 230) auch nur im Ansatz richtig ist, dass die Frage der Alltagsbildung eine unterschätzte Dimension des gesamten Bildungsgeschehens ist und »zugleich auch eine viel größere Quelle der sozialen Spaltung bzw. der Reproduktion sozialer Ungleichheit, als dies bislang öffentlich und politisch wahrgenommen wird«, dann müssen »nicht nur viele Bildungsmaximen als Mythen entlarvt, manche Bildungsempfehlungen umgeschrieben und vom Kopf auf die Füße gestellt werden. Es müsste vielmehr zugleich neu und anders akzentuiert über Bildung, über Bildungskonzepte und Bildungspolitik nachgedacht werden« (ebd., S. 89).

Dies umso mehr, als die generelle Bedeutung des kindlichen Aufwachsens in öffentlicher Verantwortung über institutionelle Grenzen hinweg zunimmt und das Zusammenspiel von öffentlicher und privater Bildung, von Erziehung und Betreuung, von Alltagsbildung und schulischer Bildung vor neuen Herausforderungen steht. Wenn das Aufwachsen in öffentlicher Verantwortung im Rahmen von Bildungs- und Erziehungspartnerschaften eine ernst gemeinte Zielsetzung der aktuellen Bildungs-, Kinder- und Sozialpolitik ist, muss gesondert darauf geachtet werden, dass vorhandene Bildungsungerechtigkeiten nicht weiter fortgeschrieben werden[36].

36 So muss z. B. bei der Debatte über Bildungsstandards beachtet werden, dass die Bildungsstandards, die Universalität beanspruchen, »nicht milieuneutral, sondern … mit subtilen Bewertungsschemata verbunden (sind), die soziale Segregation befördern. Dadurch und durch das Fehlen einer Pädagogik, die milieuspezifische ›Begabungen‹ in ihrem Eigenwert fördert, bleibt unter anderem die große, nach mehr Anerkennung strebende Bildungsreserve der praktischen Intelligenz unbeachtet« (Vester 2005, 65).

8.2 Bildungsprozesse im Spiegel ihrer soziokulturellen Distinktions- und Segregationswirkung

Um die ganze Komplexität des Entstehungsprozesses von Bildungsungleichheiten erfassen und klären zu können, müssen wir in besonderem Maße berücksichtigen, dass Bildung (besonders in Deutschland) eine erhebliche *distinktive* Kraft hat. Auf der Basis der in diesem Buch zusammengetragenen Datenlage haben wir gezeigt (vgl. dazu vor allem Kap. 5), dass beim Bildungsgeschehen vielfältige soziale und kulturelle Distinktions- und Segregationsmechanismen wirksam sind, die zu nachweislich herkunftsabhängigen Bildungsungleichheiten führen. Dabei tragen das Denken in Bildungshierarchien und die in diesem Kontext wirkenden Ausschließungsmechanismen dazu bei, dass Unterschiede zwischen gebildeten und ungebildeten, zwischen mehr oder weniger gebildeten Menschen gemacht werden, die ihre Ungleichheitsrelevanz dadurch bekommen, dass damit (in Abhängigkeit von der sozialen Herkunft) Vorteile oder Nachteile bei der Gestaltung von Lebensverläufen verbunden sind.

Das schließt auch (und besonders) die Anteile von Bildung ein, die wir als Alltagsbildung bezeichnet haben. Solange Bildung als zentrale Referenzgröße für soziale und kulturelle Teilhabechancen und wichtige Voraussetzung für soziale und kulturelle Anschlussfähigkeit auch jenseits von Titel und Stelle zu Buche schlägt, kommt es darauf an, dafür zu sorgen, dass eine *Kultur des Aufwachsens* entstehen kann, die in geringerem Ausmaß von Bildungsungerechtigkeiten bestimmt ist als bisher (vgl. dazu die Überlegungen im Zehnten und Zwölften Kinder- und Jugendbericht [BMFSFJ 1998; BMFSFJ 2005]). Das schließt besonders die Sensibilisierung für das Denken und die Interessen anderer ein. Wichtige Hinweise finden wir hierzu etwa in Modellversuchen zur gezielten habitusherstellenden Förderung von Sprache und Literalität im Kindergartenalter (Isler/Künzli 2010; Künzli/Isler/Leemann 2010) oder im Zusammenhang mit Versuchen der Auseinandersetzung mit den Lernbedingungen im schulischen Feld, welche zu sozialem Ausschluss und zu kultureller Abwertung führen (Luke 2008).

Wichtig ist dabei auch das Erkennen von Selbst-Ausschließungsprozessen, wie sie Willis (1982) am Beispiel von englischen Hauptschülern beschreibt. Hier tragen Hauptschüler in Anbetracht der sozial diskriminierenden Wirkung der Institution Schule selbst zu ihrem schulischen Scheitern bei und lassen dies obendrein noch als gerechtfertigt erscheinen. Dabei spielt das soziale Abwertungsdilemma gegenüber Schülern aus bildungsfernen Milieus eine wichtige Rolle: Werden doch in der Schule Bildungsnormen propagiert, die der außerschulischen Lebenspraxis dieser Schülerinnen und Schüler nicht wirklich entsprechen, so dass es zu einer ständigen Degradierung der außerhalb von Schule erbrachten Bildungsleistungen kommt[37].

8.3 Bildung als Gegenstand sozialer Interessenkonflikte

Zentrales Anliegen dieses Buches war der Versuch, die historischen Ursprünge und Verlaufsformen sowie die strukturbildenden und strukturerhaltenden Mechanismen der fortbestehenden sozialen Selektivität im Bildungsbereich herauszuarbeiten und in ihren Entstehungskontext einzuordnen. Dabei hat sich, wie wir in Kapitel 2 gesehen haben, auch für die jüngste Vergangenheit bestätigt, was Herrlitz/Hopf/Titze (1993, 234) bereits in ihrem schulgeschichtlichen Rückblick bis zurück ins 19. Jahrhundert festgestellt haben: Es wäre eine unrealistische, gegen alle historischen Erfahrungen sprechende und insofern naive Hoffnung, wenn man die Erwartung hegte, dass sich die soziale Selektivität beim Zugang zu (höherer) Bildung innerhalb weniger Jahre (also z. B. zwischen erster und zweiter Bildungskatastrophe) hätte demokratisieren lassen. Reformschritte in dieser Richtung waren über Jahrhunderte hinweg und auch in Zeiten der Bildungsexpansion immer nur wenig weitreichend und mussten gegen angestammte soziale Interessengruppen mühsam und zäh errungen werden. »Die

37 Ein Beispiel für den diskriminierenden Umgang mit kultureller und sozialer Differenz in der Schule, der bei den Betroffenen zu Entmutigung und Selbstausschluss durch Schulverweigerung führen kann, findet sich bei Büchner/Wahl (2005).

Erfahrungen der jüngsten Vergangenheit und der Gegenwart bestätigen diese alte Einsicht, die ein Grund zur Nüchternheit, nicht zur Mutlosigkeit ist« (Herrlitz/Hopf/Titze 1993, 234).

Es wäre also eine Illusion zu glauben, dass der Zugang zu (höherer) Bildung freier, demokratischer und menschlicher sein kann als die gesellschaftlichen Lebenszusammenhänge, in die sie notwendigerweise eingebettet sind. Das hat ein Blick auf die ungleichheitsrelevante Wirkung der Bildungsexpansion bestätigt: So ist die herkunftsabhängige Bildungsungleichheit weiterhin sehr ausgeprägt vorhanden, auch wenn alle sozialen Statusgruppen von der Bildungsexpansion in der Form profitiert haben, dass es zu einer generell erhöhten Bildungsbeteiligung gekommen ist. Dieser sog. Fahrstuhleffekt der Bildungsexpansion (alle sind ein paar Stockwerke höher gekommen) darf allerdings nicht darüber hinwegtäuschen, dass die Bildungsungleichheiten im Sinne der Abstände zwischen den sozialen Statusgruppen fortbestehen (dass also der Abstand zwischen den sozialen Statusgruppen weiterhin einige Stockwerke ausmacht). Lediglich auf horizontaler Ebene ist es zu Positionsverschiebungen gekommen, die freilich nicht als Bildungsaufstiege gelten können, weil sie nicht wirklich mit Statusgewinnen im sozialen Raum einhergehen.

Will man realpolitisch mehr Bildungsgerechtigkeit durchsetzen, wird man dies nicht ohne ein angemessenes Verständnis der historischen Bedingtheit der sozialen Selektivität des Zugangs zu Bildung erreichen können. Insbesondere scheinen sich vor allem Eltern aus privilegierten sozialen Milieus stärker für ihre Kinder und deren (höhere) Bildungslaufbahnen z.B. auch gegen die Empfehlungen der Lehrerinnen und Lehrer zu engagieren, während Kinder aus bildungsfernen Elternhäusern objektiv benachteiligt sind, weil sich diese Eltern in der Regel eher mit den Übergangsentscheidungen der abgebenden Grundschule zufrieden geben. Welche Folgerungen sich daraus für die Kinderrechtsdebatte ergeben, die in das ohnehin schwierige Spannungsverhältnis zwischen Elternrecht (Artikel 6 Grundgesetz) und dem staatlichen Gestaltungsrecht des Bildungsgeschehens in der Schule (Artikel 7 Grundgesetz) eingebettet ist, kann hier allerdings nicht einmal andeutungsweise diskutiert werden. Immerhin ist es aber an der Zeit, die Schule nicht nur als Dienerin der Erziehungsaufgaben der Familie im Sinne des Artikel 6 Grundgesetz zu sehen und daraus den Anspruch auf Privilegien zu begründen, sondern durchaus auch als Gegenkraft und Korrektiv beim kindlichen Bildungserwerb im Dienste eines Kindes zu verstehen, dem von Haus aus nicht die Unterstützungsleistungen zuteil werden (können), um kulturell teilhabe- und sozial anschlussfähig zu werden.

In diesem Sinne ist auch die aktuelle Bildungsdebatte als Teil einer bis ins 19. Jahrhundert zurückreichenden Geschichte des Kampfes um die Liberalisierung und Demokratisierung der Bildungschancen zu verstehen. In diesem Zusammenhang haben wir herausgearbeitet, dass es dabei nach wie vor um die Verteidigung einer bildungsbürgerlichen Kultur und eines bürgerlichen Lebensstils als »Leitkultur« geht und gleichzeitig immer wieder versucht wird, eben diese »Leitkultur« zu entmachten.

8.4 Bildungsbiographien in der Mehrgenerationenperspektive zwischen Aufstiegshoffnung und Abstiegsdruck

Bei der Untersuchung von individuellen Bildungsbiographien in Abhängigkeit von der jeweiligen Herkunftsfamilie haben wir aus einer Mehrgenerationenperspektive festgestellt, dass Familien bestrebt sind, ihrer jeweiligen Nachkommenschaft mindestens den gegenwärtigen sozialen Status zu vererben (Büchner/Brake 2006). Gleichwohl gibt es in der Mehrgenerationenfolge durchaus auch bildungsbedingte soziale Auf- und Abstiege (Schlüter 1999; Schmeiser 2003), die darauf hindeuten, dass es im Einzelfall immer wieder gelingt, den eigenen sozialen Status im Vergleich zur vorangegangenen Generation zu verbessern, oder umgekehrt, dass bildungsbedingte Statuseinbußen in Kauf genommen werden müssen, weil die Investitionsanstrengungen in Bildung für einen Statuserhalt nicht hinreichend waren. Verdeutlichen lässt sich dies über einen Vergleich von Bildungsbiographien und der beruflichen Position einzelner Personen mit derjenigen ihrer Eltern (und Großeltern) in Berufsfeldern, die eine akademische Ausbildung voraussetzen[38].

38 So liegt z. B. ein sozialer Aufstieg vor, wenn ein Sohn als erster in der (Mehr-)Generationenfolge einer Familie Abitur macht und nach einem

Fuchs/Sixt (2007) gehen bei ihrer Analyse solcher Fragen zunächst davon aus, dass Bildungsaufsteiger im Vergleich zu den Etablierten schlechtere Chancen haben, ihren Bildungszuwachs in entsprechend vorteilhafte Positionen auf dem Arbeitsmarkt umzuwandeln. Das habe Folgen für die Bildungschancen ihrer Kinder, weil sie eine vergleichsweise geringere Ausstattung mit ökonomischem Kapital sowie eine weniger umfassende Ausstattung mit kulturellem Kapital hätten als Familien auf einem vergleichbaren, aber bereits in der Vorgängergeneration vorhandenen und nicht erst durch einen Aufstieg erklommenen Bildungsniveau.

Mit Hilfe ihrer Daten versuchen sie zu zeigen, dass nur ein Teil der im Rahmen der Bildungsexpansion generierten Bildungsaufstiege an die nachfolgende Generation weitergegeben wird und dass ein einmaliger Bildungsaufstieg nicht automatisch zu einem dauerhaften sozialen Aufstieg führt. Becker (2007) weist allerdings nach, dass Bildungsaufstiege sehr wohl in der Mehrgenerationenfolge nachhaltig sein können, wenn die elterlichen Bildungsaufstiege zuvor in Statusaufstiege umgewandelt werden konnten. Insofern muss man davon ausgehen, dass nicht nur Kinder aus bildungsfernen sozialen Schichten schlechtere Bildungschancen haben, sondern dass auch Kinder von Bildungsaufsteigern von dieser Benachteiligung – wenn auch in abgeschwächter Form – betroffen sein können, wenn die erwähnten Voraussetzungen nicht oder nur in geringerem Umfang gegeben sind, oder aber wenn der elterliche Karriereverlauf sich möglicherweise nachteilig entwickelt.

Aber auch Nachkommen von Personen in akademischen Berufen (höhere Beamte, leitende Angestellte, Selbständige/»Freiberufler«) gelingt es keineswegs immer, den sozialen Status ihrer Eltern zu reproduzieren. Vielmehr müssen, wie einschlägige Fallstudien zeigen, durchaus eine Reihe der Kinder aus der sog. oberen Mittelschicht mit einem sozialen Abstieg rechnen

---

Fachhochschulstudium Sozialpädagoge wird oder wenn eine Tochter aus einer Nicht-Akademikerfamilie nach Abitur und Hochschulstudium einen akademischen Beruf ergreift. Von einem beruflichen Abstieg würde man sprechen, wenn der Sohn eines niedergelassenen Mediziners eine mittlere Angestelltenlaufbahn einschlägt oder die Tochter eines Juristen als Erzieherin tätig wird.

(Schmeiser 2003). Selbst wenn es sich bei der Mehrzahl solcher Fälle nur um einen begrenzten (»schwachen«) sozialen Abstieg in die nächst tieferliegende Berufs- bzw. Statusgruppe handelt, deutet eine relativ hohe soziale Abstiegsquote darauf hin, dass auch in Akademikerfamilien ein permanentes Abstiegsrisiko besteht und damit zugleich ein gewisser sozialer Deklassierungsdruck gegeben ist, wobei für Töchter eine leicht erhöhte Abstiegswahrscheinlichkeit im Vergleich zu den Söhnen besteht. Entsprechend weitreichende Investitionsanstrengungen in den Bildungserwerb der nachfolgenden Generationen sind somit spätestens seit der Bildungsexpansion erforderlich, weil der Konkurrenzdruck durch die aufstiegsorientierte Mittelschicht zugenommen hat[39].

In der sozialen Mobilitätsforschung wird in Anbetracht der unterstellten Ausrichtung des familialen Vererbungsanspruchs (Wunsch nach Statuserhalt) von einem Reproduktionsdilemma besonders bei Akademikerfamilien ausgegangen (Schmeiser 2003, 40 ff.), weil es in Anbetracht der aktuellen sozialen Reproduktionsbedingungen zunehmend auch für Akademiker schwerer geworden ist, ihren beruflichen und damit zumeist auch ihren sozialen Status in der (familialen) (Mehr-)Generationenfolge zu erhalten. Als besonders betroffene Gruppe machen Bourdieu u. a. (1981) diejenigen Fraktionen der oberen und mittleren sozialen Statusgruppen aus, die das meiste ökonomische Kapital besitzen. Nachdem die einfache Übertragung des materiellen Familienerbes allein immer weniger (wie teilweise noch bis hinein in die Mitte des vergangenen Jahrhunderts) ausreichte, um den sozialen Status der Familie zu erhalten, hat die Vererbung von kulturellen und sozialen Kapitalanteilen an Bedeutung gewonnen. Damit rücken aber zugleich auch die spezifischen Investitionsleistungen in den

39 Allerdings heißt das nicht, dass damit der in Kapitel 4.5 herausgearbeitete »Anlagesinn«, also das Gespür für das richtige Anlegen kultureller Investitionen in Akademikerfamilien, ersetzt würde durch ein nutzenmaximierendes berechnendes Kalkül, wie es der Rational-choice-Ansatz unterstellt. Vielmehr gewinnt der distinktive Lebensstil der meisten Akademikerfamilien in Anbetracht solcher gesellschaftlicher Entwicklungen ein noch größeres Gewicht, weil es auf die »feinen Unterschiede« und das Einüben einer möglichst distinktiven kulturellen Praxis ankommt, was sich im schulischen Wettbewerb letztlich von der Habitusseite her betrachtet als vorteilhaft erweisen kann.

Vordergrund, die in Familien erforderlich werden, um die angemessene Übernahme von Bildung und Kultur durch die Erben zu ermöglichen.

Spätestens seit der Bildungsexpansion hat die gesellschaftliche Entwicklungsdynamik dazu beigetragen, dass das frühe Vertrautwerden mit Bildung im Kreis der Familie und die angemessene laufbahnbegleitende Unterstützung von Bildungsprozessen auch in Familien möglich geworden ist, für die es noch vor wenigen Jahrzehnten schwierig war, die Voraussetzungen für eine gelingende höhere Bildungslaufbahn mit einer anschließenden akademischen Karriere zu schaffen (vgl. dazu auch Ehrenreich 1989, 83 f.). Deshalb ist es auch für die Nachkommen aus Akademikerfamilien zunehmend wichtig, geeignete Investitionsanstrengungen in Bildung zu erbringen, weil Akademikerfamilien nun gleichermaßen gezwungen sind, unter den veränderten Rahmenbedingungen solche (einst zum eigenen Schutz gegen nachdrängende soziale Gruppen aufgestellten) Hürden auch ihrerseits zu meistern. Kommen doch die ursprünglich als Startvorgabe zu Buche schlagenden günstigen bildungsbezogenen Vorleistungen im traditionellen Bildungsbürgertum nicht mehr (mehr oder weniger voraussetzungslos) in gleicher Weise zum Tragen, weil auch die aufstiegsorientierte Mittelschicht spätestens seit der Bildungsexpansion in der Lage ist, solche Leistungen zu erbringen[40]. Das hat zu einer veränderten Wettbewerbssituation geführt.

Insbesondere kann die Verfügbarkeit der Frauen und Mütter für kostenlose Dienstleistungen in solchen Zusammenhängen nicht mehr fraglos vorausgesetzt werden, so dass wir eine Tendenz zur partiellen Delegation und gleichzeitigen Professionalisierung von Bildungs-, Erziehungs- und Betreuungstätigkeiten außerhalb der Familie finden, denen aber zumeist auch »Investitionscharakter« zukommt. So wird über die gezielte Auswahl der in Frage kommenden Bildungs- und Betreuungseinrichtungen und bestimmter Formen von »Bildung am Nachmittag« neben der Schule versucht,

---

40 Diese Feststellung ist nicht als Infragestellung des z. B. in der PISA-Studie festgestellten straffen Zusammenhangs zwischen Schichtzugehörigkeit und Schulerfolg zu verstehen. Vielmehr zielt die vorgetragene Argumentation darauf ab herauszustellen, dass der Investitionsaufwand auch für Akademikerfamilien zugenommen hat.

in die Bildung und Erziehung der nachwachsenden Generation familienergänzend zu investieren (Büchner 2002).

Gleichwohl hat allein schon aufgrund der längeren Verweildauer der Absolventinnen und Absolventen in öffentlichen Bildungsinstitutionen (im Falle der akademischen Statusreproduktion ist von einer »Bewährungszeit« von 20 bis 25 Jahren in diesen Institutionen auszugehen) die Abhängigkeit vom Einfluss und Urteil der Bildungsinstitutionen zugenommen. Die Abgabe von wichtigen Elementen des elterlichen Einflusses beim Bildungsgeschehen schmälert die Bildungsbedeutsamkeit der Familie aber nur zum (nicht immer wesentlichen) Teil. Insofern hat die Langfristperspektive familialer Reproduktionsstrategien hohe Bedeutung, um den sozialen Statuserhalt in angemessener Weise realisieren zu können: Es gilt, einen Teil des Familienerbes schon möglichst frühzeitig an die nachfolgende Generation weiterzugeben, obwohl es in vielen Akademikerfamilien ohnehin zu den unhinterfragten Selbstverständlichkeiten gehört, auf die bildungsbezogene Entwicklung der Kinder so früh wie möglich zu achten, indem ihnen das bestmögliche familiale und außerschulische Umfeld für den schulischen Bildungserwerb bereitgestellt wird.

8.5 Risikobiographien in der Folge von Bildungsarmut

Je mehr die Konkurrenz um höhere Bildung zunimmt, desto schwieriger wird nicht nur das Investitionsmanagement in Bildung, sondern umso gravierender wird auf der anderen Seite der sozialen Hierarchie auch die Situation für die Verlierer der Bildungsexpansion, also für diejenigen, denen es nicht gelingt, ihre gesellschaftliche Stellung durch eine entsprechende Bildungsbeteiligung sicherzustellen. Das führt vor allem auch zu einer Gefährdung ihrer kulturellen Teilhabe- und sozialen Anschlussfähigkeit. Damit sind keineswegs nur die Beteiligung an »höheren« Bildungslaufbahnen und das Erreichen höherer Bildungsabschlüsse angesprochen. Unter der Überschrift »Bildungsarmut« wird neuerdings vielmehr die ungleichheitsrelevante Verteilung von Bildungsressourcen und die Unterscheidung von Bildungsreichen und Bildungsarmen thematisiert, wobei Bildungsarmut als Kompetenzarmut in Anlehnung an das Konzept der Basiskompetenzen in der PISA-Studie (Deutsches PISA-Konsortium 2001, 16) verstanden wird (Allmendinger 1999; Allmendinger/Leibfried 2002).

Die Bedrohung durch Bildungsarmut im Sinne von sich verfestigenden Kompetenzlücken bereits im Kindes- und Jugendalter geht mit dem Risiko einer nachhaltigen sozialen Benachteiligung einher, weil im Lebensalltag wichtige Grundvoraussetzungen für eine verständige kulturelle Teilhabe- und soziale Anschlussfähigkeit fehlen. Aus der individuellen Lebensverlaufsperspektive bedeutet das biographische Verwundbarkeit und sich wiederholende Beeinträchtigung von Lebenschancen; sozialstrukturell führt Bildungsarmut zu verwehrten Erreichbarkeiten und Zugängen zu sozialen und kulturellen Gütern und/oder zu sozialen Positionen (Böhnisch/Schröer 2004).

Ob man – wie in der aktuellen Debatte zu beobachten – weitgehend auf den Bildungsort Schule setzen kann, um Bildungsarmut zu vermeiden, lässt sich nur entscheiden, wenn gleichzeitig auch andere Bildungsorte und deren Stellenwert im Zusammenhang mit der Aneignung von informeller Bildung mit in den Blick gerückt werden und den Mechanismen der Entstehung von Bildungsarmut Rechnung getragen wird. Das betrifft in besonderem Maße die Wechselwirkungen von informellen Bildungsprozessen in Familie und Schule.

Im Spannungsfeld des Rechts und des Anspruchs auf kulturelle Differenz auf der einen und dem Recht und dem Anspruch auf Gleichheit und Menschenwürde auf der anderen Seite wäre es allerdings verkürzt, ausschließlich von einer Verschiedenheit der sozialen Herkünfte auszugehen, ohne nicht gleichzeitig die Last ihrer Traditionen und damit verbundene Formen und Anlässe gesellschaftlicher Schlechterstellung in den Blick zu nehmen (Hamburger 1999, 176). In demokratischen Gesellschaften kommt es vielmehr darauf an, Sorge dafür zu tragen, dass öffentliche Bildungsinstitutionen nicht für die Herstellung und/oder Verfestigung von sozialen Ungleichheitsstrukturen missbraucht werden (können), sondern dass politische Organisationsformen für und pädagogisch angemessene Formen des Umgangs mit kultureller Heterogenität gefunden werden, die den in den Grundrechten kodifizierten Rechtsansprüchen gerecht werden (vgl. dazu auch Welsch 1994, 39).

8.6 Ausblick: Reformperspektiven im Hinblick auf eine Verringerung der sozialen Selektivität beim Bildungsgeschehen

Die Tatsache, dass die Möglichkeiten der Teilhabe an Bildung in Deutschland in Abhängigkeit von der sozialen Herkunft ungerecht verteilt sind und dieses »soziale Schicksal« in den betroffenen Herkunftsfamilien von Generation zu Generation weitervererbt wird, war für uns in diesem Buch der Anlass, um über die Ursachen der sozialen Selektivität der Bildungschancen in diesem Land nachzudenken und nach Erklärungen dafür zu suchen, warum die (traditionell) herkunftsabhängige Reproduktion von Bildungsungleichheiten in Deutschland offensichtlich auch heute realpolitisch nur schwer in andere Bahnen zu lenken ist. Im Kapitel 4 haben wir uns mit den unterschiedlichen Erklärungsmodellen und den Einflussgrößen auseinander gesetzt, die am Zustandekommen der sozialen Disparitäten bei der Bildungsbeteiligung sowie den herkunftsbedingten Ungleichheiten beim Bildungserwerb beteiligt sind. Je nach Blickrichtung haben dabei – wie wir gesehen haben – unterschiedliche Einflussgrößen eine unterschiedliche Bedeutung, was in der Folge erwarten lässt, dass es auch unterschiedliche Lösungsvorschläge zum Abbau von bestehenden herkunftsabhängigen Bildungsungleichheiten gibt.

Insbesondere die meritokratische Rhetorik, mit der wir uns in Kapitel 3 kritisch auseinander gesetzt haben, gilt es auch weiterhin mit Nachdruck öffentlich zu kritisieren, selbst wenn der Glaube an die Gerechtigkeit eines meritokratisch begründeten Zugangs zu (höherer) Bildung weiterhin in weiten Teilen der Bevölkerung ungebrochen zu sein scheint (Solga 2008). Die von uns zusammengetragene Datenlage hat demgegenüber erneut verdeutlicht, dass gleiche Leistungen von Schülerinnen und Schülern unter ganz unterschiedlichen Voraussetzungen erbracht werden müssen und auch die Leistungsfähigkeit von Schülerinnen und Schülern in Abhängigkeit von der sozialen Lage eines Kindes recht unterschiedlich bewertet wird, so dass von einem fairen Bildungswettbewerb nicht die Rede sein kann. Deshalb kommt es besonders darauf an, die Prävention von Leistungsversagen sowie den Aufbau, den Erhalt und den Ausbau von Lernmotivation zu ermöglichen, anstatt (wie in der Vergangenheit) auf die nachträgliche Reparatur gescheiterter Bildungsbiographien zu setzen. Es ist mehr denn je davon auszugehen, dass schulische Bildung, die die Erfahrung von Erfolg vermittelt, die Kinder und Jugendlichen befördert und sie bei ihrem Lernen beflügelt. Wenn Bildung aber zu einem individuellen Symbol des schulischen Misserfolgs und des Scheiterns wird, lähmt sie, schreckt sie ab, verfehlt sie ihr Ziel (Rauschenbach 2009, 26).

Fragt man nach konkret möglichen politischen und pädagogischen Maßnahmen, um Bildungsbenachteiligungen abzubauen, lässt sich dies nur unter Berücksichtigung der Bildungschancen aller beteiligten (privilegierten und benachteiligten) »Konkurrenten« diskutieren. Eine naive pädagogische Fürsorglichkeit für Benachteiligte ist fehl am Platze, wenn gleichzeitig von Bund und Ländern hohe Summen in die Eliteförderung investiert werden. Zudem ist Bildungsarmut (im Sinne des Fehlens von Fertigkeiten, Fähigkeiten, Kompetenzen etc.) Teil der traditionell vorgegebenen Klassifikation und Hierarchisierung von sozialen und kulturellen Normalitätsvorstellungen, die es zu problematisieren gilt.

Zudem darf nicht übersehen werden, dass die Schule als öffentliche Bildungsinstitution in Deutschland in vielerlei Hinsicht keineswegs immer – wie propagiert – Chancengleichheit fördert, sondern vielfach auch Chancenungleichheit besonders im Feld der informellen Bildung verstärkt, indem sie ein anerkennungsfähiges Investitionsverhalten in Bildung und Kultur behindert. Unsere Fallstudien (Büchner/Brake 2006) zeigen z. B. das in der Schule bestehende soziale Abwertungsdilemma: Bildungsnormen werden in der Schule propagiert, die der außerschulischen Lebenspraxis der Schüler nicht wirklich entsprechen. Das führt zu einer ständigen Degradierung von außerhalb der Schule erbrachten Bildungsleistungen, die mit Beschämung und fehlender Anerkennung einhergehen (vgl. dazu Büchner/Wahl 2005).

Es besteht somit die Gefahr, dass das in öffentlichen Bildungsinstitutionen propagierte Bildungsverständnis und die oft utilitaristisch ausgestaltete Schulkultur mit weitgehendem Zukunftsbezug des veranstalteten Bildungsgeschehens dazu führen, dass der Reproduktion von Bildungsarmut gerade nicht entgegengewirkt werden kann. Kinder werden zu sehr als Arbeitsbürger der

Zukunft und Objekte eines verengten sozialinvestiven Denkens und Handelns gesehen, wobei in Anbetracht der Wiederbelebung des Elitären zusätzliche soziale Schließungsfolgen drohen.

Bei Bourdieu sind in diesem Zusammenhang z. B. einige Überlegungen zu einer »rationalen Pädagogik« nachzulesen, die er (gemeinsam mit anderen Kollegen) als »Vorschläge für das Bildungswesen der Zukunft« bereits Mitte der 1980er Jahre vorgestellt hat (siehe dazu Bremer 2009, 296 f.). Eine Verringerung sozial selektiver Effekte im Bildungssystem kann dieser Argumentation zufolge nur erreicht werden, wenn Lehrende in ihrer beruflichen Praxis begreifen, dass Lernen und Bildungserfolg in der Schule ebenso wie das Lehren auf höchst unterschiedlichen soziokulturellen Voraussetzungen beruhen, die es reflexiv zu erschließen und beim pädagogischen Handeln zu berücksichtigen gilt.

Um den (häufig von den Lehrkräften unbemerkt bleibenden) sozialen Prozessen der Herstellung von herkunftsbezogener Benachteiligung in der Schule etwas entgegensetzen zu können, gilt es, Lehrerinnen und Lehrer (z. B. in der Lehrerausbildung) dafür zu sensibilisieren, wie sie selbst zur Konstruktion von Bildungsungleichheiten beitragen. Ähnlich wie im Feld der geschlechtsspezifischen Benachteiligung geht es hier um die Stärkung eines entsprechenden Sensoriums [vergleichbar mit der »gender awareness« im Rahmen einer »reflexiven Koedukation« (Faulstich-Wieland 1998)]:

- Abbau der im Schulalltag wirksam werdenden sozialen und kulturellen Diskrepanzen zur Ermöglichung eines gleichberechtigten Zusammenlebens und -arbeitens von Schülerinnen und Schülern unterschiedlicher sozialer Herkunft,
- Ermöglichung von individueller Unterschiedlichkeit ohne Benachteiligungserfahrungen (keine forcierte »Angleichung« der kulturellen und sozialen Unterschiede), um stereotype Zuweisungen zu hinterfragen und um Kenntnisse und Fähigkeiten herausbilden zu können, die dazu beitragen, mit sozialer und kultureller Heterogenität umgehen zu können.

Aber nicht nur die Lehrenden müssen Adressaten von diesbezüglichen Maßnahmen sein, sondern auch die Unterrichtsinhalte – so eine weitere Forderung – müssen stärker darauf abgestimmt werden auf das, was sie an kulturellem Kapital *voraussetzen*. Insbesondere müssen damit verbundene Zusammenhänge selbst zum Gegenstand der Lehr- und Lernprozesse gemacht werden. Bezogen auf die Phase der Einschulung etwa wären herkunftsbedingte Benachteiligungen dadurch zu mildern, dass die zur Bewältigung von Schule und Unterricht notwendigen Kompetenzen systematisch vermittelt und nicht einfach vorausgesetzt werden. Hinzu kommt die schon mehrfach angesprochene Stärkung der Alltagsbildung.

Für das schulische Lernen, so ein weiterer Vorschlag von Bourdieu »für das Bildungswesen der Zukunft«, müsse die gegebene »Hierarchisierung von Praxis- und Wissensformen« überwunden werden, die in einer schulischen »Abwertung konkreter Kenntnisse, praktischer Handhabung und der zu beiden gehörenden praktischen Intelligenz« bestehe. Diesen Gedanken haben Grundmann u. a. (2003) aufgegriffen, indem sie für eine Erweiterung der Reformperspektive auf außerschulische, lebensweltliche Bildungsprozesse plädieren, die in ihrer herkunftsabhängigen Eigenlogik und ihren Passungsverhältnissen zu den schulischen Anforderungen genauer zu analysieren sind. Sie fordern (ganz im Sinne der Bourdieuschen rationalen Pädagogik) institutionelle Anerkennung für die Einsicht, dass in statusniedrigen Gruppen kein »Mangel an Bildung«, sondern eine »qualitativ ganz andere Bildung« zu beobachten ist, deren Beschaffenheit und praxisbezogene Umsetzung in Familien und in Bildungsinstitutionen noch ein weitgehendes Forschungsdesiderat darstellt. Dabei ist in besonderem Maße die Frage wichtig, wie die in lebensweltlich geprägten Erfahrungsräumen ablaufenden Bildungsprozesse mit den schulischen Bildungsinhalten und -rationalitäten zusammenwirken oder mit entsprechenden Reibungsverlusten verbunden sind.

So ist die Schule für die einen ein vertrautes Terrain, in dem Normen und Regeln gelten, die ihnen bereits von zu Hause her bekannt sind und die ihren Bedürfnissen weitgehend entsprechen. Für andere hat die Schule mit dem eigentlichen Leben nichts zu tun (vgl. dazu du Bois-Reymond 2005, 211). Um mit den Verhaltenserwartungen der Schule zurechtkommen zu können, müssen diese Kinder erst entsprechende Akkulturationsleistungen erbringen. Bezogen auf die jeweilige Qualität der Lernprozesse nehmen sie die Schule als Ort des theoretischen Lernens wahr, während andererseits das »eigentliche Leben« mit praktischem Tun assoziiert ist. Wenn hier mit einer lebensweltlichen Öffnung der Schule die Forderung verbunden wird, dass auch Schüler und Schülerinnen aus sog. bildungsfernen Milieus erreicht werden sollen, dann müssen die entsprechenden Angebote diesen Schülerinnen und Schülern die Erfahrung vermitteln, dass Bildung in der Schule gerade nicht durchweg entsprechende Akkulturationsleistungen von ihnen abverlangt.

Vor dem Hintergrund der sozialen Heterogenität der Lebenswelten von Schülerinnen und Schülern kommt aber erschwerend hinzu, dass eine lebensweltliche Anbindung von Schule den unterschiedlichen sozialen und kulturellen Ausgangslagen und den damit verbundenen außerschulischen Praktiken Rechnung tragen muss. Eine entsprechende Öffnung der Schule gegenüber den lebensweltlichen Bezügen hat also zu berücksichtigen, dass diese in Abhängigkeit von der Herkunftskultur der Kinder und Jugendlichen unterschiedlich ausgestaltet sind.

Schließlich müssen wir in Anbetracht der fortbestehenden sozialen Selektivität des Bildungsgeschehens davon ausgehen, dass Bildungsungleichheiten besonders auch in Bildungsinstitutionen sozial hergestellt werden (vgl. z. B. Gomolla/Radtke 2002). Gerade deshalb ist es aber verständlich und unverständlich zugleich, warum sich nahezu alle politischen Parteien und deren maßgebliche Parteigänger schwertun, die in Deutschland weitgehend stillgelegte Strukturdebatte über das dreigliedrige Schulsystem wieder offensiver aufzugreifen. Auch wenn es in der Vergangenheit vor allem den bildungsnahen Eltern mit Hilfe der von ihnen gewählten politischen Parteien gelungen ist, eine Strukturreform (Einführung eines integrierten Gesamtschulsystems/einer Gemeinschaftsschule für alle bis Klasse 10) und damit eine ernsthafte Konkurrenz für ihre Kinder durch nachdrängende »bildungshungrige« Rivalen zu verhindern, ist es in Anbetracht des internationalen Vergleichs mit anderen Schulsystemen nur schwer verständlich, warum eine solche Strukturdebatte als wichtige Maßnahme zum Abbau von Bildungsungleichheiten nicht wirklich weiter mit Nachdruck betrieben wird. Zwar deutet der in Kapitel 1 erwähnte Hamburger Volksentscheid gegen die Einführung einer sechsjährigen Grundschule auf die mehrfach angesprochene Konfliktlage hin, ist aber kein Grund für den Verzicht auf entsprechende Initiativen zum Abbau von Bildungsungerechtigkeiten.

Um die herkunftsbedingte Selektivität beim Bildungsgeschehen abzubauen, bedarf es somit dringend eines Paradigmenwechsels im deutschen Bildungssystem. Um alle Schülerinnen und Schüler mit einem hohen Niveau an Basiskompetenzen auszustatten, bedarf es des Ausbaus einer anzustrebenden Grundbildung bis zur Beendigung des zehnten Schuljahrs. Dazu gehört, die Selektivität des traditionellen Bildungsverständnisses der allgemeinbildenden Schule in Deutschland zu problematisieren und den ausgrenzenden Charakter des schulischen Bildungsgeschehens durch eine Stärkung des Inklusionsdenkens zu ersetzen. Die Orientierung am Postulat gesellschaftlicher Teilhabe und individueller Handlungsfähigkeit sowie eine integrative Neuformatierung eines Konzepts von Alltagsbildung (vgl. dazu Kap. 3.4.4) bilden dafür eine wichtige Grundlage.

Wenn nicht große Teile künftiger Geburtsjahrgänge ihrer Zukunftschancen beraubt werden sollen, indem sie ohne allgemeinbildenden Bildungsabschluss, demotiviert und weitgehend unfähig für ihr weiteres lebenslanges Lernen die Schule verlassen, müssen mit besonderem Nachdruck die (im internationalen Vergleich) in Deutschland extrem früh vorgenommenen Selektionsprozesse abgeschafft werden. Das schließt nicht nur die frühe Verteilung der Schülerinnen und Schüler auf unterschiedliche Sekundarschulformen (nach dem vierten Schuljahr) ein, sondern bezieht sich auch auf Zurückstufungen bei der Einschulung oder auf Klassenwiederholungen (selbst im Grundschulalter).

Eine überfällige Strukturmaßnahme im deutschen Bildungswesen ist auch die Abschaffung der Hauptschule, um eine stärkere soziale Durchmischung und eine damit verbundene Ausweitung von Lernmöglichkeiten besonders für Kinder aus bildungsfernen und/oder sozial benachteiligten Familien zu erreichen, anstatt auf die nachträgliche Reparatur von gescheiterten Bildungsbiographien zu setzen. Schließlich gilt es, als weitere Maßnahme zur Nutzung der Potenziale von heterogenen Lerngruppen die spezifischen Förderbedarfe von Kindern mit Migrationshintergrund angemessener zu berücksichtigen (z. B. durch gezielte Sprachförderprogramme) und den Ausbau von integrativen und inklusiven Lernangeboten für Kinder mit sonderpädagogischem Förderbedarf in Regelklassen voranzutreiben.

Für den Abbau sozial bedingter Bildungsungleichheiten wird gegenwärtig besonders die Entwicklung von neuen Formen der Zusammenarbeit von Schule und außerschulischen Bildungsträgern (wie z.B. der Jugendhilfe oder den Vereinen) diskutiert und insbesondere im Rahmen von ganztägig geöffneten Schulen erprobt, um so den Lernort Schule als lebenswerten Lebens- und Begegnungsort auszubauen. Allerdings kann man manchmal den Eindruck gewinnen, dass gegenwärtig die Ganztagsschule als Ersatz für eine Schulstrukturreform herhalten muss. Im Extremfall erscheint manche Ganztagsschule sogar fast als willkommenes Instrument der Resilienzförderung für weniger erfolgreiche Schülerinnen und Schüler, ohne dass die soziale Selektivität der traditionellen Halbtagsschule überhaupt zum Problem wird.

Aber erst, wenn die nachwachsenden Generationen länger gemeinsam (unterrichtlich wie außerunterrichtlich) lernen können und im Rahmen ihres Lernens in heterogenen Schülergruppen für die unterschiedlichen Erfahrungen und Interessen von anderen besser sensibilisiert werden, lässt sich zumindest teilweise die nachgewiesene soziale Segregationswirkung des mehrgliedrigen Schulsystems abschwächen. Über das In-Wert-Setzen von Kompetenzen, die vielleicht nicht immer direkt unterrichtsrelevant, aber trotzdem wichtig für das gemeinsam zu gestaltende Schulleben sind, lassen sich die kumulativen Segregationseffekte von differenziellen Entwicklungsmilieus in unterschiedlichen Schulformen zumindest reduzieren. In diesem Sinne sind vor allem bessere Bildungsergebnisse im Feld der schulischen Alltagsbildung erreichbar, auch wenn die Sensibilisierung für andere (außerschulische) Erfahrungen, Lebenspraktiken und Lebensinteressen und ein damit verbundener Kompetenzerwerb noch keineswegs als Freifahrschein auf dem Weg in die höheren Regionen der deutschen Bildungslandschaft anzusehen ist, denn der Zugang zur »Bildungselite« bleibt unter den gegebenen gesellschaftlichen Rahmenbedingungen vermutlich auch in der nahen Zukunft noch weitaus voraussetzungsvoller.

Literaturverzeichnis

Achinger, Gertrud/Büchner, Peter/Klemm, Klaus u. a. (1980): Modernisierung im Klassenkonflikt. In: Rolff, Hans-G.: Soziologie der Schulreform: Theorien, Forschungsberichte, Praxisberatung. Weinheim/Basel: Beltz Verlag, S. 27–109.

Aktionsrat Bildung (2009): Geschlechterdifferenzen im Bildungssystem. Wiesbaden: Verlag für Sozialwissenschaften.

Allmendinger, Jutta (1999): Bildungsarmut. Zur Verschränkung von Bildungs- und Sozialpolitik. In: Soziale Welt, Jg. 50, Heft 1, S. 35–50.

Allmendinger, Jutta/Leibfried, Stephan. (2002): Bildungsarmut im Sozialstaat. In: Burkart, Günther/Wolf, Jürgen. (Hrsg.): Lebenszeiten. Opladen: Leske + Budrich, S. 287–315.

Anweiler, Oskar (Hrsg.) (1990): Vergleich von Bildung und Erziehung in der Bundesrepublik Deutschland und der Deutschen Demokratischen Republik. Köln: Verlag Wissenschaft und Politik.

Arnold, Karl-Heinz/Bos, Wilfried/Richert, Peggy/Stubbe, Tobias C. (2007): Schullaufbahnpräferenzen am Ende der vierten Klassenstufe. In: Bos, Wilfried/Hornberg, Sabine/Arnold, Karl-Heinz u. a. (Hrsg.): IGLU. Lesekompetenzen von Grundschulkindern in Deutschland im internationalen Vergleich. Münster: Waxmann, S. 271–297.

Aurin, Kurt (Hrsg.) (1987): Schulvergleich in der Diskussion. Stuttgart: Klett-Cotta.

Autorengruppe Bildungsberichterstattung (2008): Bildung in Deutschland 2008. Ein indikatorengestützter Bericht mit einer Analyse zu Übergängen im Anschluss an den Sekundarbereich I. Bericht im Auftrag der Ständigen Konferenz der Kultusminister der Länder in der Bundesrepublik Deutschland und des Bundesministeriums für Bildung und Forschung, Bielefeld: W. Bertelsmann Verlag.

Bargel, Holger/Bargel, Tino (2010): Ungleichheiten und Benachteiligungen im Hochschulstudium aufgrund der sozialen Herkunft der Studierenden. Arbeitspapier 202. Hans Böckler Stiftung. Düsseldorf.

Bauer, Ullrich/Grundmann, Matthias (2007): Sozialisation und Selektion – die Wiederentdeckung sozialer Ungleichheit in der Sozialisationsforschung. Zur Einführung in den Themenschwerpunkt. In: Zeitschrift für Soziologie der Erziehung und Sozialisation, Jg. 27, Heft 2, S. 115–127.

Baumert, Jürgen/Artelt, Cordula/Klieme, Eckhard/Neubrand, Michael/Prenzel, Manfred/Schiefele, Ulrich/Schneider, Wolfgang/Tillmann, Klaus-Jürgen/Weiß, Manfred (2002): PISA 2000 – die Länder der Bundesrepublik Deutschland im Vergleich. Opladen: Leske + Budrich.

Baumert, Jürgen/Schümer, Gundel (2002). Familiäre Lebensverhältnisse Bildungsbeteiligung und Kompetenzerwerb im nationalen Vergleich. In: Prenzel, Manfred/Artelt, Cordula/Baumert, Jürgen/Blum, Werner/Hammann, Marcus/Klieme, Eckhard/Pekrun, Reinhard (Hrsg.): PISA 2000. Die Länder der Bundesrepublik im Vergleich. Opladen: Leske + Budrich, S. 159–202.

Baumert, Jürgen/Stanat, Petra/Demmrich, Anke (2001): PISA 2000: Untersuchungsgegenstand, theoretische Grundlagen und Durchführung der Studie. In: Baumert, Jürgen/Klieme, Eckhard/Neubrand, Michael u. a. (Hrsg.): PISA 2000. Basiskompetenzen von Schülerinnen und Schülern im internationalen Vergleich Opladen: Leske + Budrich, S. 15–68.

Baumert, Jürgen/Watermann, Rainer/Schümer, Gundel (2003): Disparitäten der Bildungsbeteiligung und des Kompetenzerwerbs. Ein institutionelles und individuelles Mediationsmodell. In: Zeitschrift für Erziehungswissenschaft, Jg. 6, Heft 1, S. 46–71.

Beaufaÿs, Sandra (2003): Wie werden Wissenschaftler gemacht? Beobachtungen zur wechselseitigen Konstitution von Geschlecht und Wissenschaft. Bielefeld: transcript.

Beck, Ulrich (2010): Welche Universität wollen wir? In: Frankfurter Rundschau Nr. 31, v. 6./7. 2., S. 36–37.

Becker, Birgit (2006): Der Einfluss des Kindergartens als Kontext zum Erwerb der deutschen Sprache bei Migrantenkindern. In: Zeitschrift für Soziologie, Jg. 35, Heft 6, S. 449–464.

Becker, Gary S. (1983): Human Capital: A Theoretical and Empirical Analysis, with Special Reference to Education. Chicago: Chicago Press.

Becker, Gary S. (1993): Der ökonomische Ansatz zur Erklärung menschlichen Verhaltens. Tübingen: Mohr.

Becker, Rolf (1999): Kinder ohne Zukunft? In: Zeitschrift für Erziehungswissenschaft, Jg 2, Heft 2, S. 263–283.

Becker, Rolf (2008): Bildung und Chancengleichheit. In: Statistisches Bundesamt (2008): Datenreport 2008: Der Sozialbericht für Deutschland, Wiesbaden, S. 74–79.

Becker, Rolf (2007): Wie nachhaltig sind die Bildungsaufstiege wirklich? Eine Reanalyse der Studie von Fuchs und Sixt (2007) über die soziale Vererbung von Bildungserfolgen in der Generationenabfolge. In: Kölner Zeitschrift für Soziologie und Sozialpsychologie, Jg. 59, Heft 3, 2007, S. 512–523.

Becker, Rolf/Lauterbach, Wolfgang (Hrsg.) (2007[2]): Bildung als Privileg. Wiesbaden: Verlag für Sozialwissenschaften.

Beisenherz, H. Gerhard (2002): Kinderarmut in der Wohlfahrtsgesellschaft. Opladen: Leske + Budrich.

Berger, Peter A./Kahlert, Heike (Hrsg.) (2005): Institutionalisierte Ungleichheiten. Wie das Bildungswesen Chancen blockiert. Weinheim/München: Juventa.

Bernstein, Basil (1959): Sozio-kulturelle Determinanten des Lernens. Mit besonderer Berücksichtigung der Rolle der Sprache. In: Heintz, Peter (Hrsg.): Soziologie der Schule. Sonderheft 4 der Kölner Zeitschrift für Soziologie und Sozialpsychologie, S. 52–79.

Bernstein, Basil (1972): Studien zur sprachlichen Sozialisation. Düsseldorf: Pädagogischer Verlag.

Bildungsbericht (2006) = Konsortium Bildungsberichterstattung (Hrsg.) (2006): Bildung in Deutschland. Ein indikatorengestützter Bericht mit einer Analyse zu Bildung und Migration. Bielefeld: W. Bertelsmann Verlag.

Bildungsbericht (2008) = Konsortium Bildungsberichterstattung (Hrsg.) (2008): Bildung in Deutschland 2008. Ein indikatorengestützter Bericht mit einer Analyse zu Übergängen im Anschluss an den Sekundarbereich I. Bielefeld: W. Bertelsmann Verlag.

BMBF (2005) = Bundesministerium für Bildung und Forschung (Hrsg.): Berufsbildungsbericht 2005. Bonn.

BMBW (1979): Grund- und Strukturdaten 1978/79. Bonn.

BMFSFJ (1998) = Bundesministerium für Familie, Senioren, Frauen und Jugend (Hrsg.) (1998): Zehnter Kinder- und Jugendbericht. Bericht über die Lebenssituation von Kindern und die Leistungen der Kinderhilfen in Deutschland. Bonn.

BMFSFJ (2005) = Bundesministerium für Familie, Senioren, Frauen und Jugend (Hrsg.) (2005): Zwölfter Kinder- und Jugendbericht. Bericht über die Lebenssituation von Kindern und die Leistungen der Kinderhilfen in Deutschland. Online: http://www.bmfsfj.de/doku/kjb/data/download/kjb_060228_ak3.pdf, Zugriff: 17.05.2010.

BMFSFJ (Hrsg.) (2005): Nationaler Aktionsplan. Für ein kindergerechtes Deutschland 2005–2010. Online: http://www.bmfsfj.de/RedaktionBMFSFJ/Abteilung5/Pdf-Anlagen/nap-zwischenbericht,property=pdf,bereich=bmfsfj,sprache=de,rwb=true.pdf, Zugriff 06.06.2010.

Böhnisch, Lothar/Schröer, Wolfgang (2004): Stichwort: Soziale Benachteiligung und Bewältigung. In: Zeitschrift für Erziehungswissenschaft, Jg. 7, Heft 4, S. 467–478.

Bohnsack, Ralf (1997): Gruppendiskussionsverfahren und Milieuforschung. In: Friebertshäuser, Barbara/Prengel, Annedore (Hrsg.): Handbuch Qualitative Forschungsmethoden in der Erziehungswissenschaft. Weinheim/München: Juventa, S. 492–502.

Bois-Reymond, Manuela du (2005): Schulkrise und außerschulisches Lernen. In: Breidenstein, Georg/Prengel, Annedore (Hrsg.): Schulforschung und Kindheitsforschung – ein Gegensatz? Wiesbaden: Verlag für Sozialwissenschaften, S. 201–220.

Bolder, Axel/Heid, Helmut/Heinz, Walter R./Rodax, Klaus (Hrsg.): Jahrbuch Bildung und Arbeit ´96: Die Wiederentdeckung der Ungleichheit. Opladen: Leske + Budrich.

Bos, Wilfried/Hornberg, Sabine/Arnold, Karl-Heinz u. a. (Hrsg.) (2007): IGLU. Lesekompetenzen von Grundschulkindern in Deutschland im internationalen Vergleich. Münster: Waxmann.

Bos, Wilfried/Voss, Andreas/Lankes, Eva-Maria/Schwippert, Knut/Thiel, Oliver/Valtin, Renate (2004): Schullaufbahnempfehlungen von Lehrkräften für Kinder am Ende der vierten Jahrgangsstufe. In: Bos, Wilfried/Lankes, Eva-Maria/Prenzel, Manfred/Schwippert, Knut/Valtin, Renate/Walther, Gerd (Hrsg.) (2004): IGLU. Einige Länder der Bundesrepublik Deutschland im nationalen und internationalen Vergleich. Münster: Waxmann, S. 191–228.

Böttcher, Wolfgang (2005): Soziale Auslese und Bildungsreform. In: Aus Politik und Zeitgeschichte, 12/2005, S. 7–13.

Boudon, Raymond (1974): Education, Opportunity, and Social Inequality. New York: Wiley.

Bourdieu, Pierre u. a. (1981): Kapital und Bildungskapital. Reproduktionsstrategien im sozialen Wandel. In: Bourdieu, Pierre u. a.: Titel und Stelle. Über die Reproduktion sozialer Macht. Frankfurt a. M.: Europäische Verlagsanstalt, S. 23–87

Bourdieu, Pierre (1982): Die feinen Unterschiede. Kritik der gesellschaftlichen Urteilskraft. Frankfurt a. M.: Suhrkamp.

Bourdieu, Pierre (1983): Ökonomisches, soziales und kulturelles Kapital. In: Kreckel, Reinhard (Hrsg.): Soziale Ungleichheiten. Sonderband der Sozialen Welt. Göttingen: Schwartz, S. 183–198.

Bourdieu, Pierre (1985): Sozialer Raum und »Klassen«. Zwei Vorlesungen. Frankfurt a. M.: Suhrkamp.

Bourdieu, Pierre (1993): Sozialer Sinn. Kritik der theoretischen Vernunft. Frankfurt a. M.: Suhrkamp.

Bourdieu, Pierre (2001): Meditationen. Zur Kritik der scholastischen Vernunft. Frankfurt a. M.: Suhrkamp.

Bourdieu, Pierre/Passeron, Jean-Claude (1971): Die Illusion der Chancengleichheit. Untersuchungen zur Soziologie des Bildungswesens am Beispiel Frankreichs. Stuttgart: Klett-Cotta.

Brake, Anna (2006): Das Sichtbare und das Unsichtbare. Bildungsstrategien als Strategien des Habitus. In: Büchner, Peter/Brake Anna (Hrsg.): Bildungsort Familie. Transmission von Bildung und Kultur im Alltag von Mehrgenerationenfamilien. Wiesbaden: Verlag für Sozialwissenschaften, S. 81–108.

Brake, Anna/Bremer, Helmut (2009): Schule als Alltagswelt jenseits von Bildungsstandards und Leistungserbringung. In: Zeitschrift für Soziologie der Erziehung und Sozialisation, Heft 1, S. 105–110.

Brake, Anna/Büchner, Peter (2007): Großeltern in Familien. In: Ecarius, Jutta (Hrsg.): Handbuch Familie. Wiesbaden: Verlag für Sozialwissenschaften, S. 199–219.

Breen, Richard/Goldthorpe, John. H. (1997): Explaining Educational Differentials. Towards a Formal Rational Action Theory. In: Rationality and Society, Volume 9, Number 3, S. 275–305.

Bremer, Helmut (2004): Der Mythos vom autonom lernenden Subjekt. Zur sozialen Verortung aktueller Konzepte des Selbstlernens und der Bildungspraxis unterschiedlicher sozialer Milieus. In: Engler, Steffani/Krais, Beate (Hrsg.): Das kulturelle Kapital und die Macht der Klassenstrukturen. Sozialstrukturelle Verschiebungen und Wandlungsprozesse des Habitus, Weinheim/München: Juventa, S. 189–213.

Bremer, Helmut (2007 a): Schicht, Klasse, Milieu. Bezugskonzepte der Weiterbildungsforschung von 1957–2007. In: DIE – Zeitschrift für Erwachsenenbildung, Heft IV, S. 26–31.

Bremer, Helmut (2007 b): Soziale Milieus, Habitus und Lernen. Zur Analyse von sozialer Selektivität und Chancengleichheit in pädagogischen Handlungsfeldern am Beispiel der Erwachsenenbildung, Weinheim/München: Juventa.

Bremer, Helmut (2009): Die Notwendigkeit milieubezogener pädagogischer Reflexivität. Zum Zusammenhang von Habitus, Selbstlernen und sozialer Selektivität. In: Friebertshäuser, Barbara/Rieger-Ladich, Markus/Wigger, Lothar (Hrsg.): Reflexive Erziehungswissenschaft. Forschungsperspektiven im Anschluss an Pierre Bourdieu. Wiesbaden: Verlag für Sozialwissenschaften, S. 289–308.

Bremer, Helmut/Lange-Vester, Andrea (2006): Zur Entwicklung des Konzeptes sozialer Milieus und Mentalitäten. In: Bremer, Helmut/Lange-Vester, Andrea (Hrsg.): Soziale Milieus und Wandel der Sozialstruktur. Wiesbaden: Verlag für Sozialwissenschaften, S. 11–36.

Brizic, Katharina (2007): Das geheime Leben der Sprachen. Münster u. a.: Waxmann Verlag.

Büchner, Peter (1996): Das Kind als Schülerin oder Schüler. In: Zeiher, Helga/Büchner, Peter/Zinnecker, Jürgen (Hrsg.): Kinder als Außenseiter? Weinheim/München: Juventa, S. 157–188.

Büchner, Peter (2002): Biographische Strategien des Erwachsenwerdens. In: Krüsselberg, Hans-G./Reichmann, Heinz (Hrsg.): Zukunftsperspektive Familie und Wirtschaft. Grafschaft: Vektor, S. 263–326.

Büchner, Peter (2003): Stichwort: Bildung und soziale Ungleichheit. In: Zeitschrift für Erziehungswissenschaft, Jg. 6, Heft 1, S. 5–24.

Büchner, Peter (2010[2]): Kindheit und Familie. In: Krüger, Heinz-Hermann/ Grunert, Cathleen (Hrsg.): Handbuch Kindheits- und Jugendforschung. Wiesbaden: Verlag für Sozialwissenschaften, S. 519–542.

Büchner, Peter/Brake, Anna (Hrsg.) (2006): Bildungsort Familie. Transmission von Bildung und Kultur im Alltag von Mehrgenerationenfamilien. Wiesbaden: Verlag für Sozialwissenschaften.

Büchner, Peter/Wahl, Katrin (2005): Die Familie als informeller Bildungsort. Über die Bedeutung familialer Bildungsleistungen im Kontext der Entstehung und Vermeidung von Bildungsarmut. In: Zeitschrift für Erziehungswissenschaft, Jg. 8, Heft 3, S. 356–373.

Budde, Jürgen (2005): Männlichkeit und gymnasialer Alltag. Doing Gender im heutigen Bildungssystem. Bielefeld: transcript.

Bundesministerium für Familie, Senioren, Frauen und Jugend (2008): Entgeltungleichheit zwischen Frauen und Männern Einstellungen, Erfahrungen und Forderungen der Bevölkerung zum »gender pay gap« Online: http://www.bmfsfj.de/BMFSFJ/Service/Publikationen/publikationsliste,did=109914.html, Zugriff: 06. 06. 2010.

Bundesministerium für Familie, Senioren, Frauen und Jugend (Hrsg.) (1998): Zehnter Kinder- und Jugendbericht. Bericht über die Lebenssituation von Kindern und die Leistungen der Kinderhilfen in Deutschland. Bonn.

Bundesministerium für Familie, Senioren, Frauen und Jugend (Hrsg.) (2005): Zwölfter Kinder- und Jugendbericht. Bericht über die Lebenssituation von Kindern und die Leistungen der Kinderhilfen in Deutschland. Online: http://www.bmfsfj.de/doku/kjb/data/download/kjb_060228_ak3.pdf, Zugriff: 17. 05. 2010.

Bungenstab, Karl-Ernst (1970): Umerziehung zur Demokratie? Re-education-Politik im Bildungswesen der US-Zone: 1945–1949. Düsseldorf: Bertelsmann.

Chassé, Karl-August/Zander, Margherita/Rasch, Konstanze (2010[4]): »Meine Familie ist arm.« Wie Kinder im Grundschulalter Armut erleben und bewältigen. Wiesbaden: Verlag für Sozialwissenschaften.

Cornelissen, Waltraud (2007): Bildung und Geschlecht – sind Jungen in der Schule benachteiligt? In: Bentheim, Alexander/Biermann, Christine/ Boldt, Uli/Sielert, Uwe/Tillmann, Klaus-Jürgen (Hrsg.): Jungen. Publikationsreihe Schuler. Wissen für Lehrer. Seelze: Friedrich Verlag, S. 82–85.

Crotti, Claudia (2006): Ist der Bildungserfolg bzw. -misserfolg eine Geschlechterfrage? In: Zeitschrift für Pädagogik, Jg. 52, Heft 3, S. 363–372.

Dahrendorf, Ralf (1965): Bildung ist Bürgerrecht. Plädoyer für eine aktive Bildungspolitik. Hamburg: Nannen.

De Graaf, Paul M./De Graaf, Nan Dirk (2006): Hoch- und populärkulturelle Dimensionen kulturellen Kapitals: Auswirkungen auf den Bildungsstand der Kinder In: Georg, Werner (Hrsg.): Soziale Ungleichheit im Bildungssystem. Eine empirisch-theoretische Bestandsaufnahme. Konstanz: UVK, S. 147–173.

Dettling, Warnfried (1995): Krise der Familie – Krise der Gesellschaft. In: Gewerkschaftliche Monatshefte, Heft 3, S. 129–142.

Deutscher Ausschuss für das Erziehungs- und Bildungswesen (1964): Rahmenplan zur Umgestaltung und Vereinheitlichung des allgemeinbildenden öffentlichen Schulwesens. Stuttgart.

Deutsches PISA-Konsortium (2002): PISA 2000 – Die Länder der Bundesrepublik Deutschland im Vergleich. Zusammenfassung zentraler Befunde. Online: http://www.mpib-berlin.mpg.de/pisa/PISA_E_Zusammenfassung2.pdf, Zugriff: 04. 06. 2010.

Deutsches PISA-Konsortium (Hrsg.) (2001): PISA 2000. Basiskompetenzen von Schülerinnen und Schülern im internationalen Vergleich. Opladen: Leske + Budrich.

Diefenbach, Heike (2008). Bildungschancen und Bildungs(miss)erfolg von ausländischen Schülern oder Schülern aus Migrantenfamilien im System schulischer Bildung. In: Becker, Rolf/Lauterbach, Wolfgang (Hrsg.): Bildung als Privileg? Wiesbaden: Verlag für Sozialwissenschaften, S. 221–245.

Diefenbach, Heike (2009): Der Bildungserfolg von Schülern mit Migrationshintergrund im Vergleich zu Schülern ohne Migrationshintergrund. In: Becker, Rolf (Hrsg.): Lehrbuch der Bildungssoziologie. Wiesbaden: Verlag für Sozialwissenschaften, S. 433–457.

Diefenbach, Heike/Klein, Michael (2001): »Bringing Boys Back«. Soziale Ungleichheit zwischen den Geschlechtern im Bildungssystem zu ungunsten von Jungen am Beispiel der Sekundarabschlüsse. In: Zeitschrift für Pädagogik, Jg. 48, Heft 6, S. 938–958.

Diewald, Martin (2010): Die Bedeutung genetischer Variation für Erklärungsprobleme der soziologischen Ungleichheitsforschung. In: Zeitschrift für Soziologie, Jg. 39, Heft 1, S. 4–21.

Diewald, Martin/Schupp, Jürgen: (2006) Kulturelles und soziales Kapital von Jugendlichen. Die Bedeutung von sozialer Herkunft und der Qualität der Eltern-Kind-Beziehung. In: Rehberg, Karl-Siegbert (Hrsg.): Soziale Ungleichheit – Kulturelle Unterschiede, Verhandlungen des 32. Kongresses der Deutschen Gesellschaft für Soziologie in München. Frankfurt a. M.: Campus, S. 910–927.

Ditton, Hartmut (2008): Der Beitrag von Schule und Lehrern zur Reproduktion von Bildungsungleichheit. In: Becker, Rolf/Lauterbach, Wolfgang (Hrsg.): Bildung als Privileg Wiesbaden: Verlag für Sozialwissenschaften, S. 247–275.

Ditton, Hartmut (2009): Familie und Schule – eine Bestandsaufnahme der bildungssoziologischen Schuleffektforschung von James S. Coleman bis heute. In: Becker, Rolf (Hrsg.): Lehrbuch der Bildungssoziologie. Wiesbaden: Verlag für Sozialwissenschaften, S. 237–256.

Ditton, Hartmut (Hrsg.) (2007): Kompetenzaufbau und Laufbahnen im Schulsystem: Ergebnisse einer Längsschnittuntersuchung an Grundschulen. Münster: Waxmann.

Ditton, Hartmut/Krüsken, Jan/Schauenberg, Magdalena (2005): Bildungsungleichheit: der Beitrag von Familie und Schule. In: Zeitschrift für Erziehungswissenschaft, Jg. 8, Heft 2, S. 285–304.

Ehmke, Timo/Baumert, Jürgen (2007): Soziale Herkunft und Kompetenzerwerb. Vergleiche zwischen PISA 2000, 2003 und 2006. In: Prenzel, Manfred/Artelt, Cordula/Baumert, Jürgen/Blum, Werner/Hammann, Marcus/Klieme, Eckhard/Pekrun, Reinhard (Hrsg.) (2007): PISA 2006. Die Ergebnisse der dritten internationalen Vergleichsstudie. Münster: Waxmann, S. 309–335.

Ehmke, Timo/Siegle, Thilo (2005): ISEI, ISCED, HOMEPOS, ESCS. Indikatoren der sozialen Herkunft bei der Quantifizierung von sozialen Disparitäten. In: Zeitschrift für Erziehungswissenschaft, Jg. 8, Heft 4, S. 521–540.

Ehrenreich, Barbara (1989): Angst vor dem Absturz: Das Dilemma der Mittelklasse. München: Kunstmann.

Elias, Norbert (1978): Zum Begriff des Alltags. In: Kölner Zeitschrift für Soziologie und Sozialpsychologie, Sonderheft 20, S. 22–29.

Engler, Steffani (2001): »In Einsamkeit und Freiheit«? Zur Konstruktion der wissenschaftlichen Persönlichkeit auf dem Weg zur Professur. Konstanz: Universitätsverlag.

Erikson, Robert/Goldthorpe, John H. (1992): The Constant Flux. A Study of Class Mobility in Industrial Societies. Oxford: Clarendon Press.

Erikson, Robert/Goldthorpe, John H./Portocarero, Lucienne (1979): Intergenerational class mobility in three Western European societies: England, France and Sweden. In: British Journal of Sociology 30, S. 341–415.

Erikson, Robert/Jonsson, Jan. O. (1996): Explaining Class Inequality in Education: The Swedish Test Case. In: Erikson, Robert/Jonsson, Jan. O. (eds) Can Education Be Equalized? Boulder: Westview Press, S. 1–63.

Esser, Hartmut (1999): Soziologie: Spezielle Grundlagen. Bd. 1: Situationslogik und Handeln. Frankfurt a. M.: Campus.

Faulstich-Wieland, Hannelore (1996): Geschlechterverhältnisse im Bildungssystem – erörtert am Beispiel der Koedukationsdebatte. In: Georg Kneer/Kraemer, Klaus/Nassehi, Armin (Hrsg.): Soziologie. Zugänge zur Gesellschaft, Bd. 2. Münster: Lit-Verlag, S. 49–78.

Faulstich-Wieland, Hannelore (1998): Reflexive Koedukation zwischen Dramatisierung und Entdramatisierung von Geschlechterdifferenzen. In:

Weltz, Eberhardt/Dussa, Ulla (Hrsg.): Mädchen sind besser – Jungen auch. (Konfliktbewältigung für Mädchen und Jungen – ein Beitrag zur Förderung sozialer Kompetenzen in der Grundschule. Bd. 1) Berlin 1998, S. 50–59

Faulstich-Wieland, Hannelore (2010): Schule als gemeinsame Alltagswelt für Mädchen und Jungen. In: Brake, Anna/Bremer, Helmut (Hrsg.): Alltagswelt Schule. Die soziale Herstellung schulischer Wirklichkeiten. Weinheim/München: Juventa, S. 45–65.

Feagin, Joe R./Booher Feagin, Clairece (1986): Discrimination American Style – Institutional Racism and Sexism. Malabar, Floriada: Krieger Publishing.

Fend, Helmut (1982): Gesamtschule im Vergleich. Bilanz der Ergebnisse des Gesamtschulversuchs. Weinheim/Basel: Beltz Verlag.

Fend, Helmut (2006): Neue Theorie der Schule. Wiesbaden: Verlag für Sozialwissenschaften.

Fischer, Claude S./Hout, Michael/Jankowski, Martin Sanchez/Lucas, Samuel R./Swidler, Ann/Voss, Kim. (1996): Inequality by Design. Princeton: Princeton University Press.

Fischer, Dietlind/Elsenbast, Volker (2007): Zur Gerechtigkeit im Bildungssystem. Münster: Waxmann.

Franz, Wolfgang (1999): Arbeitsmarktökonomik. Berlin u. a.: Springer.

Friedeburg, Ludwig von (1992): Bildungsreform in Deutschland. Geschichte und gesellschaftlicher Widerspruch. Frankfurt a. M.: Suhrkamp.

Friedrich, Michael (2006): Jugendliche in Ausbildung: Wunsch und Wirklichkeit. In: Berufsbildung in Wissenschaft und Praxis, Heft 3, S. 7–11.

Fuchs, Marek/Sixt, Michaela (2007): Zur Nachhaltigkeit von Bildungsaufstiegen Soziale Vererbung von Bildungserfolgen über mehrere Generationen. In: KZfSS Kölner Zeitschrift für Soziologie und Sozialpsychologie, Jg. 59, Heft 1, S. 1–29.

Fuhs, Burkhard (2005): Kindheitsforschung und Schulforschung – zwei Gegensätze? In: Breidenstein, Georg/Prengel, Annedore (Hrsg.): Schulforschung und Kindheitsforschung – ein Gegensatz? Wiesbaden: Verlag für Sozialwissenschaften, S. 161–176.

Fünfter Familienbericht (1994): Familien und Familienpolitik im geeinten Deutschland. Bonn: BMFuS.

Ganzeboom, Harry B. G./De Graaf, Paul M./Treiman, Donald J./De Leeuw, Jan (1992): A Standard International Socio-Economic Index of Occupational Status. In: Social Science Research 21, S. 1–56.

Geißler, Rainer (1992): Die Sozialstruktur Deutschlands. Opladen: Leske + Budrich.

Geißler, Rainer (2005): Die Metamorphose der Arbeitertochter zum Migrantensohn. In: Berger, Peter A./Kahlert, Heike (Hrsg.): Institutionalisierte Ungleichheiten. Wie das Bildungswesen Chancen blockiert. Weinheim/München: Juventa, S. 71–100.

Geißler, Rainer (2008[5]): Die Sozialstruktur Deutschlands: zur gesellschaftlichen Entwicklung mit einer Bilanz zur Vereinigung. Wiesbaden: Verlag für Sozialwissenschaften.

Geißler, Rainer/Weber-Menges, Sonja (2008): Migrantenkinder im Bildungssystem: doppelt benachteiligt. In: Aus Politik und Zeitgeschichte, Heft 49, S. 14–22.

Gogolin, Ingrid (2008): Migration und Bildungsgerechtigkeit. In: Liebau, Eckart/Zirfas, Jörg (Hrsg.): Ungerechtigkeit der Bildung – Bildung der Ungerechtigkeit. Opladen: Barbara Budrich Verlag, S. 55–68.

Gomolla, Mechthild (2008): Institutionelle Diskriminierung im Bildungs- und Erziehungssystem: Theorie, Forschungsergebnisse und Handlungsperspektiven. In: Heinrich-Böll-Stiftung (Hrsg.): Schule mit Migrationshintergrund. Online: www.migration-boell.de/web/integration/47_1451.asp, Zugriff: 04.06.2010, S. 20–28.

Gomolla, Mechtild/Radtke, Olaf (2002): Institutionelle Diskriminierung. Die Herstellung ethnischer Differenz in der Schule. Opladen: Leske + Budrich.

Granato, Mona/Bethschneider, Monika/Friedrich, Michael/Gutschow, Katrin/Paulsen, Bent/Schwerin, Christine/Settelmeyer, Anke/Uhly, Alexandra/Ulrich, Joachim Gerd (2006): Integration und berufliche Ausbildung, Expertise des Bundesinstituts für Berufsbildung (BiBB), Online: http://www.bibb.de/dokumente/pdf/a24_integration-und-berufliche-ausbildung.pdf, Zugriff: 04.06.2010.

Granato, Mona/Ulrich, Joachim Gerd (2006): »Also, was soll ich noch machen, damit die mich nehmen?« Jugendliche mit Migrationshintergrund und ihre Ausbildungschancen. In: Friedrich-Ebert-Stiftung (Hrsg.): Kompetenzen stärken, Qualifikationen verbessern, Potenziale nutzen: Berufliche Bildung von Jugendlichen und Erwachsenen mit Migrationshintergrund. Herausgegeben vom Wirtschafts- und sozialpolitischen Forschungs- und Beratungszentrum der Friedrich-Ebert-Stiftung Abteilung Arbeit und Sozialpolitik. Bonn, S. 30–50.

Griesinger, Johannes (2009): Freie Schulwahl und Bildungsgerechtigkeit. In: Zeitschrift für Erziehungswissenschaft, Jg. 12, Heft 2, S. 170–187.

Grunder, Hans-Ulrich (2001): Schule und Lebenswelt. Ein Studienbuch. Münster: Waxmann.

Grundmann, Matthias (2006): Sozialisation. Skizze einer allgemeinen Theorie. Konstanz: UVK.

Grundmann, Matthias/Groh-Samberg, Olaf/Bittlingmayse, Uwe H. u. a. (2003): Milieuspezifische Bildungsstrategien in Familie und Gleichaltrigengruppe. In: Zeitschrift für Erziehungswissenschaft, Jg. 6, Heft 1, S. 25–46.

Hagemann-White, Carol (1984): Sozialisation: Weiblich – männlich? Opladen: Leske + Budrich.
Haller, Max (2001): Erklärt die Rational Choice-Theorie die Ungleichheit der Bildungschancen? Kritische Diskussion eines Beitrags von Rolf Becker. In: Kölner Zeitschrift für Soziologie und Sozialpsychologie, Jg. 53, Heft 3, S. 569–574.
Hamburger, Franz (1999): Zur Tragfähigkeit der Kategorien »Ethnizität« und »Kultur« im erziehungswissenschaftlichen Diskurs. In: Zeitschrift für Erziehungswissenschaft, Jg. 2, Heft 2, S. 167–178.
Hansen, Marianne Nordli/Mastekaasa, Arne (2006): Social Origins and Academic Performance at University. In: European Sociological Review, Volume 22, Heft 3, S. 277–291.
Hansen, Rolf/Rolff, Hans-G. (1990): Abgeschwächte Auslese und verschärfter Wettbewerb – Neuere Erscheinungen in den Sekundarstufen. In: Rolff, Hans-G./Bauer, Karl-Oswald/Klemm, Klaus u.a. (Hrsg.): Jahrbuch der Schulentwicklung. Band 6. Weinheim/München: Juventa.
Harazd, Bea/Ophuysen, Stefanie van (2008): Was bedingt die Wahl eines nicht empfohlenen höheren Bildungsgangs? In: Zeitschrift für Erziehungswissenschaft, Jg. 11, Heft 4, S. 626–647.
Heine, Christoph/Spangenberg, Heike/Schreiber, Jochen/Sommer, Dieter (2005): Studienanfänger in den Wintersemestern 2003/04 und 2004/05. Bildungswege, Motiv der Studienentscheidung und Gründe der Hochschulwahl. Hannover: HIS.
Helbig, Marcel (2010): Sind Lehrerinnen für den geringeren Schulerfolg von Jungen verantwortlich? In: Kölner Zeitschrift für Soziologie und Sozialpsychologie, Jg. 62, Heft 1, S. 93–111.
Helmke, Andreas/Weinert, Franz E. (1997): Bedingungsfaktoren schulischer Leistungen. In: Weinert Franz E. (Hrsg.): Psychologie des Unterrichts und der Schule, Bd. 3. Göttingen: Hogrefe, S. 71–176.
Helsper, Werner (2006): Elite und Bildung im Schulsystem – Schulen als Institutionen-Milieu-Komplexe in der ausdifferenzierten höheren Bildungslandschaft. In: Ecarius, Jutta/Wigger, Lothar (Hrsg.): Elitenbildung – Bildungselite. Opladen: Barbara Budrich Verlag, S. 162–187.
Helsper, Werner/Böhme, Jeanette/Kramer, Rolf-Torsten/Lingkost, Angelika (2001): Entwurf einer Theorie der Schulkultur – strukturtheoretische, anerkennungstheoretische und mikropolitische Perspektiven. In: Helsper, Werner/Böhme, Jeanette/Kramer, Rolf-Torsten/Lingkost, Angelika (Hrsg.): Schulkultur und Schulmythos. Gymnasien zwischen elitärer Bildung und höherer Volksschule im Transformationsprozeß. Rekonstruktion zur Schulkultur I, Opladen: Leske + Budrich, S. 11–39.
Hericks, Uwe (2004): Grundbildung, Allgemeinbildung und Fachunterricht. In: Zeitschrift für Erziehungswissenschaft, Jg. 7, Heft 2, S. 192–206.

Herrlitz, Hans-Georg/Hopf, Wulf/Titze, Hartmut (1993): Deutsche Schulgeschichte von 1800 bis zur Gegenwart. Weinheim/München: Juventa.

Herrnstein, Richard J. (1973): I. Q. in the Meritocracy. Boston: Little, Brown and Company.

Herrnstein, Richard. J./Murray, Charles. (1994): The Bell Curve: Intelligence and Class Structure in American Life. New York: The Free Press.

Herwartz-Emden, Leonie (2007): Migrant/innen im deutschen Bildungssystem. In: Bundesministerium für Bildung und Forschung (Hrsg.): Bildungsreform Band 14, Migrationshintergrund von Kindern und Jugendlichen. Wege zur Weiterentwicklung der amtlichen Statistik, S. 7–24.

Heublein, Ulrich/Besuch, Georg/Hutzsch, Christopher/Schreiber, Jochen (2008): Bedingungsfaktoren des Studienabbruchs. Unveröffentlichter HIS-Projektbericht: Hannover 2008.

Heublein, Ulrich/Schmelzer, Robert/Sommer, Dieter/Wank, Johanna (2008): Die Entwicklung der Schwund- und Studienabbruchquoten an den deutschen Hochschulen. Statistische Berechnungen auf der Basis des Absolventenjahrgangs 2006. HIS Projektbericht Mai 2008, Hannover: HIS.

Hillmert, Steffen (2008): Soziale Ungleichheit im Bildungsverlauf: zum Verhältnis von Institutionen und Entscheidungen. In: Becker, Rolf/Lauterbach, Wolfgang (Hrsg.): Bildung als Privileg. Wiesbaden: Verlag für Sozialwissenschaften, S. 75–102.

Hinz, Thomas/Groß, Jochen (2006): Schulempfehlung und Leseleistung in Abhängigkeit von Bildungsherkunft und kulturellem Kapital. In: Georg, Werner (Hrsg.): Soziale Ungleichheiten im Bildungssystem. Eine empirisch-theoretische Bestandsaufnahme. Konstanz: UVK, S. 199–225.

Hirschauer, Stefan (1994): Die soziale Fortpflanzung der Zweigeschlechtlichkeit. In: Kölner Zeitschrift für Soziologie und Sozialpsychologie, Jg. 46, S. 668–692.

Hradil, Stefan (1999). Soziale Ungleichheit in Deutschland. Opladen: Leske +Budrich.

Hurrelmann, Klaus (2002[8]): Einführung in die Sozialisationstheorie. – Weinheim/Basel: Beltz Verlag.

Hurrelmann, Klaus/Grundmann, Matthias/Walper, Sabine (2008): Zum Stand der Sozialisationsforschung. In: Hurrelmann, Klaus/Grundmann, Matthias/Walper, Sabine (Hrsg.): Handbuch der Sozialisationsforschung. Weinheim/Basel: Beltz Verlag, S. 14–31.

Isler, Dieter/Künzli, Sibylle (2010): Schulische Praktiken in der Vorschule. Angebote zum Einüben eines schulischen Habitus in einem deutschschweizer Kindergarten am Beispiel der Förderung von Sprache und Literalität. In: Brake, Anna/Bremer, Herlmut (Hrsg.): Alltagswelt Schule.

Die soziale Herstellung schulischer Wirklichkeiten. Weinheim/München: Juventa, S. 211–229.

Isserstedt, Wolfgang/Middendorff, Elke/Fabian, Gregor/Wolter, Andrä (2007): Die wirtschaftliche und soziale Lage der Studierenden in der Bundesrepublik Deutschland 2006. 18. Sozialerhebung des Deutschen Studentenwerks durchgeführt durch HIS Hochschul-Informations-System. Bonn, Berlin: BMBF.

Klann, Gisela (1979): Sprachbarrieren: Die Geschichte einer Entdeckung oder die Entdeckung einer »Geschichte«? In: Ermert, Karl. (Hrsg.): Gibt es die Sprachbarriere noch? Soziolinguistik, Sprachdidaktik, Bildungspolitik. Düsseldorf: Schwann, S. 33–47.

Kohn, Melvin L. (1969): Class and Conformity. A Study in Values. Homewood: Dorsey Press.

Konsortium Bildungsberichterstattung (Hrsg.) (2006): Bildung in Deutschland. Ein indikatorengestützter Bericht mit einer Analyse zu Bildung und Migration. Bielefeld: W. Bertelsmann Verlag.

Konsortium Bildungsberichterstattung (Hrsg.) (2008): Bildung in Deutschland 2008. Ein indikatorengestützter Bericht mit einer Analyse zu Übergängen im Anschluss an den Sekundarbereich I. Bielefeld: W. Bertelsmann Verlag.

Krais, Beate (1994): Erziehungs- und Bildungssoziologie. In: Kerber, Harald/ Schmieder, Arnold (Hrsg.): Spezielle Soziologien. Reinbek: Rowohlt, S. 556–576.

Krais, Beate (1996): Bildungsexpansion und soziale Ungleichheit in der BRD. In: Bolder, Axel/Heid, Helmut/Heinz, Walter R./Rodax, Klaus (Hrsg.): Jahrbuch Bildung und Arbeit '96. Die Wiederentdeckung der Ungleichheit. Aktuelle Tendenzen in Bildung für Arbeit. Opladen: Leske + Budrich, S. 118–146.

Krais, Beate (2000): Einleitung: Die Wissenschaft und die Frauen. In: Krais, Beate (Hrsg.): Wissenschaftskultur und Geschlechterordnung. Über die verborgenen Mechanismen männlicher Dominanz in der akademischen Welt. Frankfurt a.M.: Campus Verlag, S. 9–30.

Kramer, Rolf-Torsten (2007): »Bildung«, »Erziehung«, »Sozialisation« – Einige Anmerkungen zum grundlegenden und zugleich prekären Charakter dieser Theorie- und Forschungsknotenpunkte. Festvortrag in Giessen. Online: http://wcms-neu1.urz.uni-halle.de/download.php?down=7216&elem=1809821, Zugriff am 07. 06. 2010.

Kramer, Rolf-Torsten/Helsper, Werner (2010): Kulturelle Passung und Bildungsungleichheit – Potenziale einer an Bourdieu orientierten Analyse der Bildungsungleichheit. In: Krüger, Heinz-Hermann/Rabe-Kleberg, Ursula/Kramer, Rolf-Torsten/Budde, Jürgen (Hrsg.): Bildungsungleichheit revisited. Bildung und soziale Ungleichheit vom Kindergarten bis zur Hochschule. Wiesbaden, S. 103–126.

Kratzmann, Jens/Schneider, Thorsten (2008): Verbessert der Besuch des Kindergartens die Startchancen von Kindern aus sozial schwachen Familien im Schulsystem? In: Ramseger, Jörg/Wagener, Matthea (Hrsg.): Chancenungleichheit in der Grundschule. Ursachen und Wege aus der Krise. Wiesbaden: Verlag für Sozialwissenschaften, S. 295–298.

Kreibich, Heinrich/Ehmig, Simone C. (Hrsg.) (2010): Lesefreude trotz Risikofaktoren. Eine Studie zur Lesesozialisation von Kindern in der Familie. Schriftenreihe der Stiftung Lesen. Mainz.

Kristen, Cornelia/Granato, Nadia (2007): The Educational Attainment of the Second Generation in Germany. Social Origins and Ethnic Inequality, IAB Discussion Paper No. 4, Nürnberg: Institut für Arbeitsmarkt und Berufsforschung der Bundesagentur für Arbeit.

Krohne, Julia Ann/Meier, Ulrich/Tillmann, Klaus-Jürgen (2004): Sitzenbleiben, Geschlecht und Migration. Klassenwiederholungen im Spiegel der PISA-Daten. In: Zeitschrift für Pädagogik, Jg. 50, Heft 3, S. 373–391.

Krüger, Heinz-Hermann/Rabe-Kleberg, Ursula/Kramer, Rolf-Torsten/Budde, Jürgen (Hrsg.) (2010): Bildungsungleichheit revisited. Bildung und soziale Ungleichheit vom Kindergarten bis zur Hochschule. Wiesbaden: Verlag für Sozialwissenschaften.

Kuhlmann, Caspar (1970): Schulreform und Gesellschaft in der Bundesrepublik Deutschland 1946–1966. Die Differenzierung der Bildungswege als Problem der westdeutschen Schulpolitik. Stuttgart: Klett-Cotta.

Künzli, Sibylle/Isler, Dieter/Leemann, Regula J. (2010): Frühe Literalität als soziale Praxis – Analyse von Mikroprozessen der Reproduktion von Bildungsungleichheit. In: Zeitschrift für Soziologie der Erziehung und Sozialisation, 30. Jg., Heft 1, S. 60–73.

Lange-Vester, Andrea/Teiwes-Kügler, Christel (2006): Die symbolische Gewalt der legitimen Kultur. Zur Reproduktion ungleicher Bildungschancen in Studierendenmilieus. In: Werner, Georg, Werner (Hrsg.): Sozial Ungleichheit im Bildungssystem. Eine empirisch-theoretische Bestandsaufnahme, Konstanz: UVK Verlagsgesellschaft, S. 55–92.

Lehmann, Rainer. H./Ivanov, Stanislav/Hunger, Susanne/Gänsfuß, Rüdiger (2005): ULME I. Untersuchung der Leistungen, Motivationen und Einstellungen zu Beginn der beruflichen Ausbildung. Behörde für Bildung und Sport, Amt für Berufliche Bildung und Weiterbildung. Hamburg. Online: http://hamburger-bildungsserver.de/baw/ba/ULME1_Bericht.pdf, Zugriff: 22. 02. 2010.

Leu, Hans Rudolph (2008): Kinder mit Migrationshintergrund in Kindertageseinrichtungen. In: DJI (Hrsg.): Zahlenspiegel 2007 – Kindertagesbetreuung im Spiegel der Statistik. München: DJI.

Lewontin, Richard C./Rose, Steven/Kamin, Leon. J. (1988): Die Gene sind es nicht … Biologie, Ideologie und menschliche Natur. München: Beltz Psychologie Verlags Union.

Liessmann, Konrad Paul (2006): Theorie der Unbildung. Die Irrtümer der Wissensgesellschaft. Wien: Zsolnay.

London-Communiqué (2007): Towards the European Higher Education Area: responding to challenges in a globalised world. London, 18. 05. 2007. Online: http://www.hrk-bologna.de/bologna/de/download/dateien/London_Communique_18May07.pdf, Zugriff: 22. 02. 2010.

Londoner Kommuniqué (2007): Auf dem Wege zum Europäischen Hochschulraum: Antworten auf die Herausforderungen der Globalisierung. Online: http://www.bmbf.de/pub/Londoner_Kommunique_Bologna_d.pdf, Zugriff: 22. 02. 2010.

Luke, Allan (2008): Using Bourdieu to make policy. In: Albright, James/Luke, Allan (eds.): Pierre Bourdieu and literacy education. New York: Routledge, S. 347–362.

Lüscher, Kurt/Liegle, Ludwig (2003): Generationenbeziehungen in Familie und Gesellschaft. Konstanz: UVK Verlagsgesellschaft.

Mangold, Werner (1978): Die Entwicklung der Bildungssoziologie in der Bundesrepublik. In: Bolte, Karl-Martin (Hrsg.): Materialien zur soziologischen Forschung. Verhandlungen des 18. Deutschen Soziologentags in Bielefeld. Darmstadt: Luchterhand, S. 209–265.

Mansel, Jürgen (1986): Auswirkungen der Arbeitsbedingungen auf die familiale Erziehungssituation: Eine empirische Untersuchung zur schichtspezifischen Sozialisation. Frankfurt a. M.: Lang.

Martin Neugebauer/Marcel Helbig/Andreas Landmann (2010): A Teacher Like Me: Can Teacher's Gender Explain the ›Boy Crisis‹ in Educational Attainment? MZES-Working Paper, Nr. 133, Mannheim.

Mayer, Karl Ulrich (1975): Ungleichheit und Mobilität im sozialen Bewußtsein. Untersuchungen zur Definition. Opladen: Westdeutscher Verlag.

Miethe, Ingrid (2007): Bildung und soziale Ungleichheit in der DDR. Möglichkeiten und Grenzen einer gegenprivilegierenden Bildungspolitik. Opladen: Barbara Budrich Verlag.

Oevermann, Ulrich (1976 a): Programmatische Überlegungen zu einer Theorie der Bildungsprozesse und zur Strategie der Sozialisationsforschung. In: Hurrelmann, Klaus (Hrsg.): Sozialisation und Lebenslauf. Reinbek: Rowohlt, S. 34–52.

Oevermann; Ulrich (1976 b): Was kommt nach der schichtspezifischen Sozialisationsforschung. In: Lepsius, Rainer, M. (Hrsg.) (1976): Zwischenbilanz der Soziologie. Verhandlungen des 17. Deutschen Soziologentages. Stuttgart: Enke Verlag, S. 258–264.

Pakschies, Günter (1979): Umerziehung in der britischen Zone 1945–49. Weinheim/Basel: Beltz Verlag.

Palentien, Christian (2005): Aufwachsen in Armut – Aufwachsen in Bildungsarmut. In: Zeitschrift für Pädagogik, Jg. 51, Heft 2, S. 154–169.

Peisert, Hansgert (1967): Soziale Lage und Bildungschancen in Deutschland. München: R. Piper & Co. Verlag.

Peukert, Helmut (1998): Zur Neubestimmung des Bildungsbegriffs. In Meyer, Meinert A./Reinartz, Andrea (Hrsg.): Bildungsgangdidaktik. Opladen: Leske + Budrich, S. 17–29.

Picht, Georg (1964): Die deutsche Bildungskatastrophe. Olten: Walter-Verlag.

Preisendörfer, Bruno (2008): Das Bildungsprivileg. Warum Chancengleichheit unerwünscht ist. Frankfurt a. M.: Eichborn-Verlag.

Prengel, Annedore (2008): Geschlechtergerechte Bildung? Von alten Gewissheiten zu neuen Fragen. In: Liebau, Eckart/Zirfas, Jörg (Hrsg.): Ungerechtigkeit der Bildung – Bildung der Ungerechtigkeit. Opladen: Barbara Budrich Verlag, S. 119–132.

Prenzel, Manfred/Artelt, Cordula/Baumert, Jürgen/Blum, Werner/Hammann, Marcus/Klieme, Eckhard/Pekrun, Reinhard (Hrsg.) (2007): PISA 2006. Die Ergebnisse der dritten internationalen Vergleichsstudie. Münster: Waxmann.

Rabe-Kleberg, Ursula (2010): Bildungsarmut von Anfang an? Über den Beitrag des Kindergartens im Prozess der Reproduktion sozialer Ungleichheit. In: Heinz-Hermann Krüger/Rabe-Kleberg, Ursula/Kramer, Rolf-Torsten/Budde, Rolf-Torsten (Hrsg.): Bildungsungleichheit revisited. Bildung und soziale Ungleichheit vom Kindergarten bis zur Hochschule. Wiesbaden: Verlag für Sozialwissenschaften. S. 45–56.

Rauschenbach, Thomas (2009): Zukunftschance Bildung. Familie, Jugendhilfe und Schule in neuer Allianz. Weinheim/München: Juventa.

Rawls, John (19916): Eine Theorie der Gerechtigkeit. Frankfurt a. M.: Suhrkamp.

Ritzer, George. (1997). The McDonaldization Thesis. Explorations and Extensions. London: Sage.

Rolff, Hans-Günther (1997 [1967]): Sozialisation und Auslese durch die Schule. Weinheim/München: Juventa.

Roth, Heinrich (1963[7]): Pädagogische Psychologie des Lehrens und Lernens. Hannover: Schroedel.

Schelsky, Helmut (1957): Schule und Erziehung in der industriellen Gesellschaft. Würzburg: Werkbund-Verlag.

Schleiermacher, Friedrich (1996): Die Begünstigten noch mehr begünstigen? In: Bolder, Axel/Heid, Helmut/Heinz, Walter R./Rodax, Klaus (Hrsg.): Jahrbuch Bildung und Arbeit '96. Die Wiederentdeckung der Ungleichheit. Aktuelle Tendenzen in Bildung für Arbeit. Opladen: Leske + Budrich, S. 275–287.

Schlüter, Anne (1999): Bildungserfolge: Eine Analyse der Wahrnehmungs- und Deutungsmuster und der Mechanismen für Mobilität in Bildungsbiographien. Opladen: Leske + Budrich.

Schmeiser, Martin (2003): »Missratene Söhne und Töchter«. Konstanz: UVK.

Schultz, Theodore (1992): The economic value of education. Studies in the economics of education. Aldershot: Elgar Books.

Schümer, Gundel/Tillmann, Klaus-Jürgen/Weiß, Manfred (2002): Institutionelle und soziale Bedingungen schulischen Lernens.. In Deutsches PISA-Konsortium (Hrsg.): PISA 2000. Opladen: Leske + Budrich, S. 203–218.

Schwenk, Bernhard (1989): Bildung. In: Lenzen, Dieter (Hrsg.): Pädagogische Grundbegriffe. Reinbek: rororo, S. 208–221.

Secada, Walter G. (1989): Educational equity versus equality of education: An alternative conception. In Secada, Walter G. (Ed.), Equity and Education, New York: Falmer, S. 68–88.

Singly, Francoise, de (1995): Die Familie der Moderne. Eine soziologische Einführung. Konstanz: UVK.

Söhn, Janina/Özcan, Veysel (2007): Bildungsdaten und Migrationshintergrund: Eine Bilanz. In: Bundesministerium für Bildung und Forschung (Hrsg.): Migrationshintergrund von Kindern und Jugendlichen: Wege zur Weiterentwicklung der amtlichen Statistik. Bonn/Berlin, S. 117–128.

Solga, Heike (2008^2): Meritokratie – die moderne Legitimation ungleicher Bildungschancen. In: Berger, Peter A./Kahlert, Heike (Hrsg.): Institutionalisierte Ungleichheiten? Stabilität und Wandel von Bildungschancen. Weinheim/München: Juventa, S. 19–38.

Solga, Heike/Powell, Justin/Berger, Peter A. (Hrsg.) (2009): Soziale Ungleichheit. Klassische Texte zur Sozialstrukturanalyse. Frankfurt a. M.: Campus.

Stamm, Margrit (2009): Begabte Minoritäten. Wiesbaden: Verlag für Sozialwissenschaften.

Stanat, Petra (2006): Schulleistungen von Jugendlichen mit Migrationshintergrund: Die Rolle der Zusammensetzung der Schülerschaft. In: Baumert, Jürgen/Stanat, Petra/Watermann, Rainer (Hrsg.): Herkunftsbedingte Disparitäten im Bildungswesen. Wiesbaden: Verlag für Sozialwissenschaften, S. 189–219.

Stanat, Petra/Bergann, Susanne (2010): Geschlechtsbezogene Disparitäten in der Bildung. In: Tippelt, Rudolf/Schmidt, Bernhard (Hrsg.): Handbuch Bildungsforschung. Wiesbaden: Verlag für Sozialwissenschaften, S. 513–527.

Statistisches Bundesamt (2008): Statistisches Jahrbuch 2008 für die Bundesrepublik Deutschland. Hrsg. vom Statistischen Bundesamt. Wiesbaden.

Tillmann, Jürgen (2008): Viel Selektion – Wenig Leistung: Ein empirischer Blick auf Erfolg und Scheitern in deutschen Schulen. In: Liebau, Eckart/ Zirfas, Jörg (Hrsg.): Ungerechtigkeit der Bildung – Bildung der Ungerechtigkeit. Opladen: Verlag Barbara Budrich, S. 155–173.

Turkheimer, Eric/Haley, Andreana/Waldron, Mary/D'Onofrio, Brian/Gottesman, Irving I. (2003): Socioeconomic Status Modifies Heritability of IQ. In: Young Children. Psychological Science, Volume 14, Number 6, S. 623–628.

Uhlig, Johannes/Solga, Heike/Schupp, Jürgen (2009): Bildungsungleichheiten und blockierte Lernpotenziale: Welche Bedeutung hat die Persönlichkeitsstruktur für diesen Zusammenhang. In: Zeitschrift für Soziologie, Jahrgang 38, Heft 5, S. 418–440.

Vereinigung der Bayerischen Wirtschaft e.V. (Hrsg.) (2009): Geschlechterdifferenzen im Bildungssystem. Jahresgutachten 2009. Wiesbaden: Verlag für Sozialwissenschaften.

Vester, Michael (2004): Die Illusion der Bildungsexpansion. Bildungsöffnungen und soziale Segregation in der Bundesrepublik Deutschland. In: Engler, Steffani/Krais, Beate (Hrsg.): Das kulturelle Kapital und die Macht der Klassenstrukturen. Weinheim/München: Juventa, S. 13–53.

Vester, Michael (2005): Die selektive Bildungsexpansion. Die ständische Regulierung der Bildungschancen in Deutschland. In: Berger, Peter A/ Kahlert, Heike (Hrsg.): Institutionalisierte Ungleichheiten. Wie das Bildungswesen Chancen blockiert. Weinheim/München: Juventa, S. 39–70.

Vester, Michael (2006): Die ständische Kanalisierung der Bildungschancen. Bildung und soziale Ungleichheit zwischen Boudon und Bourdieu. In: Georg, Werner (Hrsg.): Soziale Ungleichheit im Bildungssystem. Eine theoretisch-empirische Bestandsaufnahme. Konstanz: UVK, S. 13–54.

Vester, Michael/von Oertzen, Peter/Geiling, Heiko/Hermann, Thomas/ Müller, Dagmar (2001): Soziale Milieus im gesellschaftlichen Strukturwandel. Zwischen Integration und Ausgrenzung. Frankfurt a.M.: Suhrkamp.

Walper, Sabine (2005): Tragen Veränderungen in den finanziellen Belastungen von Familien zu Veränderungen in der Befindlichkeit von Kindern und Jugendlichen bei? In: Zeitschrift für Pädagogik, Jg. 51, Heft 2, S. 170–191.

Walter, Oliver (2008): Ethno-linguale Kompositionseffekte in neunten Klassen: Befunde aus der Klassenstichprobe von PISA 2006. In: Zeitschrift für Erziehungswissenschaft, 11 (Sonderheft 10), S. 169–184.

Walter, Oliver/Taskinen, Päivi (2008). Naturwissenschaftsbezogene Motivationen und Kompetenzen von Schülerinnen und Schülern mit Migrationshintergrund in Deutschland: Der Einfluss der Generation, der Herkunft und des Elternhauses. In: Zeitschrift für Erziehungswissenschaft, 11 (Sonderheft 10), S. 185–203.

Watermann, Rainer/Maaz, Kai (2006): Soziale Herkunft und Studienintention am Ende der gymnasialen Oberstufe: Institutionelle und individuelle Einflussgrößen. In: Georg, Werner (Hrsg.): Soziale Ungleichheit im Bildungssystem: Eine empirisch-theoretische Bestandsaufnahme. Konstanz: UVK Verlagsgesellschaft, S. 227–263.

Welsch, Wolfgang (Hrsg.) (1994[2]): Wege aus der Moderne. Berlin: Akademie-Verlag.

Willis, Paul (1982): Spaß am Widerstand. Frankfurt a. M.: Syndikat.

Wissenschaftlicher Beirat für Familienfragen (2002): Die bildungspolitische Bedeutung der Familie – Folgerungen aus der PISA-Studie. Stuttgart: Kohlhammer.

Wissenschaftlicher Beirat für Familienfragen (2006): Ganztagsschule. Eine Chance für Familien. Wiesbaden: Verlag für Sozialwissenschaften.

Wolf, Christof (1995): sozioökonomischer Status und berufliches Prestige: Ein kleines Kompendium sozialwissenschaftlicher Skalen auf der Basis der beruflichen Stellung und Tätigkeit. In: ZUMA-Nachrichten, 37, S. 102–136.

Young, Michael (1961): Es lebe die Ungleichheit: Auf dem Weg zur Meritokratie. Düsseldorf: Econ-Verlag.

Zeiher, Hartmut J./Zeiher, Helga (1994): Orte und Zeiten der Kinder. Soziales Leben im Alltag von Großstadtkindern. Weinheim/München: Juventa.

Zinnecker, Jürgen (1995): Pädagogische Ethnographie. Ein Plädoyer. In: Behnken, Imke/Jaumann, Olga (Hrsg.): Kinderleben im Blick von Grundschulpädagogik und Kindheitsforschung. Weinheim/München: Juventa, S. 21–38.

Zinnecker, Jürgen (2000): Soziale Welten von Schülern und Schülerinnen. In: Zeitschrift für Pädagogik, Jg. 46, Heft 5, S. 667–690.

Zinnecker, Jürgen (Hrsg.) (1975): Der heimliche Lehrplan. Untersuchungen zum Schulunterricht. Weinheim/Basel: Beltz Verlag.